ECONOMIC CARDS

New Perspectives on China's Foreign Relations

中国的经济牌

对外关系新视角

叶兴平◎著

时事出版社

PREFACE

引　言

有关中国的和平崛起，国外质疑者为数不少。其中，最有代表性的莫过于美国芝加哥大学政治学教授约翰·米尔斯海默。他在其著作《大国政治的悲剧》最新修订版中新增第10章，专门讨论“中国能不能和平崛起”的问题。他旁征博引，毫不含糊地认为中国的崛起不可能是和平的。虽然国际上并不都认同这样的观点，但是米尔斯海默在这个问题上预判的影响力之大和附和者之多还是不可低估的。

为了让世界，特别是周边国家理解中国的和平发展战略，中国方面自进入21世纪以来通过各种方式和渠道做了大量的解释和说服工作，其中包括权威人士在国外发表专文和进行演讲。遗憾的是，这些努力在相当长时间里的收效并不明显。究其原因，无外乎是外界没有看到中方展示的令其信服的实际行动。

2013年9月和10月，中国国家主席习近平在出访中亚和东南亚国家期间，先后提出共建“丝绸之路经济带”和“21世纪海上丝绸之路”，即“一带一路”重大倡议。紧接着，又在2014年北京APEC峰会上提出积极推进亚太自贸区建设进程。也就是在这前后，亚投行、丝路基金和金砖银行的建设相继取得重大进展。中国通过实实在在地与周边和世界其他地区进行紧密的经济合作，推进中国的和平发展战略，正得到越来越多国家的认同。从已经呈现的势头来看，中国的对外关系正在开创人类历史上从来没有的大国崛起的先例，那就是不以牺牲他国根本利益而满足自身发展的需要，不以剥夺他国的资源而增强自己的经济能力，同时也不以自我的政治经济优势而凌驾于他国之上。一言以蔽之，以“一带一路”为重要标志的中国对外和平发展战略是建立在平等、互利、共赢的基础之上的。也就是说，中国的发展必然会带动地区乃至全球各国的共同发展。随着时间的推移，越来越多的国家不仅可以感受到中国和平发展战略的普惠价值，而且能够切身收获该战略实施所带来的实际利益。

本书所关注的是近年来中国对外关系实践中几乎所有最重要的层面。由于这些问题在一定意义上带有全局性或影响全局，笔者在具体的研究中侧重使用战略的分析方法，始终坚持从目标、路径、资源和手段等基本要素着手考虑问题，同时融合了国际法和国际经济的一些分析手段，试图较为宏观或全面地把握问题的本质。

本书由专论和评论两个部分组成。专论中的每一个部分都是建立在严肃的分析和研究基础上的。为了能让更多的读者朋友了解和关注这些中国对外关系实践中的热点问题，笔者以轻松的文字进行论述，并在篇章的架构上做到更具条理性，以期该书具有可读性。如果读者朋友能够从本书中有所获益，那是笔者梦寐以求之事。当然，笔者也欢迎读者朋友对书中的不妥之处提出批评。

CONTENTS

目　录

上篇　专论

ECONOMIC CARDS

New Perspectives on China's Foreign Relations

上篇 专论

“一带一路”：世上最大的系统工程

——如何从战略高度应对风险和挑战

600多年前，一支包括多种类船只在内的“混合舰队”从今天的江苏太仓浏河镇出发，开始了长达28年的海外航行。这支中国明朝的舰队由200多艘大小不等的船只组成，其中最大的“宝船”长达150多米，每次出征随行人员超过2.7万人，其航迹遍布西太平洋、印度洋和红海，囊括东南亚、南亚、西亚和东非地区。统帅这支舰队的是明成祖朱棣钦点的郑和。郑和率领舰队七下西洋，堪称中国历史上最伟大的壮举，并在世界历史上占有重要的位置。21世纪开始之际，美国《生活周刊》在其评选出的100个对过去1000年人类进程影响最大的人物中，将郑和名列第14位。当然，郑和下西洋的价值或许仅仅只在于创造了一个了不起的历史纪录，而不是开创和改变了历史本身，这与大约100年后西方的哥伦布、麦哲伦和达伽玛等人发现新大陆不同，后者开创了世界历史上的“大航海时代”。正是基于此，大思想家梁启超对东西方航海壮举抒发了一番著名的感叹，即“哥伦布以后，有无量数之哥伦布，维哥达嘉马以后，有无量数之维哥达嘉马。而我则郑和以后，竟无第二之郑和”。

郑和舰队首航600多年之后的2013年，中国国家主席习近平在出访哈萨克斯坦和印度尼西亚时分别提出创建“丝绸之路经济带”和“21世纪海上丝绸之路”，即所谓的“一带一路”。此战略性倡议一经媒体披露，顷刻间引起世界各国极大关注。不少观察家注意到，建设新的陆海丝路绝不是简单的复活历史，而是在历史的基础上实现更大的作为。也就是说，新陆海丝路不仅要完成“郑和下西洋”在海上未竟的事业，而且要在西汉张骞等中西方前人共同开辟的古代陆地丝绸之路上继续向前拓展。

国际舆论的强烈反响，从一个角度说明创建“一带一路”实在是兹事体大。与历史上的丝路比较起来，新的陆海丝路牵涉更多的国家，涵盖更广泛的区域，需要更现代的基础设施作为支撑以及海量的资金投入。创建如此规模的新丝路在很大程度上必须依赖周边各国的支持和参与，同时也将带给包括中国在内的众多国家和地区以无限的商机。相应地，其所面临的危机和挑战也是空前的。如果把历史上的陆海丝路比喻为东西方商贸、文化和人员沟通的桥梁，那么今天的新陆海丝路则被赋予了更加广泛的功能，其已经不仅仅是增进亚欧大陆主要国家之间交往和联系的纽带，而且将成为包括非洲在内的亚、欧、非三大洲各国实现贸易投资合作、基础设施互联互通和经济社会共同发展，以及促使彼此和平相处和不同民族文化之间进一步相互了解的平台。可以这样说，不管在什么意义上，“一带一路”的建设都堪称当今世界最大的系统工程。

一、无与伦比的规模

1942—1946 年，美国在其境内秘密实施了一项计划。该计划融科学、军事和工业于一体，研究、设计和制造原子弹。整个计划耗资 20 亿美元，相当于今天的价值 260 亿美元，先后雇佣包括英国和加拿大等国在内的 60 多万科研和工程技术人员参与其中。计划的完成缩短了第二次世界大战的时间，加速了日本法西斯的投降。这就是历史上大名鼎鼎的“曼哈顿工程”。就其规模而言，“曼哈顿工程”曾经是世界历史上最大的系统工程，即使在当代也少有与之匹敌者。

不过，与同样作为一项系统工程的“一带一路”建设比较，“曼哈顿工程”在规模上还是要逊色很多。不管是牵涉的地域范围或国家和人员的数量，还是已经投入或可能投入的资金，正在建设中的“一带一路”要大大地胜出。

在地域上，广义的“一带一路”涵盖亚、欧、非三大洲大部分地区，包括东亚、东南亚、南亚、中亚、西亚、北非、东非、东欧、中欧和西欧等区域，相关国家不少于100个，人口数量占据整个世界的近2/3。

在可能投入的建设资金上，数额将十分巨大。由于这项系统工程所包含的工程项目难以确定和细化，况且其本身处在动态的调整之中，具体需要多少资金无法准确估计。不过，从已经开始创建的多个融资平台，我们可管窥一斑。2013年3月，第五次金砖国家领导人峰会决定建立金砖国家开发银行；次年7月，金砖国家财政部长签署建立金砖国家开发银行的协议，确定该银行初始资本为1000亿美元；2014年10月24日，包括中国、印度、新加坡等在内21个首批意向创始成员国的财长和授权代表在北京正式签署《筹建亚投行备忘录》，共同决定成立亚洲基础设施投资银行，中国出资500亿美元；同年11月8日，中国宣布出资400亿美元设立丝路基金；11月12日，上海合作组织成员国元首在塔吉克斯坦的首都杜尚别发表宣言，一致同意加快研究成立上海合作组织发展基金和上海合作组织开发银行。

表1—1 中俄主要油气交易协议签订

签订日期	油气协议内容	估值（美元）
2009年2月	中国国家开发银行向俄罗斯石油公司和俄罗斯石油运输公司贷款150亿和100亿美元，分别用以启动东西伯利亚——太平洋（ESPO）石油管道项目及收购尤科斯旗下子公司	250亿
2013年6月	中石油与俄罗斯石油巨头俄罗斯石油公司签订25年期原油供应协议，预付款700亿美元	2700亿
2013年6月	俄罗斯石油公司获得由2009年中俄石油供应合同作担保的中国国家开发银行长期贷款	20亿
2013年9月	中石油购入巨型油田卡沙甘石油项目股份	50亿

续表

签订日期	油气协议内容	估值（美元）
2013 年 9 月	中石油收购俄最大天然气独立生产商诺瓦泰克公司亚马尔液化天然气项目 20% 股份	未公布
2013 年 10 月	中石化与俄罗斯石油公司 10 年期原油供应协议	850 亿
2013 年 10 月	中石油与诺瓦泰克公司签订 15 年期协议，诺瓦泰克公司每年向中方供应 300 万吨液化天然气；协议还包括中俄合建的天津炼油厂项目，中石油占 51% 的股份	未公布
2013 年 10 月	中俄合资开发博托宾斯克油田上游项目，（中石油持股 49%，俄罗斯石油公司 51%）。该油田与东西伯利亚—太平洋（ESPO）石油管道选址临近	未公布
2014 年 5 月	中石油与俄罗斯天然气公司签订 30 年期通过东西伯利亚东部管道 380 亿立方米/年天然气的购销合同	4000 亿
2014 年 11 月	中石油与俄罗斯天然气公司签订 30 年期天然气供应协议。俄罗斯天然气公司从西伯利亚西部通过阿尔泰输气管道每年向中国西北地区提供 300 亿立方米天然气	4000 亿
2014 年 11 月	中石油购入俄罗斯石油公司子公司 ZAO Vankorneft 和 Vankor 油田 10% 股份	未公布

资料来源：作者根据福布斯网资料整理制作。

二、千载难逢的商机

作为史无前例的系统工程，“一带一路”的建设不是任何一个国家可以独立完成的，中国方面积极倡导由陆海丝路沿边国家共同出资出力，并分享成果。

（一）公路、铁路、航线、油气管道和通信网络基础设施建设

古丝绸之路是历史上自然而然形成的一条商旅之路，今天的丝绸之路经济带则不同，其是在古丝绸之路基础上主要经由人为安排而通过现代公路、铁路、航空、油气管道和通信网络连接起来的一片区域，不仅在范围上大得多，而且需要运用现代科学技术构建一大批高投入的基础设施。目前仅有两条铁路贯穿欧亚大陆，已完工的油气管道也只有中哈石油管道第一期工程以及中国—中亚天然气管道第一期和第二期工程，国际航线、高速公路、高速铁路和通信网线尚未实现互联互通。现有的基础设施建设只是一个开端。

（二）石油、天然气和矿产资源勘探开发利用

据美国能源信息管理局（EIA）和美国中央情报局（CIA）世界概况2015年的资料，在当今世界石油储量最大的15个国家中有11个在欧亚大陆和非洲，它们是沙特阿拉伯、伊朗、伊拉克、科威特、阿联酋、俄罗斯、利比亚、尼日利亚、哈萨克斯坦、卡塔尔和中国，占全球石油储量的2/3以上。亚、欧、非的天然气储量全球占比更是高达4/5，拥有世界最大10个天然气井中的9个。亚欧大陆也是全球煤炭探明储量最大的地区，以3553亿吨占世界总储量的36%。其中，俄罗斯、中国、印度、德国、乌克兰、哈萨克斯坦和波兰名列世界前10位。在非能源矿产方面，南非和俄罗斯的资源价值远远领先于世界其他国家。能源和非能源矿产资源的一个重要特点是，它们的储藏分布和开采主要在发展中国家，而消费最多的是发达国家。过去，发展中国家资源的勘探、开采在技术和资金上基本依赖于发达国家；现在，中国具备了后来居上的大多数条件。

（三）空港、海港和工业园区建设

2014年底，斯里兰卡政府批准中国投资15亿美元建设科伦坡港口

城，这是近些年中国在斯里兰卡投资或援建的几个重要项目之一。早在2008年中资企业就在科伦坡附近为中国投资者建立了一个占地150公顷的经济特区，2013年中企投资建造的科伦坡南港国际集装箱码头正式启用。中企在斯里兰卡投资项目虽几经周折，但终有推进，这些项目的完成和进行对于21世纪海上丝绸之路的建设至关重要。印度洋是世界上最繁忙的商运水域，斯里兰卡从古至今都是这条国际水上航线的中点位置，以此作为连接点，海上丝路才有可能由一颗颗像西方国家常说的印度洋和太平洋上的“珍珠”那样串联起来。这“珍珠”在一定意义上就是沿边国家的既有、正在建设和筹划中的大大小小的海港、集装箱码头和工业园区。

（四）船舶、桥梁、机车车辆、光纤和其他机械设备制造

当今世界，80%左右的国际贸易货物往来依靠海洋运输，尽管这与历史上海洋运输在国际贸易中的作用没有太大差异，但是也有不同的地方。那就是贸易大国不再都是船舶制造大国，世界船舶制造的中心自20世纪后期以来逐渐转移到东亚地区，中日韩三国稳稳位居全球船舶制造和出口的前三名。除了欧洲和美国，包括东南亚、南亚、中东和非洲的海上丝路沿边国家在内的绝大多数海洋国家基本上不具备与其实际需要相适应的船舶制造能力。从长远来讲，各自经济实力的增强会相应减少这些国家对买船和租船的需求，这就像中国曾经走过的道路一样。中国船舶制造能力的跨越式发展一方面为提升自身海洋运力奠定基础，另一方面也为中国船舶企业依赖技术力量的优势在海外直接投资建厂创造条件。

与船舶制造相比，中国的桥梁、机车车辆、光纤和其他机械设备的生产和制造或许在某些方面更有优势，它们都在陆海丝路的系统工程中扮演着不可或缺的角色，对其向前推进至关重要。

（五）金融、法律、物流和旅游等服务平台的搭建

中国为“一带一路”建设积极搭建诸如“亚投行”之类的融资平台，但这并不意味着中资金融机构可以放弃或放缓在海外直接投资的努

力。历史经验告诉我们，世界上没有一个对外投资的强国不是在其海外发展的几乎全过程伴随着银行和保险等金融机构在东道国扩张业务的，比如美国、德国和日本。在这一点上，中国落后很多。改革开放之初，中国在境外部分国家仅有一些换汇的金融机构办事处，近些年陆续在多个国家开设分支机构，甚至有了投资入股或并购外国银行的实践，但现有的发展还是远远跟不上中国对外投资的步伐。随着人民币国际化程度的提高，中资金融机构需要跟进其在海外业务的拓展。

中国法律服务的国际化比金融更落后。长期以来，中国在国际贸易纠纷解决中总是处在被动地位，其主要原因无外乎两点：第一，现有国际贸易规则由西方发达国家主导制定；第二，中国急缺熟悉这些规则并运用国际通用语言在国际法庭打官司的高水平的法律人才。在"一带一路"背景下，走出去的中资企业将面临错综复杂的经济和法律环境，其与东道国之间形形色色的投资纠纷不可避免。按照最新规定，投资者可以因为东道国法律和政策不公平的对待而将东道国政府送上国际法庭，寻求获得损害赔偿，中国法律专业人士有责任为本国企业在海外发展排忧解难。近些年，越来越多在海外攻读法律专业的留学生回国效力，其中有不少人熟悉国际法律规则并取得外国律师资格。"一带一路"建设是中国律师走出国门面向世界的最佳契机。

三、不容忽视的挑战和风险

古典名著《西游记》讲的是唐僧一行翻山越岭到西天取经，历经八十一难终修成正果的过程。这个中国百姓家喻户晓的故事启示我们，若要成就大事，必经磨难。

不难想见，"一带一路"作为世纪系统工程，在其实施的具体过程中将会遇到何等的挑战和风险。从大的方面讲，但凡国际经济活动中一般出现的经济和项目技术等方面的风险都无法回避，除此之外，源于国家政治制度性质、投资法律政策和地缘环境的政治风险也在所难免。从小的方面看，不同国家基于民族、文化和宗教等因素而有差异的商业习惯和社会风俗同样可能影响“工程”的顺利进行。

在各种可能的挑战和风险中，以下方面尤其不容忽视。

（一）地缘政治安全问题

在地缘政治发展历史上，麦金德的“心脏地带说”和斯皮克曼的“边缘地带说”占据中心地位，对大国的影响一直持续至今。麦氏的“心脏地带”指的就是中国倡导的“丝绸之路经济带”所涵盖的主要地域，而斯氏的“边缘地带”则正好与“21 世纪海上丝绸之路”基本吻合。

众所周知，奥巴马就任美国总统后积极推动美国战略重心从西向东转移。其实，无论美国战略重心的变化是从东向西还是从西向东，它们都仍在斯氏的“边缘地带”上移动，因为这条亚欧非大陆的边沿“地带”富含石油、天然气和矿物资源，在21 世纪又是全球经济最活跃的地区。只要美国的注意力一离开这里，该“地带”上的几个热点或潜在热点地区便随时可能爆发紧张局势，比如中东北非、南亚、东南亚和东亚。“一带一路”只能在相对和平的环境下建设，且不说大规模战争，就是冲突时有发生的话，也可能带来灾难性后果。如何减少或避免战争发生，缓解部分地区紧张局势并阻止这种局势升级，是“一带一路”建设面临的首要难题。

（二）投资法律碎片化问题

在“一带一路”系统工程中，对外直接投资无疑是最重要的部分。然而，与国际贸易领域不同，国际投资关系缺乏统一的多边规则调整，跨国企业对外投资主要依靠双边和区域协定。在这种情况下，若一国企业在多国投资就必须适应不同国家的法律以及母国与东道国之间的双边协定，这会导致投资者无所适从，并且增加投资成本。如果没有有效的国际条约保护，投资者在遭遇东道国战乱、国有化或法律政策不利影响时，便无法得到及时充分的法律救济。中国与亚、欧、非大多数国家缔结了双边投资协定，但仍有两个因素制约着这些双边协定在实际中的作用。第一，中国参与的双边协定多是一些原则性规定，在解决投资争端的实践中不具有太强的可操作性。第二，中方企业还不习惯运用法律方法解决问题，争端发生时常常希望通过谈判和外交保护等非法律方法了事。这显然无法应对随着“一带一路”推进而排山倒海般出现的投资争端的现实。

（三）恐怖主义威胁问题

“一带一路”沿边国家和地区是极端势力从事恐怖主义活动最活跃的地方之一，海上丝路的主干道上也有海盗势力猖獗。曾几何时，美国为了反恐在阿富汗和伊拉克发动战争，世界主要国家出动舰队联手在印度洋绞杀海盗。

“一带一路”基础设施项目的逐步完成，一方面大大增强了各个国家实现互联互通的能力，但同时也让恐怖分子和海盗有了攻击与破坏的目标，特别是空海航线、公路、铁路、管道和通信网线的四通八达为这些极端势力提供了跨境犯罪的便利。能否使这些“线路管网”完全成为国家间经济联系和人民和平交往的桥梁，是包括中国在内的所有“一带一路”沿边国家都需要认真应对的严峻挑战。

（四）线路管网维护问题

“一带一路”建成后，空海航线、公路、铁路、管道和通信网线将把亚、欧、非各国紧密连接在一起，但是这些“线路管网”的维护和管理是个棘手的问题。在海上，特别是在印度洋亚丁湾，自 1991 年起索马里海盗活动猖獗，途经该区域的国际运输船只受到极大威胁。后来在包括联合国在内的国际社会的共同努力下，情况得到缓解。21 世纪的海上丝路建设不可避免地面临着海盗潜在威胁的问题。在陆上，丝绸之路经济带沿线已经建成或计划建设的公路、铁路、油气管道和通信网线，因为涵盖的地域范围更广，并且跨越不同国度，自然将面临比海上更严峻的威胁。极端宗教组织和其他恐怖势力也有可能把这些连接各国、促进彼此经济社会发展的现代化设施当作攻击的目标，或者利用其从事破坏活动。如果采取铁路警察各管一段的方式维护和管理这些线路管网，近百个具有不同文化宗教背景和经济发展水平的国家和地区如何携手同心以实现资源的有效利用？如果不是这样管，那这些在国际法上都有地位的国家和地区的应有权利又怎样得到体现？在这个问题上，若找不出好的解决办法，后果不堪设想。

（五）生态环境破坏问题

斯里兰卡“港口城”项目是中国交通建设集团与斯里兰卡港务局合作开发的大型综合城市建设项目，中方投资15亿美元。2014年9月，习近平主席在出访斯里兰卡时与该国领导人共同出席项目奠基仪式。2015年1月，斯国总统大选换人，新政府随即提出暂停“港口城”项目并进行重新评估，其中一个重要理由是这个项目没有通过环境测评。尽管该项目问题最终会通过政治方法得到解决或缓解，但这确实是一个及时的提醒。

中国倡导的“一带一路”建设涉及沿边各国规模空前的线路管网铺设、城市基础设施的改造和升级以及油气等矿产资源的开发，这些不可避免、或多或少会影响到项目所在地区的生态环境。在这些潜在的项目中，中资企业肯定会有较深程度的介入，以发挥在某类项目中的技术、资金、工作技术人员素质和经验的优势。

根据2014年耶鲁大学“全球环境表现指数”数据，中国排在第118名，在全部178个国家中处于中间偏后。而陆海丝路所涉及的亚、欧、非国家大多数处在两个极端，比如欧洲诸国基本排在环境表现最好的前50位，而中亚和非洲国家则一般殿后。前一类国家有较严格的环境保护标准，对各类工程项目的审核非常认真；而后一类国家已经面临环境保护方面的严峻挑战，一旦环保意识觉醒，也会对可能的生态环境的进一步破坏缺乏容忍。无论从哪个角度来看，一旦陆海丝路上的大型工程项目开启，环境问题或对环境的关切都将立刻摆上台面。

（六）涉外人才短缺问题

陆海丝路建设所面临的人才问题包括两个方面：一个是与中国政府或中资企业合作的外国方面；另一个是中国国内方面。在中国国内，虽经数十年产业发展已积累大量各方面的工程技术人才，但仍然远远不能满足即将开启的宏伟事业的需要。中资企业“走出去”，首先意味着要有一大批优秀的基础设施建设大军“走出去”，包括数量不小的中高层技术专家以及数量更大的中低层技术人员和工程项目建设者。其次，要有数量庞大的不同语种翻译人才及时跟进。尽管在一般项目合同谈判中，英语作为国际通用语言可以发挥主要作用，但是在具体的施工场合，在与项目所在地国家的人民和普通员工的日常沟通中还是离不开当地语言，熟悉众多小语种的专业翻译人才不可或缺。再次，还要有大量既熟悉特定工程技术领域的知识又熟悉所在国的商业习惯和宗教文化传统，并能从事跨文化交流和沟通的谈判人才随时待用。最后，但并非最不重要的是，尤其是要有数量不菲的能够代表中资企业在国际仲裁法庭打投资官司，并从法律角度捍卫企业利益的涉外法律人才。

四、应对挑战和风险的策略

“一带一路”的建设是一个动态的过程，中国作为主要倡导者在这整个过程中担负主要的责任，承担主要的压力，并且必须直面随着这个系统工程的推进而产生的几乎所有重大的挑战和风险。如果能够从一开始就未雨绸缪，夯实基础，那么在一定程度上不仅可以避免一些不必要的问题出现，而且在未来也易于缓解或解决那些不可避免出现的问题。站在战略的高度，中国可以首先在以下这些方面着手准备并积极采取行动。

（一）加大力度分阶段推进陆海丝路自由贸易区建设

中国倡导的“一带一路”已经得到数十个国家不同程度的响应或支持，相信随着时间的推移还会有越来越多沿边国家加入到响应或支持者行列。然而，即便如此还是远远不够的，如此规模和重大的系统工程需要所有参与者做出有拘束力的承诺。到目前为止，响应或支持中国倡议的国家多数仅仅停留在口头上，说得好听点，最多也只是一种政治承诺。这种性质的承诺并不能保证承诺者在未来任何情况下都能够信守诺言，因为缺乏有效或具有强制力的制约手段。即使在不久的将来会有不少国家通过缔结国际协定的方式参与到支持“一带一路”建设的诸如“亚投行”、“丝路基金”、“上合组织开发银行”和“金砖国家开发银行”等融资平台之中，那也并不意味着它们在“一带一路”建设中必然履行积极配合或参与的义务。在所有潜在的“一带一路”建设的参与国或地区之间或之中不可能没有一种具有拘束力的法律机制用以保障彼此权利和义务以及共同的利益。

鉴于“一带一路”的本质主要是经济性的，可能的法律机制还是采用自由贸易区的形式比较适合。

当然，在涵盖亚、欧、非三大洲大多数国家的“一带一路”沿边国家之间一步到位创建一个超级自贸区是不现实的。作为一个整体的“一带一路”自贸区，可以是一项长远的目标。在此目标之下，自贸区的建设分阶段进行。这个所谓的“阶段”包括两重意思：其一，在创建自贸区的规模上分阶段，比如先区域后整体，在中国—东盟自贸区的示范下，展开中国与中亚、南亚、中东、非洲以及欧盟自贸区的谈判，逐步实现各区域板块自贸区的对接和融合；其二，在实现自贸区的形式上分阶段，比如先双边后区域，通过双边自贸协定和投资协定的谈判，逐步过渡到区域自贸协定的谈判。

在当今世界，自贸区之间的竞争日趋激烈。北美和欧盟已经走在全球前列，而亚太、拉美和非洲地区的自贸区建设也正在形成之中，因此“一带一路”自贸区的创建必须加大力度和加快速度。这既是竞争的需要，也是“一带一路”系统工程的内在要求。该自贸区的推进和建成将直接在贸易、投资和其他经济层面增强区域内部消除自由化障碍的能力。作为策略，“一带一路”自贸区的创建可遵循三项原则：（1）先易后难；（2）双边和区域自贸协定和投资协定的谈判同时展开；（3）在贸易和投资方面立足于制定自由化程度较高的规则和制度。

（二）倡导创立陆海丝路线路管网多国联合管理委员会

在欧洲版图上，有一条横贯东西长达近3000公里的著名河流——多瑙河。它是世界上流经国家最多的国际河流，从西向东依次穿过德国、奥地利、斯洛伐克、匈牙利、克罗地亚、塞尔维亚、罗马尼亚、保加利亚、摩尔多瓦和乌克兰。其流域面积达到82万平方公里，有大小支流300多条。由于该河流1/3以上的河段属于流经国家的国家边界，而且年通航能力超过1亿吨，因此政治和经济价值极高。在历史上，如何有效管理该河流以避免国家之间的争端，一直是一个复杂而重要的问题。

1856年，欧洲诸国在巴黎开会，决定建立一个名为“多瑙河委员会”的多边国际机制以保护多瑙河航运。这是世界历史上主权国家警察力量在一项共同事业中正式合作的第一次，但是由于两次世界大战的发生，该机制的功用没有得到充分而连续的发挥。1948年，多瑙河沿岸7国重启“多瑙河委员会”，同时取消了非相关国家作为该委员会成员国的资格，并明确其宗旨在于维护和改善多瑙河航运状况。1998年，一个包括15个缔约国和22个观察员国的“多瑙河国际保护委员会”正式成立，这是一个在维也纳设有秘书处的国际组织，以取代先前存在的两个委员会而行使管理多瑙河事务。新委员会以1994年签署的《保护和可持续利用多瑙河合作公约》作为法律基础，确立了保护和利用水资源、控制污染以及防止洪涝和冰灾等多项目标。目前，多瑙河流域的航运、水资源和生态环境保护以及沿岸国家有关争端的解决，都是在这个国际机制的管理下有条不紊地进行。

与多瑙河比较起来，陆海丝路上的线路管网管理和维护面临更大困难，不过多瑙河国际化管理的经验可以成为后者有益的借鉴。

中国方面可牵头筹建一个名为“‘一带一路’线路管网国际管理委员会”的机构，由“一带一路”沿边各国共同参与。该委员会采取缔结国际公约的形式组成，设常设秘书处处理日常事务。委员会的宗旨至少包括三方面内容：其一，管理和协调线路管网资源的合理利用；其二，保障资源设施的安全；其三，保持和维护沿边区域生态环境可持续发展。

（三）推动制定多边国际投资条约，从法律上着手保护中资企业投资利益

2014年，中国成为直接投资净流出国。随着“一带一路”发展战略的进一步推进，中资企业海外投资势将跨越式发展，而中企与东道国之

间的投资争端也会相应地呈现出暴增趋势。过去，作为吸引外国直接投资的大国，中国习惯性地注重维护东道国的权益；而现在，中国的角色有所转换，一大批中资企业将以投资者身份到外国投资。因此，中国面临着如何有效保护中资企业在海外免受政治、经济和法律风险带来的可能的损害问题。在这一点上，中国政府可以做的事情至少包括三个方面。

一是完善和更新现有的双边投资协定（BIT），充实实体规则，逐步在争端解决程序规定中接受投资者诉国家的机制。目前，中国与130多个国家缔结了双边投资协定，在缺乏区域和多边投资协定的情况下，中国主要依靠BIT保护在海外的投资。不过，实践中还有改进的余地。首先，继续进行新的BIT谈判，将这类协定的范围覆盖“一带一路”沿边国家和区域，不留死角；其次，力争多采用中国与东盟BIT以及中国与欧盟BIT的谈判模式，一次性即可解决与诸多国家之间的投资法律保护问题，有助于向区域和多边投资条约或协定过渡；再次，逐步提高中式BIT自由化程度或投资保护标准，在接受投资者诉国家争端解决模式的前提下增强协定内容中在司法和仲裁实践中的可操作性规定。

二是积极推动和参与区域和多边国际投资条约或协定的制定，将中资企业与东道国的投资关系纳入国际法的调整范围。相对于BIT，区域和多边投资条约或协定的优势是明显的。一方面，投资企业不需要适应不同的法律以寻求保护和损害的救济；另一方面，在出现争端时，法院或法庭也不需要适用不同的法律进行断案，从而避免法律的碎片化所导致的司法不公平现象。作为越来越重要的对外投资大国，中国有动力也有底气支持和促进全球多边投资条约或协定的制定。一项统一的多边投资条约或协定不仅有利于作为引进外资的东道国的利益，也有利于作为对外输出资本的投资者母国的利益，更符合作为投资直接驱动者的投资企业的利益。在酝酿和谈判制定新的全球多边投资条约或协定的具体过程中，中国政府应立足于更高更远的目标，力主实现东道国与投资者之间权利和义务的平衡。在事关中资企业海外重大利益的问题上，要有超前眼光和全局视野。比如，过去中国在征收补偿条款问题上多站在吸引外资的东道国立场上考虑问题，而现在中国已经是直接投资净流出国，中资企业的利益或许会越来越重要。在这个意义上，扩大征收或间接征收的内涵，即将更多东道国政府的政策措施或法律行为纳入到可能损害投资者利益的可构成补偿的法律界限之内，似已成大势所趋。

三是鼓励中资企业适应现代跨国企业全球化经营新趋势，配备足够的国际经济法律人才以提供及时有效的专业支持而不是临时抱佛脚。具体来说，任何具备一定规模的对外投资企业可在海外投资计划执行之始就着手组建相应规模的精通国际法律事务的内部法律团队，逐渐改变完全依赖国外律师应对涉外法律问题的状况，必要时可寻求企业之外中国律师的更进一步的帮助。就此而言，中国法律教育和律师队伍的建设应当与时俱进，把培养和储备能够为中资企业海外投资保驾护航的高水平国际法律专业人才的任务视为当务之急。

（四）设置专门的外国在华留学生奖励计划，同时在普通高校和职业技术学院培养专门的涉外专业人才

吸收外国留学生到本国各级各类学校，特别是高等学校学习，对于增进东道国与其他各国人民之间的相互了解，乃至加强有关国家之间的关系以及科学技术文化的交流都是十分有益的。在当今世界，但凡属于综合国力强大的国家都会把大规模吸引或接收外国留学生作为一项重要的国策。在这些国家中，美国首屈一指，以 90 多万外国留学生在其高等院校学习的规模位列第一，英国以 36 万外国留学生紧随其后。此外，留学生人数超过 10 万的国家包括德国、法国、日本、澳大利亚、加拿大、西班牙和俄罗斯。作为东道国，这些老牌发达国家或大国通过积极的留学生政策，不同程度地扩大了自身经济文化以及政治的影响力。

最近若干年来，中国重视吸引外国留学生来华学习，在各级各类教育和科研机构学习的外国留学生人数不断创出新高。完成学业的留学生中不少人回国效力，为推动其母国与中国之间的经济文化关系作出一定贡献，也有比例不小的一部分留在中国就业。然而，与中国的人口规模以及经济总量的地位比较起来，中国的外国留学生政策还有不小的扩展空间。

中国不仅要鼓励更多优秀的外国留学生来华学习，而且应照顾到地域的分布，尤其是考虑到"一带一路"战略倡议的落实，更需要重视吸收沿边各国学生和学者来华学习或研究。在“一带一路”建设过程中，中国要与亚、欧、非三大洲100个左右的国家在经济上进行合作，不计其数、规模宏大的项目有待中国与各相关国家工程技术人员共同参与。如果没有足够数量的彼此相互了解的人才齐心协力，其结果可想而知。在这个意义上，一大批有在中国留学经历的外国人士可以扮演无法替代的沟通的桥梁角色。

中国还需要在更多的高等院校和科研机构中培养高水平的工程技术人才。中国现在已经是基础设施建设方面的强国，在铁路、公路、桥梁、管道、港口、船舶和楼堂馆所等工程技术上具有丰富的实践经验。鼓励“一带一路”沿边国家的青年学子在中国的高等院校和科研机构中学习，有助于他们在学成之后帮助其母国在与中国进行投资项目技术合作中实现无缝对接。

中国可以设置数量较大的奖学金，鼓励和帮助在华留学生完成学业。在当代中国留学史上，很多留学生在家庭或国家拿不出太多学费的情况下仍然能够完成学业，一个很重要的原因是东道国提供了奖学金或助学金。与此类似的是，来自亚洲和非洲国家的留学生并非每个人都能凭借自己或其母国的经济支持完成在中国的学习。中国在力所能及的情况下逐步增加奖学金或助学金数额，一方面能极大地促进中国的外国留学生事业蓬勃发展，另一方面也必然会增进受援者对于中国和中国人民的感情。

除了培养更多的外国留学生之外，中国也要增强涉外工程技术人才的培养力度。

虽说经过30多年的经济高速发展，中国已经在大型工程和机械设备制造方面积累了丰富的经验，也培养了大量的优秀工程技术人才，但是这距离“一带一路”发展战略的要求还很远。正是因为“一带一路”系统工程的规模空前，所以其对人才的需求才是多方面的，而且数量也是巨大的，这样的人才培养甚至还要具备可持续性。

在人才的培养中，中国可以发挥普通高等院校学科齐全的优势，把重点放在中高层工程技术人员以及包括外语和跨文化交流人才在内的综合性人才上。同时还应当鼓励职业技术学院和学校与未来的“一带一路”工程项目对接，有针对性地培养一大批中低层级的技术和施工人员。这样既能解决当前中国普通高校和技术院校毕业生就业的问题，也能满足“一带一路”建设中工程项目对人才不断增长的要求，从而一举数得。

丝绸之路经济带自由贸易区

——地理枢纽、地缘经济与中国国家经济安全

在世界历史上，15—16 世纪是一个转折点。因为美洲大陆的发现、新航线的开辟以及由海洋作为桥梁的跨国贸易的兴起，连接欧亚大陆两端、曾经对东西方经济文化交流做出过重大贡献的丝绸之路走向末路。从地缘经济角度看，这一历史转变的直接后果体现在两个方面：第一，近现代几乎所有的经济发达国家都濒临海洋，并凭借海洋开展对外经贸活动和势力扩张，从而实现大国的崛起，其代表者包括葡萄牙、西班牙、荷兰、英国、法国、德国、美国、日本和苏俄；第二，丝绸之路沿线诸国相继没落，至多作为列强争夺势力范围的对象。

进入 21 世纪后，古老的丝绸之路被赋予了新的内涵而再度引起强烈关注，其地缘经济价值不断上升，由这条“丝路”所串联起来的一大片地域仿佛成了一块尚未开拓的处女地而炙手可热。与数百年前的美洲大陆不同，今天丝绸之路沿线各国不再是列强争夺的殖民地，包括中国、美国和俄罗斯在内的各大国更加看重如何发展与其之间的紧密的经济关系。在这个方面，中国能否扬长避短抢占先机，事关这条由汉朝张骞开辟的古老丝绸之路的复兴，也关系到中华民族复兴这盘大棋局的对外关系布局。

一、地理枢纽：从地缘政治到地缘经济

1919 年，英国地理学家和地缘政治家哈尔福德·约翰·麦金德在其

《民主的理想与现实》一书中提出了一个论断，即“谁控制了东欧，谁便控制了心脏地带；谁控制了心脏地带，谁便控制了世界岛；谁控制了世界岛，谁便控制了整个世界”。麦金德的这个著名论断既是对历史经验的总结，也是对后世的启示，其影响极其深远。麦金德眼中的世界岛就是欧亚大陆，他所重视的心脏地带则正是古丝绸之路沿线区域，包括现在的中亚和西亚，或者说包括整个中亚以及中东的部分地区和今天的阿富汗。

从古至今，这个世界岛的心脏地带都是兵家必争之地。特别是位于心脏地带南端的阿富汗，更是成为欧亚大陆上历代帝国乃至世界范围内的强权亟欲征服之地。列强对于阿富汗争夺的历史，充分表明亚欧大陆心脏地带在地缘政治和地缘战略上具有很高价值。

近代以前，曾经试图征服阿富汗这块要地的帝国可以列一个很长的名单，其中最著名的要数公元前 3 世纪的马其顿帝国（又称亚历山大帝国）、公元 8—9 世纪的阿拉伯帝国以及 13—14 世纪的蒙古帝国。而在近现代历史上，大英帝国与沙皇俄国在阿富汗争夺势力范围长达百年。1838—1919 年，英国为获得对阿富汗的控制先后发动数次大规模战争，但是最后以失败而告终。在当代，苏联和美国这两个超级大国先后分别发动对阿富汗的战争，为外国势力入侵阿富汗的历史续写了新的篇章。

1979 年 12 月，苏联 10 万装备精良的大军入侵阿富汗，推翻了阿富汗政府，扶持亲苏的卡尔迈勒上台执政。然而，在美国和巴基斯坦等国的大力支持下，阿富汗抵抗运动顽强抗击入侵者和傀儡政权。1989 年 2 月，苏联在人员伤亡和物资损失惨重的情况下从阿富汗撤军。1991 年苏联解体，这个一度唯一能够与美国分庭抗礼的超级强权在地球上消失了。

2001 年 10 月，美国为报复“9·11”恐怖袭击，联合英、法、德等国发动了对阿富汗的“反恐”战争。按照美国方面的说法，这次战争的目的旨在推翻支持恐怖活动的塔利班政权并惩罚恐怖主义头目本·拉登。在联军采取猛烈行动后不久，塔利班政权被推翻，本·拉登也在 2011 年 5 月被美军击毙。而美国方面的损失同样不小，不仅付出了数千军事人员损失的代价，在经济上也为这场战争支付了数千亿美元甚至更多。在 2011 年撤军之前，美国在阿驻军超过 10 万，英、法、德等联军也有近万人。美国原计划在2014年全部撤军，但该计划却一度放缓，原因在于塔利班势力并没有被完全肃清，恐怖势力大有死灰复燃的可能。

外国势力入侵阿富汗的历史反复证明了两点：其一，各列强不惜生命和财产代价誓死要拿下阿富汗，其背后的考量主要是阿富汗在欧亚大陆版图上具有特殊的地缘政治地位；其二，对贫瘠的阿富汗的征伐通常会损伤征服者元气，成为征服者衰退过程的开始或者催化这个衰退过程，这也是为什么阿富汗素有“帝国坟场”之称谓的一个原因。2010年，美国《外交政策》杂志上有篇文章反驳这种说法，似乎在告诉读者美国不会重蹈覆辙。然而，过去的历史已经过去，已经存在的事实不会因为人们看问题立场的不同而改变其本质。美国对阿富汗的武力征伐还没有完全结束，美国是否是一个“例外”，现在还不是下结论的时候。

虽然有关列强在阿富汗的故事还没有到尾声，但是美国与今天的俄罗斯却几乎同时在欧亚心脏地带开启了一场新的针对对方以及崛起的中国的较量。与历史上各帝国对这个心脏地带的武力征伐不同，这次的美俄较量是基于对地缘经济的考虑，重心在于争夺对这个地区的经济主导权和战略层面的影响力。

（一）美国的新丝绸之路计划

在奥巴马执政初期，美国曾一度向阿富汗增兵，但不久以后即着手制订撤军计划。2011年6月22日，奥巴马向全国发表讲话，宣布了从阿富汗撤离美军的“三步走”计划。该计划的最重要一点就是美国在2014年全面完成撤军任务。与撤军计划的宣布几乎同时进行的，是美国新丝绸之路计划的提出。

2011年7月，时任美国国务卿希拉里访问印度。她在印度的金奈讲话时呼吁复兴古丝绸之路，正式抛出了美国版的新丝绸之路计划。根据有关专项研究报告以及有希拉里等重要人物参加的多次政策研讨会的分析，美国的新丝绸之路计划大体包含以下三方面内容：第一，以阿富汗为枢纽，构建印度和巴基斯坦等南亚国家与土库曼斯坦等中亚国家之间的紧密的经济联系与合作，促进区域内和区域之间贸易自由化以及贸易的增长；第二，在区域内同时进行“硬件”和“软件”的建设，其中

“硬件”是指铁路、公路和能源等基础设施，而“软件”则包括那些旨在消除阻碍贸易和投资自由流动的新的法律制度和政策；第三，美国、欧盟和日本等区域外国家将对该区域内的经济一体化努力予以支持。

很明显，美国的新丝绸之路计划是要填补2014年美国撤军之后其在中亚和南亚腾出的“空间”，以新的形式强化其在这些地区的经济、政治和安全方面的存在。其短期目标看起来是通过加强南亚与中亚国家在经济上的联系提振阿富汗的发展能力，从而保持美国撤军后这个区域的政治和安全稳定；而其中、长期目标则显然着眼于增强美国与这一地区的联系，维护其对该区域在政治、经济和安全问题上的主导地位，继而削弱和排除中国与俄罗斯在中亚不断增长的影响力。

（二）俄罗斯的欧亚联盟计划

1991年苏联解体后，俄罗斯继承了苏联在国际法上的地位。与苏联比较，俄罗斯在人口和地域面积上大幅缩水。根据1991年7月的统计资料，苏联解体前夕的人口总数为2.93亿，国土面积是2240万平方公里。而2012年的统计数据显示，俄罗斯的人口总数为1.43亿，只有苏联时期的一半；其国土面积为1707万平方公里，大约相当于苏联时期国土面积的76%。从苏联到俄罗斯，最大的变化或许不是人口的减少和地理面积的变小，而是苏维埃社会主义共和国联盟下辖的15个加盟共和国的分崩离析。各加盟共和国独立后，俄罗斯不再拥有丰富和广泛的经济资源，这可能也是普京发出“苏联解体是20世纪最大的地缘政治灾难”之感叹的一方面原因。

2011年10月3日，时任俄罗斯总理普京在《消息报》发表文章，正式提出在俄罗斯、白俄罗斯和哈萨克斯坦关税同盟基础上创建欧亚联盟的设想。同年11月8日，俄白哈三国总统签署协议，确定欧亚联盟将在2015年建成。这个正在建设中的经济一体化组织希望将原苏联各加盟共和国都纳入进来，甚至在可能的情况下扩展到更大范围。截至2015年，已经表示有兴趣加入的国家有四个：吉尔吉斯斯坦、塔吉克斯坦、亚美尼亚和乌克兰。其中，俄罗斯最看重的是乌克兰，该国在国土面积、人口数量、经济发展水平和地理位置等方面都具有举足轻重的地位。乌克兰最终是否加入欧亚联盟，直接关系到普京的这个战略设想能否变成现实，或者说关系到这个战略联盟是否具有实际价值。此外，乌兹别克斯坦、土库曼斯坦、阿塞拜疆和格鲁吉亚四个国家也处在候选者行列。不过，短期内格鲁吉亚入伙的可能性很小，因为2008 年俄格军事冲突的阴影还没有散去。

欧亚联盟的首要目的是经济性质的。正如普京在《消息报》那篇文章中所说的，“如同欧盟，欧亚联盟是建立在四个支柱基础之上的。在联盟里，不仅商品、资本和劳动力自由流动，而且成员国的经济和货币政策将彼此协调。各成员国主权的若干部分势必让渡于一个超国家机构，而这将最终伸延到政治领域”。而与经济利益密切相关的另一个重要目的就是在能源领域整合苏联势力范围的力量，在一定程度上主导世界能源特别是石油和天然气的供给。

通过经济一体化努力，俄罗斯计划重建或巩固其在中亚、高加索和东欧的影响力，实现“一石三鸟”之效果，即以此抗衡欧盟和北约势力的东移，同时挤兑美国在阿富汗撤军后在中亚的军事存在，并且延缓和阻碍中国与中亚各共和国更加紧密的经济联系。

当然，俄罗斯在 2015 年完成欧亚联盟的建构也面临巨大的失败风险。首先，乌克兰和格鲁吉亚是变数。特别是乌克兰，其地处俄罗斯与欧盟之间，是双方共同关注的焦点。虽然乌克兰与俄罗斯在很多方面具有联系，但其入欧的倾向是众所周知的，并已于2014 年签署欧盟准成员国协议。除乌克兰之外，格鲁吉亚也有入欧的可能。从历史和现实情况看，在欧盟和俄罗斯之间，格鲁吉亚最终会更加倾向于前者。

其次，美国将竭尽全力阻扰俄罗斯欧亚联盟计划的实现。普京的欧亚联盟设想一经提出，美国即刻表示出高度警觉，视其为复活苏俄帝国的一个企图。2012 年 12 月 6 日，即将离任的美国前国务卿希拉里在柏林新闻发布会上告诉记者，欧亚联盟的目的是很明了的，美国会采取有效方法延缓和阻止这个联盟的形成。

表 2—1　2010 年中亚与俄罗斯和中国的贸易比较

俄罗斯									
从俄罗斯进口				出口到俄罗斯			与俄罗斯贸易总和		
	百万欧元	占总出口比例	俄罗斯排位	百万欧元	占总出口比例	俄罗斯排位	百万欧元	占总出口比例	俄罗斯排位
哈萨克斯坦	4,238.4	18.7%	3	1,780.8	4.9%	3	6,019.2	10.3%	3
吉尔吉斯斯坦	810.4	15.0%	2	268.7	32.1%	1	1,079.1	17.3%	2
塔吉克斯坦	646.8	32.3%	1	76.9	8.5%	3	723.7	24.9%	1
土库曼斯坦	600.6	14.2%	3	101.9	4.0%	8	702.5	10.3%	4
乌兹别克斯坦	1,382.8	21.4%	1	1,047.8	24.1%	1	2,430.6	22.5%	1
中国									
从中国进口				出口到中国			与中国贸易总和		
	百万欧元	占总出口比例	俄罗斯排位	百万欧元	占总出口比例	俄罗斯排位	百万欧元	占总出口比例	俄罗斯排位
哈萨克斯坦	7,724.3	34.1%	1	7,579.7	21.1%	2	15,304.1	26.1%	2
吉尔吉斯斯坦	3,391.2	62.7%	1	48.0	5.7%	4	3,439.3	55.0%	1
塔吉克斯坦	180.6	9.0%	4	335.5	37.3%	1	516.1	17.8%	2
土库曼斯坦	434.6	10.2%	4	722.4	28.4%	1	1,1571	17.0%	2
乌兹别克斯坦	978.9	15.2%	4	889.7	20.5%	2	1,868.6	17.3%	2

资料来源：欧盟委员会（2013）。

另外，中国在中亚不断增长的影响力或许也会被视为对欧亚联盟不利的因素。虽然中俄在战略上都无意视对方为敌人，而且中国在多个场合表示无意在中亚经营自己的势力范围，但是中国经济实力日益强大以及中国和中亚各国紧密经济联系的事实可能在客观上让一些潜在的候选国在加入欧亚联盟问题上没有太大的紧迫感。

二、丝绸之路经济带：从线到面到片

古丝绸之路是历史上自然而然形成的一条商旅之路，今天的丝绸之路经济带则不同，是在古丝绸之路基础上主要经由人为安排而通过现代公路、铁路和航空网络连接起来的一片区域，在范围上大得多。至于如何界定这条新经济带的范围，目前还没有定论。不过，首先建立如下三点共识，可能能够帮助这个范围的界定。第一，丝绸之路经济带是一个动态的区域，即由人为安排，但也不完全如此；第二，古丝绸之路只是一条商旅文化之路，呈线状，而丝绸之路经济带是由这条“线”串联起来的一个面，呈片状；第三，“带”跟着“线”走，“带”的范围由“线”的伸延或发展而决定。

丝绸之路经济带之所以是个动态的区域，是因为它所依存的丝绸之路在古代和当今有不完全相同的含义，而且当代的这条丝绸之路还在扩展。古丝绸之路东起汉代中国的都城长安，西至罗马帝国境内，即今天的亚平宁半岛（意大利半岛），途经中亚、西亚以及黑海和地中海部分区域，其中包括今日东欧一些国家地域。这条线路在中亚地区又大体可分为北段、中段和南段三个走势。古丝绸之路的北段和南段以及更多的分支，将今天俄罗斯的亚洲部分区域和南亚的阿富汗、巴基斯坦和印度联系起来。那么，今天的新丝绸之路又是一个什么概念呢？首先，它不再是一条狭窄的线路，而是立体的通道，由现代公路、铁路、航空和油气管道组成，其中铁路（即三条亚欧大陆桥）的发展较为成熟，扮演最重要的角色。其次，它横跨整个欧亚大陆，将东亚、中亚、南亚、西亚、东欧和西欧一并囊括。第三，它已经初具轮廓，但还在建设当中。

正因为丝绸之路本身在历史上经历着变化和发展，所以丝绸之路经济带可以相应地划分为几个不同的范围，即狭义的、中义的和广义的。如果从中国角度出发，可以分阶段逐步推进这些不同范围的经济带建设。

（一）狭义的丝绸之路经济带

这个以古丝绸之路核心地段或者说枢纽地段作为基础而划分的经济带包括中国和中亚5国，是丝绸之路经济带建设的起点。与世界其他地区比较起来，该经济带范围内的国家（除了中国）都属于内陆国家，相对封闭。中亚5国的总人口只有6000多万，相当于中国一个中等偏上省份的规模。经济发展起步较晚，人均GDP还很落后，只有哈萨克斯坦的情况稍好一些。最近几年，这几个国家在对外贸易和吸引外国直接投资方面取得一些成绩，增长速度超过世界平均水平，但其经济实力和竞争力并未因此得到明显改变。不过，也正是由于起点较低，再加上自身发展的潜力还可以进一步挖掘，它们在未来几十年如果充分发挥优势，应该可以保持比世界平均水平高得多的经济增长速度，从而摆脱困境跻身较富裕的发展中国家行列。

表 2—2 狭义的丝绸之路经济带国家

国家	GDP 百万美元（2012）	人均 GDP 美元（2012）	面积（平方公里）	人口（2012）	每平方公里人口密度	首都	官方语言
哈萨克斯坦	196,419	11,773	2,724,900	17,053,000	6.3	阿斯塔纳	哈萨克语、俄语
吉尔吉斯斯坦	6,473	1,158	199,900	5,551,900	27.8	比斯凯克	吉尔吉斯语、俄语
塔吉克斯坦	7,592	953	143,100	8,000,000	55.9	杜尚别	塔吉克语
土库曼斯坦	33,679	5,999	488,100	5,125,693	10.5	阿什哈巴德	土库曼语
乌兹别克斯坦	51,168	1,737	447,400	30,183,400	67.5	塔什干	乌兹别克语
中亚 5 国	295,331	4,324	4,003,400	65,913,993	33.6		
中国	8,227,037	6,076	9,640,821	1,360,120,000	141.1	北京	汉语
合计	8,522,368	5,200	13,644,221	1,426,033,993	87.3		

资料来源：笔者根据 IMF、WB 和维基百科等资料整理制作。

人口规模较小虽说是弱点，但也可能是优势。世界上有很多人口较少的国家位列经济实力或竞争力较强国家之列，如地广人稀的澳大利亚和加拿大等都是经济发达国家，而像新加坡与荷兰这样人口密度极高的袖珍国家也有极强的经济竞争力。中亚 5 国的人口的确不多，这多多少少制约了其消费市场的扩大，可是它们的地域空间却与整个欧盟28国相当。澳大利亚和加拿大之所以能够成为富裕国家，不是因为其人口规模，而是因为其地大物博。广博的疆域是中亚5国的特点，同时也是其经济发展的一个优势。

中亚5国另一个可能更重要的特点或优势在于它们的疆域内蕴藏着丰富的自然资源。在这片神奇的土地上，不仅有着异常丰富的石油、天然气和煤炭等能源资源，也有着极为丰富的多种稀有金属矿产和特别有利的农牧业基础。这5个国家都有石油资源，其中哈萨克斯坦的石油储量大约为100亿吨，超过美国和中国，排在世界第11位。哈萨克斯坦、土库曼斯坦和乌兹别克斯坦分别拥有世界第11、12和17的天然气储量。哈萨克斯坦的煤炭储量达到312亿吨，名列世界前茅。除此之外，乌兹别克斯坦、吉尔吉斯斯坦、哈萨克斯坦和塔吉克斯坦还盛产黄金。吉尔吉斯斯坦是世界主要的产铀国。乌兹别克斯坦、土库曼斯坦和塔吉克斯坦的棉花产量居全球前列，分别排在第6、9和17位。毫不夸张地讲，中亚5国的地下和地上遍布宝藏，如果这些资源得到适当开发和出口，中亚5国必将像诸多资源型富国一样发达起来。目前制约因素主要有两个：一个是外来开发性投资尚不够给力；另一个是交通运输跟不上需要。中哈石油管道第一期工程已经开通，中国—中亚天然气管道第一和第二期工程已经完工，但这仅仅是一个开端。中国与中亚5国更深层面的经贸往来还需要加大力度开辟更多途径，在铁路、公路、航空、管道和通信设施建设等诸多方面齐头并进。

（二）中义的丝绸之路经济带

这条经济带以横亘亚欧的现代丝绸之路——亚欧大陆桥为纽带，囊括沿线主要国家，但不包含欧盟28国。处于这条经济带的国家从东到西分别是中国、蒙古国、缅甸、孟加拉国、印度、巴基斯坦、阿富汗、中亚5国、伊朗、伊拉克、叙利亚、约旦、以色列、阿塞拜疆、格鲁吉亚、亚美尼亚、俄罗斯、乌克兰和白俄罗斯。这是丝绸之路经济带建设的重点。

亚欧大陆桥是亚欧大陆三条铁路线的总称。其中，从俄罗斯符拉迪沃斯托克通向欧洲各国并最后到荷兰鹿特丹港、全长1.3万公里的西伯利亚铁路，号称第一亚欧大陆桥。第二亚欧大陆桥则指东起中国连云港，经哈萨克斯坦、俄罗斯、白俄罗斯、波兰、德国并终止于荷兰鹿特丹港的另一条铁路线，全长1.08万公里，又称新欧亚大陆桥。第三亚欧大陆桥，即亚欧大陆上第三条铁路线，现正在构想和设计之中。它的起点位于深圳，由昆明经缅甸、孟加拉国、印度、巴基斯坦、伊朗和土耳其，再经东欧和中欧，终抵荷兰鹿特丹港，全长约1.5万公里。

从地缘经济角度看，以亚欧大陆桥为纽带的这条经济带具有四个重要特征。第一，占地面积大，接近整个地球陆地面积的1/3，但由于约半数的地球人口居住于此，人口密度偏大，因此平均资源量仍然偏少；第二，由于人口众多，并且这条经济带上的几乎所有国家都处在发展中阶段，因此人均收入很低，但这在另一方面表明其市场潜力无限；第三，多个国家（特别是像中国、印度和俄罗斯这样的国土和人口大国）已经或正在步入经济发展快车道，引领全球经济成长；第四，这里的自然资源异常丰富，特别是能源资源在全球占有很大比重。在世界10大石油储量国中，伊朗、伊拉克、俄罗斯和哈萨克斯坦榜上有名；在世界天然气储量排行榜上，伊朗、俄罗斯和土库曼斯坦分列第一、第二和第四，约占全球一半；俄罗斯、中国、印度、乌克兰和哈萨克斯坦的煤炭储量超过全球已探明煤炭储量的47%。

如何将宝贵的自然资源财富转变成综合国力的提升和人民生活水平的提高，是这条经济带上多数国家所面临的挑战。更加通达、便捷和有效的交通运输线的构建以及更加紧密的经济文化联系，定当促进这样的转变的实现。

表2—3　中义的丝绸之路经济带国家

国家	GDP 百万美元（2012）	人均GDP 美元（2012）	面积（平方公里）	人口（2012）	每平方公里人口密度	首都	官方语言
阿富汗	19,906	622	647,500	31,108,077	48.0	喀布尔	波斯语、普什图语
阿塞拜疆	68,804	7,450	86,600	9,165,000	105.8	巴库	阿塞拜疆语

续表

国家	GDP 百万美元（2012）	人均 GDP 美元（2012）	面积（平方公里）	人口（2012）	每平方公里人口密度	首都	官方语言
巴基斯坦	231,879	1,296	796,095	184,333,000	231.6	伊斯兰堡	乌尔都语、英语
白俄罗斯	63,259	6,739	207,560	9,458,000	45.6	明斯克	俄语、白俄罗斯语
俄罗斯	2,021,960	14,247	17,098,242	143,500,000	8.4	莫斯科	俄语
格鲁吉亚	15,934	3,543	69,700	4,661,473	64.0	第比利斯	格鲁吉亚语
蒙古国	10,258	3,627	1,564,116	2,892,876	1.9	乌兰巴托	蒙古语
孟加拉国	153,600	1,044	147,570	150,039,000	2,676.8	达卡	孟加拉语、英语
缅甸	53,140	854	676,578	60,280,000	73.9	内比都	缅甸语
叙利亚	60,210	2,958	183,885	22,717,000	118.3	大马士革	阿拉伯语
乌克兰	176,235	6,739	603,700	48,396,470	80.2	基辅	乌克兰语
亚美尼亚	10,066	2,991	29,800	3,229,900	108.4	埃里温	亚美尼亚语
伊朗	548,895	7,211	1,648,195	76,926,000	46.7	德黑兰	波斯语
伊拉克	212,501	3,301	437,072	31,858,481	70.0	巴格达	阿拉伯语等
以色列	240,894	31,296	20,770	8,000,000	347.0	特拉维夫	希伯来语、阿拉伯语
印度	1,824,832	1,492	3,287,263	1,234,310,000	375.5	新德里	印度语、英语
约旦	31,209	4,879	92,300	5,153,378	62.0	安曼	阿拉伯语
中国	8,227,037	6,076	9,640,821	1,360,120,000	141.1	北京	汉语
亚欧 18 国	13,970,619	5,909	37,237,767	3,386,148,655	255.8		
中亚 5 国	295,331	4,324	4,003,400	65,913,993	33.6		
合计	14,265,950	5,116	41,241,167	3,452,062,648	144.7		

资料来源：笔者根据 IMF、WB 和维基百科等资料整理制作。

（三）广义的丝绸之路经济带

广义的丝绸之路经济带也依托于亚欧大陆桥，不同的是，它将欧盟28国涵盖其中，由总数超过50个的国家支撑。这是丝绸之路经济带建设的未来方向。由28国组成的欧盟，在整体经济发展水平上堪称世界之最。欧盟的土地并不辽阔，而且人口十分密集，但是这里集中了世界上多个发达国家，在经济发展能力、科技创新、产品出口以及消费市场规模等方面处在全球领先地位。它最大的不足是资源匮乏，而这正是丝绸之路经济带上中亚和西亚国家的优势。亚欧大陆东西方国家在经济发展上如果能够实现资源、技术和市场的互补，势将增进各自可持续发展的动力和整体的竞争力。而且，凭借人口、地域、资源和市场等巨大优势，其必定会有光明的未来。

表2—4　广义的丝绸之路经济带国家

国家	GDP 百万美元（2012）	人均GDP 美元（2012）	面积 （平方公里）	人口 （2012）	每平方公里 人口密度
欧盟（28国）	16584007	34982	4381376	507890191	116.2
中亚5国	295331	4324	4003400	65913993	33.6
亚欧18国	13970619	5909	37237767	3386148655	255.8
合计	30849957	15071	45622543	3959952839	135.2

资料来源：笔者根据IMF、WB和维基百科等资料整理制作。

三、中国国家经济安全战略的新突破口：几点建议

改革开放30多年来，与经济快速发展相伴随的是中国对能源需求的巨大增长。继2009年中国能源消耗量超过美国居世界第一之后，有关中国能源方面各项“突破”的消息接踵而至。2011年，中国天然气消费较2000年增长4倍，成为世界上天然气最大进口国之一。2012年，中国煤炭消费超过全球消费总量一半。2013年，中国第一次超过美国，成为第

一大石油进口国。特别值得注意的是石油方面。1993 年中国才开始进口石油，2013 年进口便在国内总消费量中占据接近 60% 的比例，这在世界经济发展史上也算是一项“奇迹”。中国能源对外依赖严重，在很大程度上意味着国家的经济发展存在重大安全隐患，主要体现在两个方面：一个是能源资源的国外供给；一个是能源资源的运输。不用说全球性的战乱，任何相关区域的动荡都会对这些能源资源的供给和运输带来不确定性。解决问题的方法无外乎两个方面：第一，转变经济发展方式，降低对外能源资源依赖的程度；第二，开辟更多能源资源供给的来源，并开拓更多更稳定的能源资源运输渠道以减小海洋运输安全上的压力。事实上，近些年中国在这两方面都有努力并取得一些效果，但这仍满足不了经济快速发展的需要。这是中国国家经济安全面临的一个重要挑战。

中国国家经济安全面临的另一个重要挑战来自于全球范围区域经济一体化方面的竞争。从 20 世纪 90 年代初起，中国便致力于发展自己的区域经济一体化战略，这是应对多边贸易体制发展滞缓以及欧洲和美洲区域经济一体化迅猛发展所带来挑战的必然选择。虽然经过艰辛努力，中国与东盟创建了“10 + 1”自由贸易区，并且与若干个国家缔结了自由贸易协定，但是相关进展并不顺利。特别是在美国主导的跨太平洋伙伴关系（TPP）协议谈判于 2015 年 10 月完成以及基于该协议的亚太自由贸易区迈出实质性步伐的情况下，中国积极倡导的中日韩与东盟自由贸易区的建设已经无法按照原先规划继续推进。作为替代，区域全面经济伙伴关系（RCEP）协议的谈判正式启动，然而这项努力的前景并不十分光明。其中一个原因是东亚国家内部因为领土等问题而存在较大隔阂，一些重要的国家之间彼此互不信任。另外，越来越多的东亚国家（包括日本在内）已经或正在投向 TPP。美国主导亚太区经济规则制定以及经济发展的意图十分强烈，中国的东亚经济一体化发展战略与美国亚太经济战略发生碰撞已经是不争的事实。当然，中国不会放弃既定战略的实施，但也不应该把所有精力放在一个区域或一个层面。中国在全球大棋盘上还有发挥的空间，也有可资利用的题材。亚欧大陆就是这样的一个空间，增进与该大陆上大部分国家更加紧密的经济联系就是这样的题材。

为了增强能源安全，突破区域经济一体化过程中的困境从而缓解来自亚太地区的内外压力，中国可在以下方面做出努力，争取开创新的局面。

第一，将丝绸之路经济带建设上升到国家的区域经济一体化建设战略层面，把丝绸之路经济带自由贸易区确定为长远发展目标。目前，丝绸之路经济带只是中国提出的一个概念。在亚欧大陆，以丝绸之路作为题材而制定自己的区域发展战略的国家不胜枚举。除了美国的新丝绸之路计划和俄罗斯的欧亚联盟计划之外，欧洲、土耳其、哈萨克斯坦、土库曼斯坦、塔吉克斯坦、吉尔吉斯斯坦和乌兹别克斯坦等国家和地区都分别有自己的设想。如何整合这些计划、设想和战略，需要大的气魄和大的智慧，否则各国各自为政，亚欧大陆又将成为历史上列强争夺势力范围的对象。自由贸易区目标的提出和确立有助于各自为政的亚欧各国形成合力，有一个明确的努力方向。更重要的是，没有一个作为自由贸易区之基础的自由贸易协议的存在，亚欧大陆各国只能一厢情愿地推进自己所谓的区域发展计划、设想或战略，而不能在相互之间彼此约束，更不能尊重和保障各自或共同的权益。丝绸之路经济带自由贸易区的建设遵循先易后难的原则，可分阶段地向前推进。在狭义的和中义的丝绸之路经济带国家范围内，可首先进行这样的尝试。在这方面，上合组织似可扮演桥梁甚至组织者的角色。待时机成熟，丝绸之路经济带自由贸易区范围可扩大到欧盟区。美国的跨大西洋贸易与投资伙伴关系协议的谈判已经进行了数轮，东盟与欧盟的自由贸易协议谈判也已经取得重大进展。中国与欧盟之间通过缔结自由贸易协议的方式增进彼此关系是迟早的事情。这种双边的协议与丝绸之路经济带自由贸易协议和自由贸易区的建设在方向上是一致的，在全球范围区域经济一体化竞争日趋激烈的背景下，中国方面应尽快着手规划，宜早不宜迟。

第二，中国以自由贸易区为目标推进丝绸之路经济带建设，应具有包容心态，不排斥任何国家或国家集团参与。美国的新丝绸之路计划和俄罗斯的欧亚联盟计划都有很强的针对性，其着眼点不完全局限于经济层面，中国方面任何新计划的提出都会引起这两个大国的警觉。丝绸之路经济带自由贸易区的经济和开放性质将打破种种疑惑。习近平主席在首访中亚国家时，已经明确告诉世界：中国愿同俄罗斯和中亚各国加强沟通和协调，共同为建设和谐地区做出不懈努力，不谋求地区事务主导权，不经营势力范围。这个表态应该成为中国在丝绸之路经济带建设上长远的指针。中国之所以有信心以包容和开放的心态来推进丝绸之路经济带的建设，是基于这样一个事实，即当今国与国之间的竞争归根结底不再是意识形态和军事的竞争，而是经济发展和经济实力的竞争。中国经济经过 30 多年的快速发展已经积累了一定的竞争本钱，而未来 10 年、20 年甚至更长时间可持续的发展则是我们手中竞争的筹码。

第三，中国可考虑加大国内熟悉亚欧事务通才和专才的培养力度，同时采取得力措施让更多的亚欧国家人士熟悉中国事务。伟大的事业成就伟大的人才，而伟大的人才则是伟大事业得以成就的基础。过去几十年，有大批中国留学生到欧美学习研究，也有大批欧美学生来华学习研究，这对增进双边了解和经贸关系贡献巨大。相较之下，中国与中亚和西亚国家之间这种交流的规模则要小得多。中国要派出更多的学生和专业工作者到这些地区的国家进行学习和交流，也要创造条件接收来自这些地区的学生和学者到中国学习和研究，以增进相互了解。在接收留学生方面，中国应该借鉴美国和日本的经验，将国际交流视为国家发展对外关系的一个重要层面。只有国民个人之间的关系亲近了，国家之间的关系才容易融洽。这是一项世纪工程，在很大程度上直接影响着中国与亚欧大陆各国关系的未来。

回顾历史，我们的先辈开辟了举世闻名的古丝绸之路，并书写了东西方文化和经贸交流的辉煌；放眼未来，我们定将在正在搭建的更大舞台上创造新的奇迹。

横空出世的亚洲基础设施投资银行

——一个“没有西方的世界”正在集结

根据中国财政部公布的信息，亚洲基础设施投资银行（以下简称亚投行）的意向创始成员国数量达到57个，其中包括37个亚洲域内国家和20个域外国家。如果把亚投行比喻成一场大剧，那么申请意向创始成员国资格并获得批准的这个阶段仅仅是个序幕，而且只是序幕的前一半。序幕的后半部当然是这个国际组织章程的谈判、投票权的分配和管理层的确定。所有这些结束之后的运营才正式进入正剧。非常有趣的是，亚投行这场大剧在刚刚拉开序幕之际便立刻抓住了国内外观众的注意力，赢得了重重的喝彩。特别是作为主角的中国，更是成为全球舆论追捧的中心。

然而，冷静想想，在大功尚未告成之前舆论炒作到如此地步，总觉得有些不妥。中国有句古训：“事成于密而败于疏。”关于中国在亚投行中的地位，除了该行的章程规定，谁说了都不算数，而这项章程的谈判和签署在2015年年中进行。任何涉及中国入股金额多少、投票权大小以及行长人选的提法都是不负责任的。大肆炒作充其量只是满足一点虚荣心，但其负面的效果则是不容低估的。这至少是对亚投行其他成员方的不尊重，更不用说会在未来亚投行章程谈判中让中国处于被动位置。很多人都知道中国政治文化中有一个现象，那就是在正式的任命文件下达之前，任何关于某人提拔的传闻都是害人的。

毫无疑问，中国在亚投行的创建中扮演了最重要的角色。事实上，国外媒体在提及亚投行时都使用了“中国支持的”或“中国领导的”这样的字眼。但即便如此，我们还是需要换位思考，考虑一下我们的合作伙伴甚至竞争对手的感受。哪怕是在策略上，也不应该把自己置于“木秀于林”的位置。没有人能够否认中国在亚投行这部大剧中是一个无可替代的主角，但是再优秀的角色，如果缺乏配角的衬托和观众的捧场，也是难以出彩的。

在这一点上，美国《国家利益》杂志上的两篇文章可以给我们提供一些启示。这两篇文章分别以“一个没有西方的世界”和“欢迎来到没有西方的世界”为题，都是由纳扎尼·巴尔马等三人撰写，先后发表在2007年和2014年。巴尔马等人在这两篇文章中提出了极具颠覆性的观点，概括起来，有三点值得特别注意：第一，从克林顿到奥巴马20多年来，美国学界和决策圈对中美关系的认识，即认为美国应该将中国同化到现有国际秩序中来或者准备应付中国对现有国际秩序发起的挑战，是完全错误的；第二，中国既不会选择被同化，也不会主动挑战现有国际秩序，而是绕道自由世界秩序去构建新的国际秩序；第三，美国面对的不是单独的一个中国，而是一个正在崛起的没有西方的世界。

与华盛顿智库那些赫赫有名的大腕专家比较起来，具有加州伯克利大学背景的巴尔马等三位年轻人无论在资历还是声望方面都要逊色不少，但是他们对于中美关系现状和趋势的认识则实在是高明得多。早在2007年，他们就提醒美国决策层注意一个“没有西方的世界”正在出现，不少大人物专门撰文进行驳斥，认为这样的世界不会来得那么快。但2014年以来发生的以亚投行为代表的国际事态真真切切地表明，巴氏等人具有令人惊诧的洞察力。

其实，巴氏等人所说的“一个没有西方的世界”正是亚投行创建的背景及动力的源泉。如果说半个多世纪前中国是被非洲兄弟抬进联合国的，那么我们同样可以说亚投行得以首战告捷，其主要功劳应当记在这个“没有西方的世界”的各成员身上。

一、“没有西方的世界”是个什么样的世界

巴尔马等人提出的“没有西方的世界”，不同于以往人们所熟悉的

发展中国家，而是一个全新的概念。虽然这个概念的发明者并没有具体界定这个新的“世界”的范围，但是从他们的描述中可以强烈地感受到它是当今地球上最有活力的一个国家和地区的集合体。顺着这个思路，我们不妨了解一下“没有西方的世界”究竟是一个什么样的世界。

首先，这个“世界”是不包括西方的。所谓西方，一般情况下说的是西方国家或西方世界，在文化、地理以及政治和经济的标准下有着不同的含义。就文化而言，特指那些深受古希腊罗马文化影响，经过文艺复兴和16世纪宗教改革运动洗礼并多信奉基督教的国家。以地理位置来区分，则泛指位于西半球的欧洲和美洲国家。而用政治和经济尺度来衡量，西方、西方国家或西方世界就是那些实施共和民主制度，推行资本市场经济并在经济上具有较高发达水平的国家。今天普罗大众所理解的西方、西方国家或西方世界正是后一种意义上的，属于政治经济范畴的概念。能够纳入到其中的有西欧诸国、北美的美国和加拿大、大洋洲的澳大利亚和新西兰以及亚洲的日本，可谓集中了联合国公认的目前世界上最发达的几乎所有国家，七国集团成员全部来自于它们中间。

其次，“没有西方的世界”不是西方之外的其他国家的世界。2011年，哈佛大学金融历史学教授尼尔·弗格森出版了一本名为《文明：西方与其他国家》的著作，从文明的角度探讨西方在过去500年逐步征服和主导世界的原因，并预测未来世界格局的发展趋势。虽然弗格森教授也花了不小篇幅描述中国等国的文明发展历史，甚至基于文明对中国的崛起表达了罕见的乐观，但是他在看问题的视角上仍然没有摆脱西方中心论的观点，将世界历史上已经存在的多个文明以西方与其他国家加以区别。正如《经济学人》评论文章所言，这是一部“令人眼花缭乱的西方观念的历史”。

西方之外的其他国家作为一个整体，并不能说明什么问题。因为其所在地域分布太过广泛，宗教、文化特别是经济发展水平存在巨大差异，它们对于世界事物的影响力无法不加区分地笼统地看待，只有它们中间那些最有活力的部分才是巴尔马等人眼中应该让以美国为代表的西方世界立即警觉的对象。

第三，“没有西方的世界”包括新兴经济体，但不止于此。新兴经济体是对当今世界上那些经济成长较快、具备较强经济发展潜力并在一定程度上实行市场经济原则的国家和地区的统称。至于哪些国家和地区可被视为该体系中的成员，国际上有多个机构提出了自己的意见。其中，《经济学人》杂志的说法影响较大。根据该刊，所谓的新兴经济体主要是指金砖五国加上墨西哥、韩国、南非、菲律宾、土耳其、印度尼西亚、埃及等“新钻”国家。也就是说，这个经济体仅包含10多个国家。

毫无疑问，新兴经济体是“没有西方的世界”的最重要组成部分。之所以如此，一方面是这些新兴经济体国家在过去相当长时间里都保持了较高的经济增长速度，整体上对当代世界经济增长的贡献远超发达的西方国家；另一方面是它们多具有较大的经济体量，比如中国、巴西、印度和俄罗斯都进入全球GDP排行榜前10名，但这还不是“没有西方的世界”的全貌。世界经济的发展是一个动态的过程。放眼全球，数十年来不断有国家跻身快速经济增长行列，它们的经济体量也在不断增强。正由于这个原因，在新兴经济体、金砖国家之外，国际上又出现了多个新的概念来适应新的变化。

G20发展中国家集团（G20 Developing Nations），是2003年确立的对若干发展中国家的集体性称呼。目前有阿根廷、玻利维亚、巴西、智利、中国、古巴、厄瓜多尔、埃及、危地马拉、印度、印尼、墨西哥、尼日利亚、巴基斯坦、巴拉圭、秘鲁、菲律宾、南非、坦桑尼亚、泰国、乌拉圭、委内瑞拉和津巴布韦23个国家。该集团拥有全球65%的人口、72%的农场主以及22%的农作物输出。

雄鹰经济体（EAGLEs），又称为“引领世界经济增长的新兴经济体”（Emerging and Growth-Leading Economies），包括了中国、印度、巴西、印度尼西亚、韩国、俄罗斯、土耳其、墨西哥和中国台湾9个在下一个10年间对世界GDP增长贡献最大的国家和地区。作为补充，阿根廷、孟加拉国、智利、哥伦比亚、埃及、马来西亚、尼日利亚、巴基斯坦、秘鲁、菲律宾、波兰、南非、泰国、乌克兰和越南等国被列入观察名单，预期GDP增量总和将占全球经济增量的10%左右。

新钻11国（Next Eleven），是继“金砖四国”后高盛又推出的一个概念，其成员包括巴基斯坦、埃及、印度尼西亚、伊朗、韩国、菲律宾、墨西哥、孟加拉国、尼日利亚、土耳其和越南。这些国家具有丰富的人力资源和能源资源，被认为是仅次于金砖国家的一批发展潜力巨大的国家。

灵猫6国（CIVITS），原指哥伦比亚、印度尼西亚、越南、埃及、土耳其和南非6个有较大发展潜力的新兴国家，目前中国和印度已经取代哥伦比亚和埃及而成为其成员。

远景5国（VISTA），由越南、印度尼西亚、南非、土耳其和阿根廷构成，被《经济学人》认为是继“金砖国家”之后最有潜力的新兴国家。

也许上面提到的并不能穷尽当今世界所有在经济发展上具有活力的国家和地区，但这30多个分布在亚、欧、非、美洲的国家和地区大体可以反映西方国家之外正在快速崛起的那样一个国家和地区群体。如果“没有西方的世界”没有包括这些国家和地区，那么任何其他国家和地区群体（诸如金砖国家或新兴经济体）的范围都存在较大的局限性而不足以具有广泛的代表性。

有鉴于此，我们可以给“没有西方的世界”做出一个界定：它是西方国家之外那些在经济上发展最为快速的国家和地区的集合体，在当下以至未来很长一段时间对全球经济增长贡献最大，是以金砖国家为突出代表的新兴世界。

二、从WTO到亚投行：新兴世界崛起的几个重要节点

1995年1月1日，世界贸易组织（WTO）建立，从此全球贸易规则统一，经济全球化进入新的历史阶段。在此之后整整20年时间里，新兴世界的各个国家充分利用贸易和投资自由化趋势带来的便利，不断增强自身经济实力，逐步改变以往各自为政的局面，成为国际政治特别是国际经济事务中一股具有重大影响力的力量。在这个并不漫长的过程中，有至少8件大事对推进新兴世界各国的崛起及其力量的集结起到了至关重要的作用，具有里程碑意义。

（一）中国“入世”

2001 年 12 月 11 日，中国正式成为世界贸易组织成员。这是中国融入国际经济体系的关键一步，也是新兴世界形成的开始。在此之前，虽然包括新兴世界大多数成员在内的发展中国家已经在该组织中占据多数，但是如同在关贸总协定时代一样，发达的西方国家主导着话语权。中国的加入不仅意味着发展中国家在总体经济实力上的提升，更意味着自信心的增强。以此作为起点，它们在 WTO 内几乎所有重大议题的谈判中据理力争。WTO 官网在介绍其成员时承认，“在 161 个成员中，发展中国家大约占有 2/3 比例。因为其数量的巨大，因为其在全球经济中变得越来越强大，也因为贸易在其发展的努力中越来越被视为不可或缺的工具，它们日益发挥着更加重要而积极的作用”。毫无疑问，中国等新兴世界国家的影响力更加突出。

（二）上海合作组织成立

2001 年 6 月 15 日，上海合作组织在上海正式成立，这是中国领导创建的第一个多边性质的国际组织。该组织致力于发展成员国之间的互信和友好关系，鼓励成员国在政治、经济、科技、文化、教育、能源、交通、环保和其他领域进行合作，维护和保障地区的和平、安全与稳定，并建立民主、公正、合理的国际政治经济新秩序。截至 2015 年 7 月，它有 6 个正式的成员国和 6 个观察员国，是中俄等新兴世界成员试图通过设立区域性的国际机制以改进现有国际政治经济秩序所做的第一次努力，目前发展势头良好，不少非成员国正积极争取加入。

（三）两次金融危机

1997 年，在国际投机资金兴风作浪下，长期依赖中短期外资贷款维持国际收支平衡而汇率偏高的东南亚各国遭遇空前的金融市场危机，危机形成的风暴迅速从东南亚波及到东亚诸国。泰国、马来西亚、菲律宾、印度尼西亚和韩国是这场危机最大的受害者。危机带来的损害是全方位的，除港币外的所有东南亚主要货币在短期内急剧贬值，东南亚各国货币体系和股市发生崩溃，大批外资撤逃，各受害国国内出现严重通货膨胀。然而，国际货币基金组织的救助却十分不力。经过此次金融风暴洗劫，东亚特别是东南亚各国对西方发达国家金融资本产生了强烈的恐惧心理，同时也逐步失去了对现有国际金融机构的信任。

2008 年发生的全球金融危机让世界范围内的更多国家尝到了东亚国家曾经吞下的苦果，不满现有国际金融体系而要求改革的情绪在全球蔓延开来。

（四）20 国集团诞生

2008 年，包括 7 国集团（美国、英国、法国、德国、意大利、日本、加拿大）、金砖国家（中国、印度、巴西、俄罗斯、南非）和 8 个重要经济体（澳大利亚、墨西哥、韩国、土耳其、印度尼西亚、沙特阿拉伯、阿根廷和欧盟）在内的 20 国首脑在美国首都华盛顿聚会，商讨应付全球经济危机的对策。这是 20 国集团第一次会议。该集团的诞生无疑是亚洲金融风暴和全球经济危机的产物。在这个全球最重要的经济论坛的舞台上，有 11 个新兴世界成员一齐登场，标志着西方发达国家已经无法忽视这支正在崛起的力量的存在。

（五）金砖四国首次峰会

2009 年，巴西、俄罗斯、印度和中国四国首脑以“金砖四国”的名义在俄罗斯举行会议，将高盛集团 2001 年提出的“金砖四国”概念付诸实践。2003 年，在一份题为《与金砖四国一起梦想》的研究报告中，高盛首席经济师奥尼尔预测，到 2050 年，世界经济格局将重新洗牌，中、巴、印、俄四国将超越包括英、法、意、德在内的西方发达国家，与美、日一起跻身全球新的六大经济体之列。2003 年，在全球 10 大经济体中，“金砖四国”里只有中国排在第 7 位；2014 年，中、巴、印、俄四国全部跻身前 10 名，其中中国距离最大经济体美国仅一步之遥。“金砖四国”的发展速度超出几乎所有人意料。更重要的是，它们在全球经济事务中的影响力与其经济发展保持同步，成为新兴世界的领头羊。

（六）美国发起 TPP 谈判

奥巴马担任美国总统后，开始实行“亚洲再平衡”战略，将美国的外交、军事和经济重心从欧洲和中东地区转向亚太。2010 年，美国正式发起跨太平洋伙伴关系（TPP）谈判，试图主导亚太经济发展进程和经贸游戏规则的制定，从而抵销或削弱东亚各国正在进行的区域经济一体化努力。在性质上，TPP 是一项涉及范围广泛、高标准和高水平的区域自贸协定，无论是出于政治考量，还是因为技术性问题，包括中国在内的东亚和东南亚多个国家都难以追随 TPP 轨迹而放弃自身区域一体化努力。随着 TPP 谈判临近结束，这些国家被迫寻找更有效的途径，以舒缓和化解 TPP 带来的压力。

（七）“一带一路”的提出

2013 年，中国国家主席习近平在访问哈萨克斯坦和印度尼西亚时分别提出创建“丝绸之路经济带”和“21 世纪海上丝绸之路”，“一带一路”战略构想正式公诸于世。由于这个经济发展战略不仅有助于中国挖掘自身潜力从而全面提升经济进一步快速发展的动能，同时也将极大地惠及沿线国家，促进其经济社会全面进步，因此很快得到普遍积极的反响。计划创建的“一带一路”是一条增强新兴世界凝聚力的纽带，是一座进一步融通其成员相互信任与合作的桥梁，也是一个共同施展能力并最终实现经济社会可持续发展的平台。无论以多么严格的标准来衡量，这个发展战略的提出在天时、地利与人和这三个成大事的条件方面都无可挑剔。

（八）中国成为外资净输出国

2014 年，中国以 1400 亿美元（包括第三地融资再投资）对外投资规模成为资本净输出国，这是一项在世界经济史上值得一书的重大发展。自 20 世纪 80 年代初开始的这一波持续至今的外国直接投资高潮以来，输出资本一直是西方发达国家的专利。即使在 20 世纪 90 年代中期已经有不少新兴世界国家对外投资，但是在相当长时间里其规模与发达国家无可比拟，几乎到了可以忽略不计的地步，只是到了最近几年，西方发达国家的垄断地位才出现动摇。2005 年，中国对外直接投资虽然摆脱低水平徘徊局面而实现 100 亿美元的突破，但排名仍然在全球 10 名开外。2014 年，中国的排位稳居前 3 名，而且具备了极好的增长前景。除中国外，俄罗斯也进入全球对外投资前 5 名。新兴世界国家不再仅靠输入资本实现国内经济成长，对外输出资本亦成为一条重要的促进经济发展的途径。

2015 年亚投行的创建是上述各重大事件发生和发展的必然结果。过去 20 年，新兴世界国家自信心增加最多，经济实力增长最快，各国也逐步凝聚在一起。20 年自信心和力量的积累，为亚投行的创建奠定了坚实的基础。

三、亚投行之外及之后

除了新兴世界崛起这个大背景外，我们还可以从两个技术性层面来看亚投行为什么会由中国倡议创建以及这项倡议何以立刻得到世界范围众多国家和地区的积极响应。

第一个层面是当代国际金融体系。当代国际金融体系是 1944 年以美国为首的同盟国在华盛顿布雷顿森林会议上确立的，由一系列调整国际货币关系的规则、原则、机制和组织机构构成。虽然在 20 世纪 70 年代中期作为其基石的以美元为中心的固定汇率制由浮动汇率制取代，但是它并没有像一些人所说的那样随之崩溃，以战后世界经济支柱著称的世界银行和国际货币基金组织依然存在。客观地讲，这两个国际金融机构在帮助发展中国家脱贫、稳定各国货币和维护国际金融秩序方面还是做了很多工作的。仅以世界银行与中国的关系为例，中国在 30 多年的改革开放进程中就得到来自世界银行的投资贷款、技术援助贷款和赠款等各项援助，遍及多个领域，对于中国社会减贫、应对资源短缺和环境挑战以及促进中国经济与世界经济的融合着实发挥了较大的积极作用。

然而，世界银行、国际货币基金组织以及半个世纪前创建的、同样构成当代国际金融体系组成部分的亚洲开发银行越来越暴露出它们的局限性，以至于引起国际上普遍的不满和改革的呼声。

笼统地说，亚投行的创建及其所得到的肯定就是对此的一种回应。具体而言，有三个与这些既有国际金融机构直接相关的原因催生了亚投行。

第一，这三个重要的全球或区域性金融机构（特别是国际货币基金组织）没有履行其货币监管职责，放任1997年亚洲金融风暴和2008年全球经济危机的发生，而且在危机发生后不能有效实施救助和阻止危机不断蔓延，致使众多国家遭受损失。

第二，极个别国家长期垄断这三个机构的决策权，无视中印等大国正在经济上崛起的事实而阻延改革。在世界银行和国际货币基金组织中，美国均拥有一票否决权利；而在亚开行的投票权分配中，美日是占有最大权重的两个国家。

第三，三个机构的资金能力已经根本无法满足亚洲各国基础设施建设的需要。据亚开行报告称，亚洲地区从2010年到2020年总共需要8万亿美元，即每年8千亿美元基础设施资金投资才能支撑目前经济增长的水平，而专于长期项目投资的世界银行和亚开行每年能够提供给这个地区国家的资金只有200亿美元左右，实属杯水车薪。

上述催生亚投行的原因其实都是表面的。当代国际金融体系的根本问题在于，那些作为其重要组成部分的金融机构固步自封，因循守旧，没有准备也不曾准备改变自己以适应新兴世界正在崛起以及广大发展中国家谋求发展的现实。

第二个层面是中国正在向前推进的“一带一路”战略。

国内外舆论对亚投行的追捧声浪连绵不断，一浪高过一浪。诸如“英法德盟友背叛美国”、“亚投行取代世界银行”以及“中国挑战国际秩序”等夸张性说辞不绝于耳，仿佛一夜之间因为亚投行的出现世界格局发生了巨大变化。然而，实际情况并非如此，中国决策层也保持了清醒的头脑。就在媒体渲染英法德“选边站”没几天，包括这几个国家在内的7国集团外长会议通过了一项有关东海和南海问题的声明。国际社会注意到，申请亚投行意向创始成员资格似乎并没有影响到英法德这些西方国家的基本价值取向和对华政治态度。将一种纯粹的经济行为过度解读，只是一厢情愿。2015 年 3 月 31 日下午，中国总理李克强在北京接受英国《金融时报》总编莱昂内尔·巴伯专访。据巴伯撰写的文章披露，李克强在接受这次采访时“自始至终没有表现出哪怕是一点点的得意”，“他多次坚称，中国无意打造新的国际秩序”，并且强调“中方愿意与各国一道，维护现行的国际金融体系”，“（亚投行）应该是对国际金融体系的一个补充”。

实际上，从中国的角度看，亚投行本身就是一个经济性质的区域金融机构，是中国倡导创建的“一带一路”的一个融资平台，而且只是四个融资平台之一。在亚投行之外，另外三个融资平台分别是丝路基金、金砖国家开发银行和上合组织开发银行。

与亚投行一样，丝路基金也是主要用于基础设施建设，所不同的是，它不是一个多边机制，尽管具有开放的性质并欢迎亚洲域内外投资者参与，但目前仅由中国单方面出资。正是由于这一特点，其运营相对来讲要简单一些。从 2014 年 11 月 8 日习近平主席宣布中国将出资 400 亿美元成立丝路基金，到该基金第一笔项目资金投出，前后用了不到半年时间。2015 年 4 月 20 日，丝路基金、三峡集团及巴基斯坦私营电力和基础设施委员会在伊斯兰堡共同签署了《关于联合开发巴基斯坦水电项目的谅解合作备忘录》。该项目是“中巴经济走廊”优先实施的能源项目之一，而“中巴经济走廊”建设又是“一带一路”建设的重中之重，是丝路基金寻求投融资机会的重要区域。就投资项目的范围而言，丝路基金将不局限于亚洲基础设施建设，包括亚洲在内的“一带一路”沿线国家都是潜在的投资对象。在这个意义上，同样作为市场化营运的金融机构，丝路基金可能会更有效率，其作用不会逊色于亚投行。

金砖国家开发银行是另一个“一带一路”背景下的融资平台。原本它与“一带一路”没有直接关系，主要是金砖国家用来减少对美元和欧元的依赖，抵御国际货币波动的影响，并在需要时施以救济的金融性质的安排，计划由金砖国家轮流担任该行行长和其他管理职位。由于金砖国家中大多数位于“一带一路”沿线，而且金砖银行面向所有发展中国家，它的创建自然而然就构成了“一带一路”融资机制的一个不可或缺的环节。在某种意义上，金砖银行比亚投行还要重要。在资金规模上，它超过亚投行的1000亿美元，有1000亿美元银行投资资金和1000亿美元应急储备基金；在功能上，它相当于扮演了世界银行和国际货币基金组织这两个不同性质的多边金融机构的角色，一方面通过市场机制长期投资金砖国家和其他发展中国家的基础设施建设项目，另一方面则着眼于未来以帮助解决金砖国家可能面临的短期金融危机。该银行于2015年7月正式投入运营，金砖国家将不再仅仅是一个领导人会晤机制，更将成为中国、印度、俄罗斯、巴西和南非等国之间开展实质性经济合作并具备资金调节能力或条件的多边性质的国际组织。金砖银行自身的地位，正如英国《金融时报》在2012年金砖银行概念提出时所做的评价那样，将成为1991年欧洲复兴开发银行成立以来设立的第一个重要多边贷款机构。

在与中国有关的四大融资平台中，上合组织开发银行是最早提出来的。2010年11月25日，中国政府领导人在出席上合组织成员国第九次政府首脑会议时建议，研究成立上合组织开发银行。此后，在每年的政府首脑和国家领导人峰会上，中方都会强调加快上合组织开发银行建设。中方的倡议得到上合组织各成员国响应，但是因为中俄双方在具体的模式上存在分歧，进展较为缓慢。中方认为该行应当是一个全新的机构，而俄方则坚持以俄主导的欧亚开发银行作为基础。不过，分歧逐步在缩小，如果一切正常，2015年内各方会朝着共同的目标迈出实质性的步伐。这一走向是由上合组织的发展趋势所决定的。自2001年该组织成立以来，各成员国之间偏重于安全领域的合作，虽然有蒙古国、伊朗和巴基斯坦等国申请加入，但直至今日这样的合作仍然局限于6个创始成员国。随着时间的推移，现有各成员国愈发强烈地感觉到有两个重要的问题无法回避：一是扩大该组织成员国范围以增强综合实力和对世界事务的影响力；二是扩大合作领域以满足绝大多数成员国在人文和经济方面的需求。上合组织开发银行的倡议正是顺应了这一趋势。上合组织成员国和作为观察员的印度、蒙古国、伊朗和巴基斯坦等国多属能源资源大国，创建一个新的专门适用于该组织内部的多边融资平台，对于这些国家需要大量资金支持的能源资源项目的开发无疑将是雪中送炭，同时也弥补了其他融资机构在资金、地域和领域等方面可能存在的不足。

就在“一带一路”倡议刚提出的时候，国际上曾有人怀疑仅靠几座桥梁和几条道路何以支撑起这个宏大的计划。的确，陆海丝路的贯通或建成依靠桥梁、公路、铁路、航空、油气管道和通信网线的连接，不过这显然不是几座桥梁和几条道路的问题。从太平洋横跨欧亚大陆直达大西洋，这些线路管网及其他基础设施的建设在资金上的需求远超亚开行对亚洲地区 10 年 8 万亿美元基础设施资金规模的预测。不仅世界银行和亚开行满足不了这样的需求，即使加上亚投行，在相当长时期也无能为力。只有在此基础上充分发挥丝路基金、金砖银行和上合组织开发银行的潜力，“一带一路”建设的资金压力才能够得到根本缓解。就此而言，我们既不应当轻视亚投行的实际价值，但也不应当过度拔高其影响力。亚投行尚未开张，还有很长的路要走，对它赋予太多的期望，只会影响其正常发挥从而适得其反。

亚投行创始成员资格的申请已经结束，在此之后紧接着是组织章程的谈判和签署，只有章程生效后，一个由中国倡议和领导创建的新多边国际金融组织才算呱呱坠地。

不容忽视的是，这个新的组织机构的运营和发展前景将面临内外两个方面的挑战。在内部，面对如此众多成员的监督，如何做到公平公正和透明？如何借鉴现有多边开发机构的经验教训，从而提高治理水平以满足各方在环境和社会保障政策方面的关切？如何运用市场手段增加资本运营效率，从而减少政治和经济风险造成的可能的损失？而在外部，一方面是怎样处理好与世界银行、国际货币基金组织和亚开行的关系以使相互间处于良性的竞争状态？另一方面则是怎样缓解甚至消除大国政治博弈带来的干扰？

尽管亚投行尚未开张，但是亚投行热带来的冲击波已经产生效果。据国际媒体报道，在华盛顿举行的2015 年 G20 财长和央行行长会议再次将国际货币基金组织的改革问题作为主要议题，近 5 年来一直阻止该项改革进行的障碍有望排除。另外，在美国国内，2015 年 4 月 16 日超党派国会议员、在野党共和党的参院财政委员会主席哈奇，执政党民主党的首席成员维登，共和党的众院筹款委员会主席瑞安共同向参众两院提交了由国会授予总统贸易谈判权限的《TPA 法案》。该法案是顺利完成 TPP 谈判的前提，通过后将加快 TPP 谈判进程。

这些新的发展在战略层面或多或少会影响正在创建之中的亚投行。中国作为事实上的亚投行领导者，不仅要面对首次领导创建一个新的多边国际金融机构在经验方面的不足或技术层面的考验，而且在战略和策略上也需要采取积极行动，以保障这个新生事物的顺利发展。

为此，我们不妨从以下几个方面做一些努力。

第一，要低调，不要让自己成为众矢之的。国家间的竞争虽然惊心动魄，但并不总是你死我活，适度换位思考并给各方留有余地也不失为一种保全自己的方法。中国民间有四句话说的很好，即“把自己当成别人，把别人当成自己，把别人当成别人，把自己当成自己”。中国是一个大国，当有大国风范和气度。在身处逆境的时候，不怨天尤人妄自菲薄；而在顺利前行的情况下，则更要有如履薄冰、如临深渊的意识。

国家间的竞争还是一场马拉松比赛，只有跑到最后才能见分晓。中国的改革开放进程只不过走了 30 多年，虽然在经济上取得了不小成就，但并不意味着在所有的方面都同步发展。在国际事务中，中国还缺乏扮演国际组织领导者角色的经验，在数以百计重要的全球和区域性政府间国际组织中，由中国倡议发起和发挥主要作用的屈指可数，中国还需要一个积累相关经验的过程。低调不是无所作为，而是为了更好的作为，倒是过于张扬才有碍于作为。从李克强总理在接受《金融时报》专访时的表态可以看出，中国决策层是非常清醒的，盲目乐观的是某些媒体和某些不明就里的普罗大众。在这一点上，舆论应该有一个正确的导向而不是误导。

第二，要搞统一战线，扩大整个新兴世界的影响力。在亚投行的问题上，中国现在是想不出头都难。特别是在英法德申请加入后，国际舆论的焦点一下子都集中到了中国身上。从最初的惊讶、艳羡到后来的恐惧和担忧，舆情倾向不断在变化。这一点在各国社交媒体上表现得尤为明显，而社交媒体所表达的意见倾向终究或多或少会影响各自国家的外政决策。加上各国多是站在本国立场考虑问题，而且自身利益往往是重中之重，这样一来的结果便是中国的风头越强劲，中国在未来亚投行章程的谈判以及领导该行运营中就越发处于被动位置。如果不及早重视这种舆论倾向，那些曾经支持中国创建亚投行的合作伙伴们将会逐渐走向对立面，而国际上另外一些本来就不乐见其成的竞争国家更会受到刺激，从而进一步坚定制约中国发展的决心。

发展中国家特别是其中那些经济增长较快的国家，理应成为亚投行坚定的支持者，中国完全应当（实际上也可以）把创建亚投行的过程变成团结它们并凝聚起力量的过程，必须放弃亚投行是自家事的狭隘观念，将其视为新兴世界各国共同的事业。事实上创建亚投行这样一个多边国际金融机构的工作绝不是独角戏，离不开诸多相关国家的支持与合作。它的每一点进步不再只是中国一家之荣耀，应该属于整个新兴世界。有了这个新兴世界作为背景，中国也不再独自承担亚投行内外和创建前后所承担的全部压力。扩大新兴世界影响力并与其在亚投行事业上共荣辱，当然不是一个权宜之计，如果能够成为中国对外政策的一项原则性考量，那功效必然将是显赫的。由此，任何将亚投行的创建等同于中国一国挑战现有国际秩序的观念就根本站不住脚了。

第三，要有耐心，不刻意塑造所谓新的国际秩序。2015 年 4 月 22—23 日，亚非领导人会议在印度尼西亚首都雅加达举行，多国领导人出席会议并发表讲话。就在会议开始的第一天，英国路透社发表题为“亚非国家挑战过时的世界秩序”的文章。该文称亚非国家呼吁打造一个向新兴经济大国开放的、摆脱布雷登森林体系的新世界秩序。路透社的这篇文章曲解了这次会议的精神。在这次会议上，中国国家主席习近平明确表示“要大力弘扬万隆精神，不断赋予其新的时代内涵，推动构建以合作共赢为核心的新型国际关系，推动国际秩序和国际体系朝着更加公正合理的方向发展”。印尼总统佐科代表与会领导人在总结发言中也表示各国领导人在包括“加强和推动建立更加公正、和平的国际秩序”等方面达成共识。路透社文章之所以如此夸张，其实反映的是西方发达国家的一种担忧或焦虑。这些国家担心 70 年前由美英等西方国家主导创建的世界政治和经济秩序会随着中国和新兴世界国家的崛起而遭到颠覆。

殊不知，作为第二次世界大战的胜利国，中国曾经参与战后新的国际秩序的构建。虽然在新中国成立后的数十年时间里，中国与美国等部分西方国家处于不正常的外交关系，但是在中国恢复联合国合法席位之后，特别是在改革开放的整个过程中，中国是这个国际秩序或体系的受益者。中国一以贯之的立场不是去颠覆它，而是推动建立更加公正、和平的国际秩序。

当然，世上任何事物都不会一成不变。“推动建立更加公正、和平的国际秩序”，就是要去完善和改变该秩序不合理的地方，以符合全球各国特别是受到不公平、不公正待遇的发展中国家的利益。不过，即便如此，从策略上讲仍然不能够为了完善而完善，为了改变而改变。事实上，中国仅凭一己之力也做不到这一点，现阶段所能够做的无非就是“推动”而已。只有当整个新兴世界都崛起了，而且形成了合力，这样的完善和改变才真正现实，甚至取而代之创造一个新的国际秩序都不是不可能的。

随着中国日益崛起，由西方发达国家主导的包括各种政治经济规则在内的现有国际秩序肯定会让我们越来越感觉不舒服。但必须意识到，一个主要由众多西方发达国家创建和拼死捍卫的国际秩序，不可能因任何一两个新兴世界国家仅凭单薄的力量所发起的挑战而被颠覆；一个主导该国际秩序长达70多年的庞大的国家势力集团，尽管存在种种问题，也不可能轻易为一两个仅仅在经济上快速发展了二三十年的国家所替代。只要不发生世界性大战，现有国际秩序的完善和改变将是一个较为漫长的过程，期望在短时期内从根本上改变它，只能是应了中国的一句成语——“欲速则不达”。中国在这方面可保持耐心，集中精力增强自己的综合实力，等待水到渠成。就此点而言，中国所面临的情形可用高铁作为比拟。高铁行驶的轨道远比普通铁路直，但也不是完全没有弯道，只是其弯道半径更大。据说，高铁的弯道半径是由高铁的速度决定的，而不是相反。也就是说，高铁弯道的半径大小要将就特定时速行驶的高铁。这里的轨道安排正如同各国在当代所遵从的国际秩序，而高铁就像正在快速发展的中国。只要中国继续保持一定的经济社会发展速度并逐渐增强自己的综合实力，现有的国际秩序就只能去适应这种发展变化。如果整个新兴世界都崛起了，其结果显而易见。亚投行的横空出世，让我们看到了曙光！

表 3—1 亚洲基础设施投资银行（AIIB）成员情况列表（截至 2015 年 4 月 7 日）

大洲	国家/地区	创始成员	新兴世界国家	陆海丝路沿线国	金砖国家	上合组织	新兴经济体	雄鹰经济体	TPP 谈判国	G7	G20
亚洲	孟加拉国	V	V	V			V				
	文莱	V		V					V		
	柬埔寨	V		V							
	中国	V	V	V	V	V	V	V			V
	印度	V	V	V	V		V	V			V
	印度尼西亚	V	V	V			V	V			V
	约旦	V		V							
	哈萨克斯坦	V		V		V					
	科威特	V		V							
	老挝	V		V							
	马来西亚	V	V	V					V		
	马尔代夫	V		V							
	蒙古国	V		V							
	缅甸	V		V							
	尼泊尔	V		V							
	阿曼	V		V							
	巴基斯坦	V	V	V			V				
	菲律宾	V	V	V			V				
	卡塔尔	V		V							
	沙特阿拉伯	V		V							V
	新加坡	V		V					V		
	韩国	V	V	V			V	V			V
	斯里兰卡	V		V							
	塔吉克斯坦	V		V		V					
	泰国	V	V	V							
	土耳其	V	V	V			V	V			V
	乌兹别克斯坦	V		V		V					
	越南	V	V	V			V		V		
	吉尔吉斯斯坦	V		V		V					

续表

大洲	国家/地区	创始成员	新兴世界国家	陆海丝路沿线国	金砖国家	上合组织	新兴经济体	雄鹰经济体	TPP谈判国	G7	G20
亚洲	以色列	V		V							
	格鲁吉亚	V		V							
	阿联酋	V		V							
	阿塞拜疆	V		V							
	伊朗	V	V	V			V				
欧洲	奥地利	V		V							
	丹麦	V		V							
	法国	V		V						V	V
	德国	V		V						V	V
	意大利	V		V						V	V
	卢森堡	V		V							
	荷兰	V		V							
	西班牙	V		V							
	瑞士	V		V							
	英国	V		V						V	V
	瑞典	V		V							
	芬兰	V		V							
	挪威	V		V							
	冰岛	V		V							
	俄罗斯	V	V	V	V	V		V			V
	葡萄牙	V		V							
	波兰	V	V	V							
	马耳他	V		V							
大洋洲	新西兰	V							V		
	澳大利亚	V							V		V
南美洲	巴西	V	V		V		V	V			V
非洲	埃及	V	V	V			V				
	南非	V	V	V	V		V				

资料来源：由笔者整理制作。

TPP时代来临

——中国的困境与战略选择

自2010年3月美国“借壳上市”主导跨太平洋伙伴关系（TPP）这个世纪工程至2013年8月，TPP各成员国已经就相关协议进行了19轮谈判。美国原计划在2013年10月的APEC峰会期间宣布完成协议基本架构谈判，但是因奥巴马忙于应对其政府停摆而取消东亚行程，既定的安排被打乱。于是，世界各国开始议论这一意料之外新发展可能带来的变数，特别是很多中国专业人士和媒体质疑TPP协议的谈判能否如奥巴马政府曾经承诺的那样将在2013年底结束，有的人甚至断言该协议正处在“难产”的危险状态，搞得不好还会“胎死腹中”。这是TPP正在演进中的故事情节的一个方面。另一方面，随着2011年11月日本正式表态加入TPP，原先一派沉默的中国政商学界开始加大分贝，呼吁中国尽早参与并影响TPP规则的制定。

鉴于后加入者必须满足一些条件，做出一些承诺并且履行一些手续，我们完全应该将TPP视为国家俱乐部。目前，该俱乐部还没有正式开张，包括新近入伙的日本在内的12个谈判国正在最后敲定游戏规则，它们都是严格意义上的俱乐部创始会员。本文打算讨论三个问题：第一，TPP俱乐部是否一定能开张？如果能的话，什么时候开张？第二，中国有机会跻身TPP俱乐部吗？第三，除了TPP，中国还有别的选择吗？

一、TPP俱乐部会开张吗

2008年1月，小布什政府宣布将与跨太平洋战略经济伙伴关系

（P4）国家就金融服务贸易自由化问题举行谈判，并表示正在考虑是否参加一项全面的贸易协议。截至2013年，具体负责美国贸易协议谈判的贸易代表从施瓦布、柯克、马兰蒂斯、萨皮罗到弗罗曼经历了5任，各成员国代表也先后就TPP协议本身进行了19个回合的谈判，而美国方面有关结束全部谈判的时间表一再后推，所有这一切让局外者对TPP谈判的前景产生疑惑。那么，筹备了这么久的TPP俱乐部真的会开张吗？答案当然是肯定的。

在给出具体理由之前，我们先来看看为什么结束TPP谈判的时限会一再后推。

中国有句古语说得好："法乎其上，得乎其中；法乎其中，得乎其下。"在当今国际关系中，很多重要问题和条约的谈判都遵循这条古训，TPP的谈判就是一个典型的例子。作为发起国，美国一开始将调门拉得很高，声称要为21世纪创建一个高质量和高标准的贸易协议模板。按照美国方面的说法，这个名曰TPP的新的贸易协议不仅在内容上大大超出WTO的范围，而且在其签署和实施中要求各成员履行苛刻的条件，即不得有保留或例外。然而，随着日本这个重量级伙伴的加入，美国不可能再强硬坚持原来的立场，极有可能在日本最为关切的农业等领域做出某种妥协。这样一来，设想中协议的高质量和高标准便会打上折扣。但是，如果没有这个"高调门"，各成员方就都会固执己见，这个"高调门"至少可以保证达成的协议具有较高质量和较高水平。就TPP协议谈判本身而言，每一回合的时间、各回合之间的周期以及结束全部谈判的时限，都依照严格的既定程序进行。至于能否在既定时限完成全部谈判，变化中的影响因素很多，谈判过程超期应该是再正常不过的事情。时限的设置是为了保证参加谈判的各方成员有一种紧迫感，客观上，它还是促进了谈判的加速而不是相反。

我们再来看看TPP俱乐部一定会开张的四个理由。

第一，搞一个像TPP这样的区域贸易协议是美国民主与共和两党的共识。奥巴马在推行国内任何新政方面都遭遇来自国会共和党的强烈反对，因而很少有斩获，但是TPP则不同。它最早由共和党总统小布什提出，民主党的奥巴马所做的只是借梯上墙。TPP旨在实现的目标符合两党的政策主张和对外战略。这些目标包括：（1）扩大海外贸易和投资市场，为国内经济注入活力，促进经济复苏和成长；（2）继续推进全球贸易和投资自由化，为停滞不前的WTO准备一个替代物，特别是在跨大西洋贸易与投资伙伴关系（TTIP）协议谈判启动的情况下，美国的意图和决心更是显而易见；（3）主导亚太地区经济的发展以及经济层面游戏规则的制定，制约崛起的中国正在不断增强的区域乃至全球影响力。

第二，已经进行的谈判是认真的。如果以频率和强度论，TPP谈判在世界贸易协议谈判史上虽不能说是绝无仅有，但绝对是极其罕见的。2010年3月至2013年8月，TPP谈判共经历了19个回合。谈判各方代表平均每两个月碰头一次，每次持续一周左右的时间。具体每轮谈判的时间和地点参见表4—1。

表4—1 TPP（跨太平洋伙伴关系）协议谈判一览

轮次	时间	地点
1	2010年3月15—19日	墨尔本（澳大利亚）
2	2010年6月14—18日	旧金山（美国）
3	2010年10月5—8日	文莱
4	2010年12月6—10日	奥克兰（新西兰）
5	2011年2月14—18日	圣地亚哥（智利）
6	2011年3月24日—4月1日	新加坡
7	2011年6月15—24日	胡志明市（越南）
8	2011年9月6—15日	芝加哥（美国）
9	2011年10月22—29日	利马（秘鲁）
10	2011年12月5—9日	吉隆坡（马拉西亚）
11	2012年3月2—9日	墨尔本（澳大利亚）
12	2012年5月8—18日	达拉斯（美国）
13	2012年7月2—10日	圣地亚哥（美国）
14	2012年9月6—15日	弗吉尼亚州利斯堡（美国）
15	2012年12月3—12日	奥克兰（新西兰）
16	2013年3月4—13日	新加坡
17	2013年5月15—24日	利马（秘鲁）

续表

轮次	时间	地点
18	2013 年 7 月 15—24 日	亚庇（马拉西亚）
19	2013 年 8 月 23—30 日	斯里巴加湾市（文莱）

资料来源：由笔者整理制作。

第三，谈判的保密工作几乎做到天衣无缝。一般来说，有 10 多个国家参加的谈判，其保密工作是很难做到位的，但是 TPP 谈判做到了。在 20 多个讨价还价的经济领域，外界除了对知识产权和投资问题略有所知外，对协议文本的其他内容一概不知。这是汲取了经合组织《多边投资协议》谈判失败教训的结果。20 世纪末，经合组织曾经发起制定号称“全球经济宪章”的一项综合性的投资协议，但是因为谈判中的文本草案在网络上外泄，这项协议引起各成员国内部利益集团和多个全球性非政府组织的强烈反对而最终流产。这一次，各谈判方内部也有反对声音出现，世界范围也有非政府组织集结抗议的力量，但是由于 TPP 谈判的保密工作做得好，这些反对和抗议多像是在捕风捉影和无的放矢，实际上对谈判进程影响很小。这种现象表明，所有谈判的参与方都是负责任的，也都希望谈判能够产生结果。

第四，在 12 个成员国以外，越来越多的国家或经济体显示出对 TPP 的兴趣。其中，已经正式表达入伙意愿的国家或经济体包括泰国、哥斯达黎加、哥伦比亚和中国台湾。另外，菲律宾、印度尼西亚、印度和韩国正承受来自美国政商界压力而开始动摇其原有立场。

从上面几点理由可以推断，TPP 俱乐部开张已成定局，剩下的问题只是开张的时间。奥巴马 2013 年缺席东亚峰会和 APEC 峰会确实给 TPP 未来走向带来一些阴影，但是代替奥巴马出席“两会”的美国国务卿克里和商务部长普利茨克仍然在会后表示，TPP 谈判将在 2013 年底结束。也许他们过于乐观，或者说是在给自己打气，但无论如何这也多少意味着他们对在不远的将来完成 TPP 谈判充满信心。对奥巴马来讲，TPP 非常重要，尽可能早地结束 TPP 谈判既是经济问题，也是政治问题。所以，TPP 俱乐部开张的时间不难确定，最早应该在 2015 年内，最迟则在 2016

年美国大选结束之前。

二、中国被拒 TPP 门外的四个原因

中国应尽早加入 TPP，这是一个伪命题，它的潜在含义有二：其一，中国可以决定自己是否加入 TPP；其二，中国可以决定自己加入 TPP 的时间或时机。而实际情况是，作为国家俱乐部的 TPP 设置有较高的门槛，新成员的加入不仅取决于它是否满足各项苛刻的要求，还取决于既有成员是否都愿意接纳它，两个条件缺一不可。这是就一般情形而言的，至于中国，处境会更糟。也许 TPP 俱乐部的设计者们从一开始就没有将中国视为潜在的成员而加以考虑。如果这个前提存在的话，那么任何关于中国是否应该以及什么时候加入 TPP 的问题就没有意义了。换句话说就是，TPP 俱乐部的门并没有向中国敞开，而中国却在琢磨着该从哪个门进去以及什么时候进去。有人不认为 TPP 俱乐部的门已经对中国关闭，那么请看以下四个方面的事实。

第一，TPP 协议不仅是一个贸易协议，同时也是一个具有重大政治意义的经济宪章性质的文件。这正如美国亚太自贸区战略的总设计师之一 C. 弗雷德·伯格斯坦所言，“在世界上最大和最具活力的地区建立的一个极其巨大的自由贸易体，将是世界经济史上最重要的事，甚至也可能是世界政治史上最重要的事”。

在过去半个多世纪里，美国缔结的或正在谈判缔结的双边、区域和多边自由贸易协议超过 30 项。除了 WTO 协议和《北美自由贸易协议》（NAFTA）外，美国倾注精力最多的就是 TPP 协议。而在眼下和未来相当长时间里，美国寄托最大希望的也是 TPP 协议，这是因为 TPP 协议将在美国的对外关系中发挥其他自由贸易协议所无法发挥的“一石三鸟”的作用。其一，作为亚太自贸区的最重要组成部分，TPP 协议将帮助美国为 WTO 多哈回合谈判的失败准备一个替代方案。其二，TPP 协议是想用亚太主义替代东亚主义，帮助美国主导亚太经济一体化进程。二战之后全球性的政治、军事和多边经济体系都是在美国领导下搭建起来的，

20 世纪 90 年代以来的美洲和欧洲区域一体化实践也多是在美国直接或间接影响下取得进展的。唯独在东亚地区，以东盟为中心、以中日韩为支撑、以双边 FTA 为具体形式的区域经济整合置美国于事外。特别是在亚洲金融风暴之后，“没有美国参与的”东亚区域一体化更是后来居上，其发展势头十分强劲。以天下为己任的美国不可能容忍在“太平洋中间划一条线”将自己与东亚隔绝开来（前国务卿詹姆斯·贝克语）。自我标榜为“太平洋总统”的奥巴马率领美国重返亚洲，当然不仅只是军事和政治意义上的，重获经济上的主导权更是其中之要义。于是，宽广的太平洋不再是美国与东亚之间的屏障，反而成了双边联系的桥梁。其三，TPP 协议将帮助美国分享东亚经济奇迹红利，变“亚洲的世纪”为“美国的世纪”。2011 年 11 月 10 日，美国国务卿希拉里·克林顿在夏威夷以“美国的太平洋世纪”为题发表演讲，强调 21 世纪仍然是美国的世纪。如果说 20 世纪列强之间的竞争主要是政治和军事的话，那么 21 世纪或许更多应该是经济竞争。放眼全球，美国维持经济独大地位的希望只能在东亚。这里曾经创造过人类历史上的经济奇迹，现在又由中国再续新篇章。与东亚共创辉煌，以美国目前的经济实力，当然还是美国的胜利。从短期来看，奥巴马 5 年出口倍增计划的落实是指望不上“自身难保”的欧洲的，而太平洋西岸的东亚才是美国有待开发的巨大市场。东亚非但是美国未来希望之所在，而且可以拯救美国于金融危机之水火，缓解燃眉之急。

第二，TPP 协议是一个前所未有的高标准的自由贸易协议。所谓“前所未有的高标准”，体现在三个方面。其一，这是一个开放的、适用范围非常广泛的多边协议。协议的开放性，原则上意味着任何其他非成员国都可以申请加入。至于这个所谓的开放协议最终会包含多少国家或成员，目前可以确定的是，亚太经合组织（APEC）的所有成员方以及太平洋两岸的国家，甚至包括印度，都是潜在的对象。这是由美国提出的更为宏伟的亚太自由贸易区（FTAAP）战略目标所决定的。TPP 吸纳新成员的模式是非常高明的。首先，它确保最终协议文本在有限的国家之间达成。这汲取了经合组织《多边投资协议》谈判失败的另一教训，即参加协议谈判的国家越多，能够达成的共识越少。其次，新加入成员必须接受已达成的协议。这就是说，已达成的协议不会因为有新成员加入而改变。其二，这是一个“无例外”的、自由化程度极高的贸易协议。一般来说，“例外”的规定是多边条约或协议在缔结时为了确保通过而采取的权宜之计，双边协议不存在“例外”问题，其成员数较少的区域或多边协议也时常不容许有“例外”存在，比如《北美自由贸易协议》。而像TPP这样一个成员属地跨越三大洲的多边协议不容“例外”存在，这件事情本身的确令人感觉意外，这实际上是为了使达成的协议保持真正的高标准和完整性。这里的“高标准”是通过两个途径实现的：一是大力度削减妨碍贸易自由流动之关税等障碍，比如协议一经生效，95%以上商品关税自动降为零，其余则留7年过渡时间；二是如此大力度削减障碍的努力适用于协议所涉及的各个方面，如知识产权、服务、投资等。其三，这是一个迄今为止涉及贸易和其他经济问题最为全面的协议。就其内容涉及领域而言，在已经生效的贸易协议或协议体系中，WTO和NAFTA分别堪称多边和区域性典范，而拟议中的TPP相比它们则有过之而无不及，它涵盖的主要领域有：商品和服务贸易、农产品市场准入、金融稳定和资本流动、知识产权、国有企业、政府采购、劳工、环境、竞争、电子商务、投资和投资者权利保护，以及投资者与国家争端解决等。假使TPP真如其倡导者所愿达成，在内容的广度方面那是名符其实的21世纪的自由贸易协议。

表4—2 APEC成员中TPP国家与非TPP国家/经济体数据一览表

	成员	GDP（10亿美元）	人口（百万）	人均GDP（购买力平价）	GDP成长率
TPP国家	澳大利亚	$1，542	22.8	$42，640	3.58
	文莱	$17	0.4	$54，389	1.30
	加拿大	$1，819	34.8	$42，734	1.84
	智利	$268	17.4	$18，419	5.47
	日本	$5，964	127.6	$36，266	2.00
	马来西亚	$304	29.5	$16，922	5.61
	墨西哥	$1，177	114.9	$15，312	3.95

续表

	成员	GDP（10 亿美元）	人口（百万）	人均 GDP（购买力平价）	GDP 成长率
	新西兰	$ 170	4. 4	$ 29，730	2. 54
	秘鲁	$ 199	30. 5	$ 10，719	6. 28
	新加坡	$ 277	5. 4	$ 60，410	1. 32
	越南	$ 138	90. 4	$ 3，548	5. 02
	美国以外其他 TPP 国家	$ 11，874	478. 0		
	美国	$ 15，685	314. 0	$ 49，822	2，21
	合计	$ 27，558	792. 2		
其他 APEC 成员	中国	$ 8，227	1，354. 0	$ 9，162	7. 80
	中国香港	$ 263	7. 2	$ 51，494	1. 44
	印度尼西亚	$ 878	244. 5	$ 4，977	6. 23
	巴布亚新几内亚	$ 16	6. 8	$ 2，797	9. 09
	菲律宾	$ 250	95. 8	$ 4，430	6. 59
	俄罗斯	$ 2，022	141. 9	$ 17，709	3. 40
	韩国	$ 1，156	50. 0	$ 32，272	2. 02
	中国台湾	$ 474	23. 3	$ 38，749	1. 26
	泰国	$ 366	64. 4	$ 10，126	6. 44
	合计	$ 13，652	1，987. 9		
APEC 全体成员		$ 41，210	2，780. 2		

资料来源：国际货币基金组织《世界经济展望》2012 年数据（2013 年 4 月）。

中国是一个 GDP 规模巨大的国家，也是一个人均 GDP 水平较低的国家，这样的经济特点决定了我们在实现贸易和投资自由化上还有很长的道路要走。仅以商品的关税为例，便可见一斑。在亚太经合组织（APEC）21 个经济体中，中国是简单平均关税税率最高的三个国家之一（另两个是越南和泰国）。APEC 的 21 个经济体和 12 个 TPP 现有成员的简单平均关税税率分别为 5. 7% 和 4. 5%，而中国则高达 9. 6%。这意味着，中国即使加入 TPP，也要面临比其他绝大多数 APEC 成员大得多的降低关税的压力。换言之，在规定的时限内，中国还不具备满足涉及范围极其广泛的 TPP 协议各项要求的能力。

表 4—3　亚太经合组织成员（国家和经济体）简单平均关税税率

序号	TPP 成员	简单平均关税税率	序号	非 TPP 成员	简单平均关税税率
1	澳大利亚	2.8%	1	中国	9.6%
2	文莱	2.5%	2	中国香港	0.0%
3	加拿大	4.5%	3	印度尼西亚	7.0%
4	智利	6.0%	4	韩国	12.1%
5	日本	5.3%	5	巴布亚新几内亚	5.1%（WTO 官方数据）
6	马来西亚	6.5%（WTO 官方数据）	6	菲律宾	6.1%
7	墨西哥	8.3%	7	俄罗斯	9.4%
8	新西兰	2.0%	8	中国台湾	6.1%
9	秘鲁	3.7%	9	泰国	9.8%
10	新加坡	0.0%			
11	美国	3.5%			
12	越南	9.8%（WTO 官方数据）			

资料来源：APEC 和 WTO 官网。

第三，从现在起，新加入者已没有机会参与 TPP 协议的谈判，更不可能实质性影响谈判结果。理论上，只要 TPP 俱乐部还没有正式开张，现有的 12 个谈判国都可视为该俱乐部的创始会员，也都有机会或可能对其游戏规则的最后敲定发挥作用。然而实际上，除开美国，其他会员的作用是极为有限的。美国对 TPP 俱乐部的主导不仅体现在由它起草游戏规则上，还体现在它限定其他成员讨价划价的范围和幅度。创始会员已是如此，未来任何新加入者则将面对更加被动的处境。美国在完成 TPP 谈判时间上的紧迫感已经使它不允许在俱乐部开张之前扩大创始会员的规模以避免新来者“搅局”。退一步讲，即使中国现在正式宣布参加 TPP，美国也不反对，那么走完入伙程序也将在 TPP 俱乐部开张之后了。从 2011 年 11 月日本正式宣布参加 TPP 谈判，到 2013 年正式被接纳参加谈判，耗时约 20 个月，中国不可能比日本更容易被接纳。

第四，TPP 协议是《北美自由贸易协议》的扩大版，其投资规则以及投资者与国家的争端解决模式对大多数发展中国家构成严峻挑战。美国在推进投资自由化方面所做出的努力绝不亚于它在贸易领域的投入。《北美自由贸易协议》之所以堪称区域一体化进程中的里程碑，是因为它在规则和制度方面进行了大胆的创新，其中有关投资的实体规则以及投资者与国家的争端解决机制更是引人注目。根据这样的规则和制度，投资者可以在征收、投资待遇等问题上将东道国政府送上国际法庭。特别值得注意的是，东道国的一些法律和政策措施都可能成为自己作为被告的原因。美国将这套在北美三国实践了将近 20 年的规则和制度复制到了 TPP 协议中，并坚持在新协议谈判中不做让步，这激起了 TPP 谈判国中马来西亚等国的强烈反对。尽管如此，最终结果仍然会按照美国的意图加以体现。最近 10 多年，美国在与其他国家缔结双边和区域投资条约或协议时，全力推行它的几经修改的“模板”。也就是说，所有与美国签订的投资条约或协议以及自由贸易协议中的投资条款必须以美式“模板”为基准，不允许在这个基准上大修大改。中国正在与美国就双边投资条约进行谈判，谈判进展十分缓慢，个中缘由正是美国没有准备在它的“模板”基准上做出任何有意义的让步。在投资方面，中国加入 TPP 意味着放弃多年在与美国就双边投资条约谈判中所坚持的立场而接受 TPP 投资条款。中国在任何情况下丝毫不可能改变 TPP 投资条款的基本内容，哪怕是作为谈判国也概莫能外。因为美国的这套投资规则和制度已经在北美进行了试验，大多数 TPP 谈判国已经接受或者最终也只能屈从。投资规则及投资争端解决制度只是 20 多个 TPP 谈判议题中的一个部分，中国若要加入 TPP 俱乐部，势必要在包括投资在内的所有领域对美全面妥协让步。

在加入 TPP 俱乐部的问题上，中国并没有什么选择余地：要么全盘接受别人制定的游戏规则（即使这样，别人也不一定欢迎），要么被拒之门外。因此，参与和影响 TPP 游戏规则的制定，只是一厢情愿。

三、中国应对TPP冲击的几个选项

早在20世纪90年代初，中国就开始致力于东亚的区域一体化建设，中国的区域一体化发展战略也应该是在这个阶段形成的。20多年来，东亚地区各国间的经济合作取得一些成绩，东盟10国分别与中日韩三国缔结自由贸易协定，中日韩三国间也开启自由贸易协议的谈判。然而，TPP的出现带给东亚国家强大冲击，对东亚正在进行中的区域一体化建设构成威胁。东亚地区一体化的建设本来就存在内部不和谐的问题，TPP产生的拉力更增强了这种问题的严重性。2012年，东盟领导人会议正式提出创建“区域全面经济伙伴关系”（RCEP），将东盟10国与中国、日本、韩国、澳大利亚、新西兰和印度纳入一体，以替代停滞不前的东盟10国加中日韩三国，即“10+3”的原先的设想。虽然RCEP的谈判已经着手进行，但是TPP的进度显然要快得多。中国不必完全放弃既定的区域一体化发展战略，但也面临着路径的调整和重心的重新确定。

概括起来，摆在中国面前的选项不外乎有三个：第一，继续以中日韩自由贸易协议谈判为重点，以期达成“10+3”自贸区目标；第二，继续推进中日韩自由贸易协议谈判，以RCEP建设为重心，实现东亚经济一体化；第三，在积极推进中日韩自由贸易协议谈判和RCEP建设的同时，开辟新的战场，将丝绸之路经济带自由贸易区建设提升到国家区域经济一体化发展战略高度，相互促进。

表4—4 TPP成员状态

状态	国家或地区	加入时间或加入意向
正式成员（发起国）	文莱	2005年6月
正式成员（发起国）	智利	2005年6月
正式成员（发起国）	新西兰	2005年6月
正式成员（发起国）	新加坡	2005年6月

续表

状态	国家或地区	加入时间或加入意向
正式成员（谈判国）	美国	2008 年 2 月
正式成员（谈判国）	澳大利亚	2008 年 11 月
正式成员（谈判国）	秘鲁	2008 年 11 月
正式成员（谈判国）	越南	2008 年 11 月
正式成员（谈判国）	马来西亚	2010 年 10 月
正式成员（谈判国）	墨西哥	2012 年 10 月
正式成员（谈判国）	加拿大	2012 年 10 月
正式成员（谈判国）	日本	2013 年 3 月
潜在成员	泰国	2012 年 11 月宣布将加入 TPP
潜在成员	哥斯达黎加	2012 年 2 月表示有意加入
潜在成员	哥伦比亚	2010 年 3 月表示有意加入
潜在成员	中国台湾	2010—2013 年马英九多次表示有意加入 TPP
潜在成员	韩国	2013 年 9 月开始制订加入 TPP 计划
潜在成员	菲律宾	2013 年 6 月美农业团体呼吁菲律宾加入 TPP
潜在成员	印度尼西亚	2013 年 6 月美工商团体游说印尼政府加入 TPP
潜在成员	印度	2013 年 8 月美智库呼吁印度加入 TPP
潜在成员	孟加拉国	2013 年 9 月美驻孟大使希望孟加拉国加入 TPP

资料来源：由笔者整理制作。

从最新发展情况看，第一个选项因为 RCEP 谈判的启动而失去现实可能性和意义。第二个选项则是中国目前正在做的事情。这个选项中的两个目标都很重要，但在 TPP 背景下其实现存在巨大风险。特别是在 TPP 谈判结束并完成扩容之后，中日韩自由贸易协议谈判和 RCEP 建设都将有失去新的动力的可能。TPP 协议终究只是美国亚太自由贸易区宏伟蓝图的一个基石，结束 TPP 协议谈判之后，美国的当务之急一定是扩大这个协议适用的区域范围。除中国外，APEC 成员中的绝大多数都会是美国争取的对象。已经较为正式表示将加入 TPP 的国家和经济体有泰国、哥斯达黎加、哥伦比亚和中国台湾。另外，美国政商界正在呼吁和说服韩国、菲律宾、印度尼西亚、老挝、印度和孟加拉国等入伙。可以预期，在2015年RCEP完成谈判之前，这些已经表态和正在犹豫的国家中的大多数会成为TPP成员。而一旦这种结果出现，RCEP的实际效果将大打折扣。

第三个选项可以为中国赢得主动。古丝绸之路由中国汉代张骞开辟，而现代丝绸之路则由横贯亚欧大陆上的铁路、公路、航空、通信和油气管道构成，中国在古今丝绸之路中都是不可或缺的重要部分。将古今丝绸之路周边国家连接起来形成经济带，并进而创建自由贸易区，这是中国义不容辞的责任。丝绸之路经济带自由贸易区的建设可遵循先易后难和由近及远的原则，分阶段推进。第一阶段的中心是中国和中亚5国；第二阶段将包含南亚、西亚和东欧的部分国家；第三阶段则伸延到欧盟国家。广义的丝绸之路经济带自由贸易区在地域、人口和资源方面远远超过亚太自由贸易区，在经济总量和竞争实力上也可与亚太自由贸易区一较高低。

国家间经济上的竞争犹如棋局博弈，只有格局大、视野开阔者才能变被动为主动。

中国的“亚太梦”与美国的太平洋世纪

——中美围绕亚太自贸区的竞争与合作

在世界上最大和最具活力的地区建立一个极其巨大的自由贸易体，将是世界经济史上最重要的事，甚至也可能是世界政治史上最重要的事。

——［美］C. 弗雷德·伯格斯坦

100 多年前，美国总统西奥多·罗斯福巡视太平洋沿岸城市屈臣威尔和旧金山。他在演讲中感谢上苍赐予美国浩瀚的太平洋，并断言只有能在太平洋上占优势地位者才能够在世界历史上占优势地位。2014 年 11 月，包括美国总统在内的太平洋两岸的 21 个国家或地区的领导人聚首中国北京，共商亚太区合作发展大计。虽然表面上呈现出一派祥和的气氛，但背后则不乏你来我往唇枪舌剑。其情形正如同广博的太平洋，看似平静，实则暗藏波涛汹涌。

这一次的亚太经合组织（APEC）领导人非正式会议在其通过的《亚太经合组织第二十二次领导人非正式会议宣言》（以下简称《宣言》）及其附件《亚太经合组织推动实现亚太自贸区北京路线图》（以下简称《北京路线图》）中，正式决定启动并全面系统推进亚太自贸区（以下简称 FTAAP）进程。表面上看，这意味着亚太区经济一体化进程迈开了重要一步，而实际上则如同国际媒体普遍评论的是中美两国在亚太地区特别是东亚地区影响力竞争的开始。如果说过去四年多来美国借助跨太平洋伙伴关系协定（TPP）的谈判试图主导亚太经济发展并随着

TPP 谈判的推进而在与中国的影响力竞争中占据主动位置的话，那么中国凭借东道主便利在此次 APEC 会议上积极进取以通过设置“亚太自贸区”议题并争取到与会各国某种程度的共识而正在改变被动局面。

如何恰如其分地评价这次 APEC 会议的成果？如何准确判断 FTAAP 未来的走向？如何预测美国针对中国更加“强硬的”态势而可能做出的战略举措的调整？以及如何看待中国将实质性推动 FTAAP 进程从而争取到一个包括美国在内的亚太各国多赢的竞争结局？本文尝试回答这些问题，以期引起更多关注。

一、《北京路线图》新看点

早在 2010 年 11 月，在日本横滨举行的 APEC 领导人非正式会议上也通过了一个构成“横滨愿景”重要组成部分的《建立亚太自贸区的可能途径》的文件。虽然这份文件中的很多提法与《北京路线图》相似甚至相同，但后者是在特定的时间和场合提出的，因此具有完全不同的含义。至少，前者仅仅停留在“愿景”阶段，事实证明也确实如此，而《北京路线图》的横空出世则立足于实际的行动。特别是其由中国这个在亚太经济发展中举足轻重的国家“强势”推出并得到与会各国的普遍支持，更积聚了其付诸实施的强大动力。《北京路线图》下的亚太自贸区不只是代表着亚洲和太平洋地区各国实现经济一体化的方向，同时也是习近平主席所形象比喻的“亚太梦”的基本内容之一。联系到这样的背景，我们再来解读《北京路线图》的看点就不难发现那些看似熟悉的提法或措辞的新意。

从文字角度看，2588 个汉字的《北京路线图》字字珠玑，显然是经过反复推敲或锤炼的。而对于那些熟悉 APEC 历史特别是 APEC 各重要文件的人来讲，《北京路线图》的价值，除了自身作为一个整体出现在 2014 年会议基本文件中而极具象征和实际意义之外，至少还体现在以下四个方面。

第一，首次正式提出“启动实现亚太自贸区有关问题的联合战略研究”。正是这一提法让《宣言》中“启动并全面、系统地推进亚太自贸区进程”的决定有了标志性的实际内容。《北京路线图》十分明确地部署了这项“研究”所要完成的具体课题，以及结束这项“研究”任务的时限。至于这项“研究”为什么叫“联合战略研究”，我们的理解是该项研究的开展需要所有 APEC 成员方参与，其研究的问题是方向性的大问题。换句话说，通过这样的研究，最大限度地化解各种可能的分歧乃至对立，从而凝聚 APEC 各成员方在如何构建 FTAAP 上的共识。

第二，再次重申拟建中的亚太自贸区将是全面的、高质量的，并且涵盖下一代贸易投资议题。在建设一个什么样的 FTAAP 问题上，《北京路线图》承袭了“横滨愿景”的提法。这个结果有两层秘而不宣的含义：其一，美国等 APEC 中经济自由化程度较高的国家仍然坚持了它们一贯的主张，而这样的主张得到了应有的尊重；其二，APEC 中以中国为代表的发展中国家对于建设一个自由化程度较高的、高水平的 FTAAP 有了更大的信心。当然，这一结果还意味着中国等国在实际推进 FTAAP 进程中要做出更多的努力，甚至更多的让步。

第三，确认亚太自贸区应建立在已有和正在谈判中的区域贸易安排基础之上。这只是一种原则性的说法，其目的是为了避免在至少两个问题上限于僵局而阻碍推动 FTAAP 进程。一个问题是中国、美国、日本或东盟，谁该主导 FTAAP 的建设？另一个问题是在美国主导的 TPP 与中国和东盟能够发挥较大影响力的 RCEP 之间，哪一个更适合作为 FTAAP 谈判的法律基础？《北京路线图》要求“在尽快完成亚太自贸区可能路径的同时”“启动实现亚太自贸区有关问题的联合战略研究”，这表明各方将路径选择的难题先放在了一边，它仍然是一个悬而未决的问题。

第四，明确承认亚太自贸区将建立在 APEC 之外，与 APEC 自身进程平行推进。综观世界重要自贸区建设，有一个共同点值得注意，那就是都有一个组织机构或一两个大国牵头推进。比如在欧洲，欧盟及其前身欧共体以及德国和法国扮演了领导者角色，而在北美，美国和加拿大主导了北美自贸区的发展。这是因为自贸区特别是大的自贸区的建设，需要诸多潜在成员的政治意愿统一以及谈判的组织过程中有强大的力量予以协调和引导。而像 FTAAP 这样的自贸区，可能是人类历史上最复杂的一种，它不仅在地域上横跨亚洲、美洲和大洋洲，而且其潜在的成员国或经济体有着完全不同的经济发展水平和投资贸易自由化程度。缺乏统一的领导力量而仅依靠各潜在成员自身相互协调，这极有可能成为未来实质性推进 FTAAP 进程的最大问题。尽管《北京路线图》提到 APEC 将在实现亚太自贸区中发挥领导作用，但是 APEC 自身所固有的开放性、灵活性和非强制性特点注定了这样的领导作用是没有实际效果的。关于这一点，美国亚太自贸区政策的设计师 F. 伯格斯坦早已经意识到了。他认为，APEC 在 20 世纪 90 年代末期以来，在区域和世界面临的所有问题上都不能发挥领导作用。这正像《北京路线图》所清楚指出的，APEC 在亚太自贸区建设中发挥的是孵化器作用，所提供的支持是智力支持。事实上，APEC 的这一局限性已经充分体现在了这次北京会议未能就建成 FTAAP 的时间达成一致的中美等国的严重分歧中。

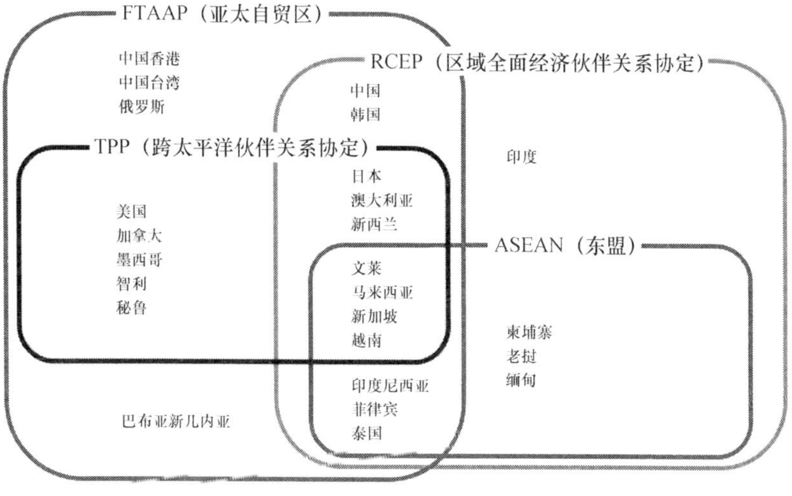

图 5—1 亚太主要自贸区或协定涵盖地域（国家/经济体）范围一览

资料来源：由华中师范大学谷铮制作。

二、通往 FTAAP 的四条路径

俗话说，条条道路通罗马，然而在亚太，并非每一项已有或正在谈判中的贸易安排都必然导向 FTAAP。到目前为止，各方提到的通往 FTAAP 的可能路径大致有四条，我们不妨对它们进行一番简要的分析，看看哪一条路径在实际中具有更大的可能性。

第一条路径是以 TPP 为蓝本。这符合美国亚太战略构想，是奥巴马任上美国政府推行的“战略重心东移”或“亚太再平衡”战略在经济层面的具体行动步骤。自 2009 年 11 月在日本东京正式宣布美国将参加 TPP 谈判以来，奥巴马总统不止一次表示美国加入 TPP 谈判的目标是要创建一个拥有广泛成员的区域贸易协定。奥巴马所说的这个区域协定就是 FTAAP，即亚太自贸区。2011 年 10 月，美国前国务卿希拉里在《外交政策》上发表题为“美国的太平洋世纪”的文章，更是直白地强调“我们希望具有高标准的 TPP 能够成为今后各种协议的基准，并且发展成带来更广泛地区互动的平台，最终形成亚太自贸区”。

无论承认与否，以 TPP 作为通往 FTAAP 的一条路径还是具有优势的。首先，TPP 现有和未来的成员地跨美、大、亚三洲，与 APEC 倡导的 FTAAP 的设想范围基本吻合；其次，TPP 拟涵盖的贸易投资领域以及自由化水平也与 FTAAP 所追求的目标基本一致；再次，从美国的角度看，TPP 由 12 国作为创始国或谈判国而逐渐通过“加入谈判”扩大其成员范围的方法避开了在 APEC 内可能受到的“干扰”，使多边贸易谈判中缺乏效率的问题不再重现。

然而，TPP 的缺陷也是显而易见的。它在谈判的阶段就将 APEC 成员中的中国、俄罗斯和印度尼西亚等大国排除在外，由它而创建的 FTAAP 不能够反映亚太区内更广泛国家的利益和重要关切。如果 TPP 在未来 FTAAP 的建设中发挥比其他路径更大的作用，它是绕不过中俄印等在亚太区具有举足轻重地位的大国的。

第二条路径是以区域全面经济伙伴关系协定（RCEP）为出发点。这只是可供研究的路径之一，并不一定代表中国的倾向。中国与 RCEP 的关系不能简单地比作美国与 TPP 的关系，那种认为中国以 RCEP 对抗 TPP 的观点是没有道理的。在 RCEP 中，东盟处于中心地位。RCEP 的应运而生，在某种意义上也是东亚一体化进程中所谓（中日）主导权之争的妥协产物。与 TPP 比较，RCEP 有很大不同。其一，潜在成员范围不包含美洲国家，以东亚国家为主；其二，起步晚，是否如期往前推进并实现既定目标还取决于内部特别是中国与日本等国在领土等方面的争端能否缓和下来；其三，这是一项自由化程度并不很高的贸易安排，而且其涵盖的贸易投资领域也不是很广泛，换句话说，就是离《北京路线图》所描绘的“全面的、高质量的，并且涵盖下一代贸易投资议题”的FTAAP还有相当距离。正因为如此，以RCEP为出发点构建FTAAP，首先将面临一个如何协调与TPP之间实际存在的在发展区域一体化上的价值观冲突。RCEP追求的是一种开放的、灵活的、符合大多数东亚国家经济发展水平的贸易投资自由化模式，虽然情况如此，但是如果FTAAP在未来的建设中不能充分重视RCEP所代表的这一部分国家的利益和价值取向，APEC的21个国家和地区还是无法走到一起的。

第三条路径是以TPP和RCEP的共同点为垫脚石。这或许是最难行得通的一条路径。如上所述，TPP与RCEP之间存在太多差异，如果说有什么共同点的话，那就是这两个自贸安排的潜在成员中有一些重叠。这不是通常情况下取一个最小公约数的问题，坚持这条路径直接意味着TPP和RCEP的倡导者们在本质上要放弃它们各自所秉持的思路和捍卫的原则。截至2013年底TPP谈判已经过19个回合，之所以还没有达成最后协议，主要原因是其主导者美国自谈判开始以来从来没有动摇过它在最初为这项“21世纪示范性的贸易协定”所确定的标准，即这是一项开放的、适用范围非常广泛的多边协定，也是迄今为止涉及贸易问题最为全面的协定，还是一项“无例外”规定的、自由化程度极高的贸易协定。TPP的所谓开放性不同于RCEP，前者是指在经过少数创始成员封闭性谈判取得实际结果后再对其他国家开放，而后者的开放性则更体现在成员、议题、协定义务的实施等诸多方面的包容态度上。在本质上缺乏共同点，这无法让TPP和RCEP简单地叠加成为通往FTAAP的垫脚石。

第四条路径是以已有的和正在谈判中的区域贸易安排为基础，以中美投资条约和自贸协定谈判为突破口。在全球范围内，亚太地区是自贸协定“泛滥”最严重的区域。如果以缔约者数量衡量，这些自贸协定可以分为双边和区域的；如果以进展的状态加以区分，它们又可以有四种不同的情景：已经签署并且生效、已经签署而尚未生效、正在谈判中的以及规划之中的。林林种种，情况十分复杂。其中，影响较大的包括中日韩分别与东盟缔结的三个"10+1"自贸协定、"10+6"自贸协定（即RCEP）、中日韩自贸协定、中韩自贸协定、美韩自贸协定、TPP以及北美自贸协定（NAFTA）。《北京路线图》例举的可作为FTAAP建设之基础的主要是"10+3"、"10+6"和TPP等区域自贸协定或安排。

亚太区在自贸协定上呈现的"意大利面碗"乱象，虽然在实践中给该区的国际贸易和投资活动带来了困惑，但是也都符合WTO规则所要求的更加自由化的趋向，这在整体上或多或少还是有助于相关国家参与FTAAP的创建的。当然，仅仅以已有的和正在谈判中的区域贸易安排为基础是远远不够的，这充其量只是解决了可作为垫脚石的"最低公约数"的问题。如何在亚太两个最重要的经济和政治大国中国与美国之间达成共识并筑起FTAAP大厦之基石，这或许才是最重要的。太平洋本来就不应该成为中美两个大国争斗的战场，而应该成为它们合作共舞的舞台。在这一点上，中美正在谈判的投资协定以及未来可能开启谈判的双边自贸协定可以作为彼此合作的切入点，也可以作为FTAAP纾困的突破口。在区域性自贸区历史上，北美自贸区堪称典范，它的成功永远是与美加双边自贸协定联系在一起的。如果说美加合作催生了北美自贸区，那么中美合作更是人类历史上最大区域性自贸区形成的必要条件。

三、美国亚太战略可能的调整

在21世纪，保持美国全球领导地位，包括在亚太的领导地位，是美国民主党和共和党两党的共识。近一两年来，中国经济实力的持续增强以及在处理周边事务和对美关系中表现出的越来越强的自信，让美国感到了压力。美国决策层开始意识到问题的严重性，不少智库专家和媒体知名人士建议美国政府采取行动，以削弱或阻止中国在包括与美争夺亚太经济主导权在内的竞争能力或这种能力的增长。

2014年11月15日，就在结束北京之行不久，奥巴马总统在澳大利亚昆士兰大学发表演讲。在谈及美国的亚太战略时，他强调美国在亚太的领导地位将一直是其对外政策的重要关注点，“我们会继续运用包括外交、军事、经济、发展和价值观在内的美国力量的一切方面强化（美国在这个地区的）这种存在”。

2014 年 3 月 14 日，就在美国介入乌克兰事态之际，以进攻性现实主义大师著称的芝加哥大学教授米尔斯海默在《纽约时报》发文呼吁，美国不应该在乌克兰问题上浪费精力与俄罗斯周旋，“与俄罗斯保持良好的关系是十分必要的，因为美国需要莫斯科来帮助处理伊朗、阿富汗问题，并最终遏制中国——这个美国未来唯一的对手”。

2014 年 10 月 13 日，《纽约时报》刊登前北约欧洲盟军最高司令、退役的美国上将韦斯·克拉克的文章“是时候对中国动真格的了”。该文在结论部分建议，“如果要保持全球领导地位，并在中国的崛起过程中成为一支建设性的制衡力量，美国需要为自己制定一个长期战略愿景，即基于能源独立的、强大的、不断增长的经济实力；充满活力的、行之有效的民主；坚定自信的、有耐心的、有盟友支持的外交；能在危机中与中国对峙的军事实力”。

2014 年 11 月 13 日，美国著名新闻评论家 F. 扎卡利亚在《华盛顿邮报》撰文，警告“如果中国使用其不断增长的影响力来要求其他国家在现有的国际秩序和新的之间做出选择，那么这可能会为亚洲一个新的冷战创造条件，而且这将确定削弱和摧毁那个 70 年来亚洲和平与繁荣得以维系的现存国际秩序”。“从长远来看，构成更大挑战的不是俄罗斯公开的军事威胁，而是中国有耐心的、稳定的非军事性行动。”

以上种种迹象显示，美国对华战略可能面临调整。如果这种可能性最终得到证实，那么我们估计美国总体的对华战略调整的时间点应该在 2016 年总统大选之后，当然也不排除奥巴马任期最后两年也会有些微调。至于如何调整，我们不妨在此做一个大概的预测。

第一，加快完成 TPP 步伐，尽早占据主动位置。奥巴马原本期望在 2014 年美国中期选举之前结束 TPP 谈判以向美国选民交上一份外政方面的成绩单，但是事与愿违，这至少说明在尽快完成 TPP 谈判上还有难以克服的困难。不过，根据 APEC 北京会议期间 12 国贸易部长联合提交给 TPP 首脑的报告所透露的信息，这项持续了 4 年之久的全面而高标准的自贸协定的谈判工作已经接近尾声。奥巴马在启动 TPP 谈判之初曾经指望它能实现三个主要目标：一是为 WTO 多哈回合谈判的失败准备一个替代方案；二是用亚太主义替代东亚主义，主导亚太经济一体化进程；三是分享东亚经济奇迹红利，帮助实现美国 5 年出口倍增计划。现在看来，无论怎样努力，TPP 在美国的从 2010 年开始的 5 年出口倍增计划中是发挥不了什么作用了。正因如此，奥巴马政府以及他之后的新政府不能不重视 TPP 在主导亚太经济一体化进程方面可能的价值。假设 TPP 可以在短期内结束谈判，并且尽快实现扩容，比如在 2016 年底 APEC 完成“亚太自贸区有关问题的联合战略研究”之前争取到亚太区或泛亚太区诸个新成员的加入（目前已经有韩国、菲律宾、泰国、哥斯达黎加、哥伦比亚和中国台湾表示了兴趣），那么中美 FTAAP 主导权之争的天平就将明显地向美国倾斜。这种情形出现的可能性极大。

第二，在军事、政治和外交方面增压，制约和孤立中国。增强美国在亚太特别是中国周边军事存在，频繁举行各类军事演习，这已经是奥巴马政府战略重心东移下的常规动作了。继菲律宾、澳大利亚、新加坡之后，美国又在马来西亚开辟可供 P－8 侦察机使用的新的军事基地。可以预期的是，在完成阿富汗撤军和基本解决叙利亚和乌克兰等问题的前提下，美国一定还会加大在亚太地区的军事部署，以此增加对中国的军事威慑。

在政治和外交方面，美国仍然会以民主、人权等价值观作为武器在亚太地区尤其是西太平洋地区搞“统一战线”，一方面巩固与日本、韩国、澳大利亚和菲律宾的同盟或准同盟关系，另一方面发展或扩展新的伙伴关系或战略伙伴关系。由于印度尼西亚在东盟以及东亚地区经济一体化中的特殊地位，美国很有动力拉近与它的关系。美国在重视发展与印度和泰国关系的同时，将进一步推动缅甸民主进程，以期能够对其发挥更大影响力。美国甚至会在条件许可的情况下缓和与俄罗斯的矛盾，以集中精力对付米尔斯海默所说的“美国未来唯一的对手”。

第三，升级贸易逆差和汇率等摩擦，为全面经济战做准备，削弱中国竞争优势。乌克兰危机以来，美欧对俄罗斯的制裁在很长时间内没有产生效果。最近几个月，石油价格的暴跌以及卢布兑美元大幅贬值已经开始让俄罗斯扛不住了。如果这种趋势继续恶化，对石油出口依赖性很强的俄罗斯将面临经济崩溃厄运的到来。除军事手段外，美国最擅长的恐怕就是经济武器了。如果美国的对华战略转而变强，石油价格、贸易逆差和汇率等都会成为其对付中国的经济武器。在这一切还不奏效的情况下，美国对中国发起全面的经济战争不是没有可能的。

第四，利用和制造“三海”紧张局势，迫使中国穷于应付。21 世纪第二个 10 年开始以来，中国与日本、菲律宾和越南之间在钓鱼岛、东海和南海的领土问题上的分歧愈演愈烈，至今仍然没有缓解的迹象，这背后或多或少有美国在“呼风唤雨”。东海和南海的问题还不是中国周边局势在未来可能恶化之导火索的全部，沉寂了多年的台海问题似乎又有了暴风骤雨到来前的迹象。2014 年 11 月 29 日，在台湾县市长选举中，国民党候选人惨败，倾向“台独”的民进党在 2016 年的台湾地区领导人大选中获胜的机会大增。台湾政局的变化给台海局势的发展增添了变数。在民进党执政的情况下，美国不仅可以继续打“军售”牌，还可以在极有可能出现的“台独”问题上做文章。只要东海、南海和台海的局势紧张起来，这些都能够在不同程度上消耗中国的军事和经济资源，并且极大地牵扯中国人民一心一意谋发展的精力。

四、中国实现“亚太梦”的几个着力点

FTAAP 的建设无异于一项系统工程，对中国而言则是一盘大棋局。能否下好这盘棋，既关系到东亚乃至亚太区域经济一体化进程的走向，也关系着中国驱动的“亚太梦”的实现。这不是一般意义上的工程，也不是一般意义上的棋局，其在进行中将会遇到意想不到的变数和困境。早在 2004 年，亚太工商咨询理事会在其报告《FTAAP 方案的初步评估》中就承认，在亚太区建设自贸区的一个巨大困难主要是 APEC 成员的政治意愿。国际社会中已经有不少人注意到可能遇到的问题的严重性，也认为这主要是政治上的问题和技术问题，其中包括中美贸易失衡、美国国会“贸易促进授权”的期限、台湾问题以及日本和韩国对农产品的保

护等。WTO 总干事长帕斯卡·拉米的观点具有一定的代表性，他说："由于地区经济差异巨大，拟议中的 FTAAP 难以实现和构建"，"我对 APEC 各国之间的差异和不同略有所闻，在我看来，如果 FTAAP 可行的话，那么 WTO 多哈回合谈判也一样容易"，"坚持多边贸易体制仍然是加快世界贸易自由化的最好途径"。

面对如此困难，把梦想变成现实，需要的不仅是一般的行动，或许更重要的是能够灵活调动一切有效资源的智慧的行动。作为 FTAAP 的重要参与者，中国的作用是关键性的。中国可在以下三个方面着力，实质性地推动 FTAAP 的建设朝着有助于整个亚太区共同利益实现的方向稳步发展。

第一，积极推进中美双边投资条约和自由贸易协定谈判，为 FTAAP 铺路。就其规模和影响力而言，建成后的 FTAAP 是可以超过北美自贸区和欧盟这两个当今世界最成功的区域一体化之楷模的。反过来，后两者在相关实践中的经验教训应该能够成为前者的前车之鉴。虽然北美自贸区和欧盟在经济一体化的发展程度上完全不同，而且各自成员的数量也存在很大差异，但是它们有一个共同的地方值得借鉴，那就是在它们推进区域一体化进程中都依赖两个大的国家发挥核心的领导作用，并且以这两个大国的共识作为基础。在欧洲，一体化进程从欧洲煤钢共同体到欧洲共同体再到欧盟经历了三个主要阶段，自始至终德国和法国都居于主导地位。特别是德国和法国在 1952 年发起创建的欧洲煤钢共同体，为欧洲一体化进程奠定了基石。在北美，美国和加拿大共同引领了该区域经济一体化的整个进程，在双边性质的《美加自贸协定》基础上创建了世界上第一个由发达国家和发展中国家联合组成的贸易集团。欧洲和北美的实践表明，任何地区经济一体化的努力都是不可能离开区内最重要的几个大国之间在政治意愿上的统一的。这种统一的意愿是经济一体化进程的保障，也是驱动的力量。亚太区的情况远比欧洲和北美要复杂得多。构成 FTAAP 潜在成员的 APEC 的 21 个经济体不仅在文化和宗教方面有着不尽相同的背景，而且在经济发展水平上处在完全不同的发展阶段。如果在这个地区没有中美这样的世界性大国扮演领导者角色，甚至相反地，这样的大国在如何发展自贸区问题上有着不同乃至对立的思路，那么FTAAP的前景可想而知。

在亚太地区创建和推进FTAAP这样的未来世界最大的自贸区，事实上也存在着类似于欧洲和北美的有利条件。中美两国的政治经济地位决定了它们在亚太一体化进程中充当领导者的历史宿命，它们之间在发展一个什么样的FTAAP方面所存在的思路上的差距正在缩小。这个契机就是两国正在进行的双边投资协定的谈判，以及未来可能的双边自贸协定的谈判。在很大程度上，就其可能在亚太经济一体化中所扮演的角色而言，中美投资协定和自贸协定就相当于欧洲的《煤钢联营协定》和北美的《美加自贸协定》。中美各自所代表的是发展中国家和发达国家的利益关切，它们在投资协定和自贸协定的价值取向上大体能够反映21个APEC经济体在FTAAP实际谈判中在各种问题上可能的态度和倾向。如果说《北美自贸协定》是《美加自贸协定》的扩大版的话，那么中美正在或将要进行谈判的投资协定和自贸协定就是未来FTAAP的缩影。中美双方积极推进双边的投资协定和可能的自贸协定的谈判，无论如何都是在为FTAAP铺路。

第二，打好经济牌，善用外汇储备扩宽对外投资渠道，同时拓展中国在亚太乃至全球商品和服务市场范围。竞争与合作的关系是国际关系中的一种常态，两者相互促进和依存。同样，中美在FTAAP问题上也呈现出一种竞争与合作的关系。一方面，FTAAP离不开它们的合作；另一方面，在它们的合作中也存在着竞争。特别对于中国而言，强大的竞争能力有助于实现与美国更好的合作。常言道，“汝果欲学诗，功夫在诗外”，中国的竞争能力还应该体现在更加广泛的方面，比如扩大在亚太区的影响力。纵观世界历史，影响力的竞争几乎在任何时候都是大国争霸逐强的主要内容。在21世纪，情况更应该是如此。只是在新的世纪，竞争的手段或方式有了较大改变，其中伙伴外交、对外援助、对外投资、国际贸易、文化传播和争夺游戏规则主导权等越来越受到重视，而在这一切竞争手段或方式背后，经济实力是基础。

相对于美国，中国拥有的竞争筹码似乎并不太多，不过却因不断增长的经济实力而越来越具有经济上的优势，这样的竞争优势十分有助于上述新的竞争手段或方法的发挥。在世界上所有的国家中，中国是最大的外汇储备国，其外汇储备余额接近4万亿美元。过去很长一段时间以来，中国将外汇储备中的相当大一大部分用来购买发达国家的国债和其他债券以赚取些许利息，这是一种保守和被动的间接投资方式。近年来，中国开始加大对外直接投资力度，从投资项目的数量到单个项目的规模都有大幅提高，外汇使用呈现多元化趋势。最近，中国频繁尝试利用自己能够主导的投资银行（比如亚洲基础设施投资银行和金砖国家开发银行）和专项基金（比如丝路基金）发挥经济的影响力，这是值得肯定的非常具有实效的外汇使用方式，当然，投入到这些银行和基金中的资金不一定都以美元等外汇形式体现。比购买外债更有意义的是，这些新的投资形式或方式不仅更能保障投资效益，也可以在很大程度上施加经济的影响力，另外或许更重要是还能够帮助其他国家特别是亚洲国家增强经济发展水平，提升购买中国商品和服务的能力，以及扩大吸收中国资本的投资市场规模。与购买外债比较起来，后面这些投资的规模还不大，这意味着其潜力尚可进一步挖掘。

第三，缓和与周边地区和国家的矛盾，提升多边机制化解区域内部分歧的能力。除了中美影响力竞争带来的负面效果外，中国与周边国家之间以及东亚国家内部也程度不同地存在种种矛盾和分歧，而这些都有碍APEC成员特别是东亚国家在FTAAP的建设上形成合力。冰冻三尺非一日之寒，客观地说，东亚国家内部的矛盾与分歧不容易在短时间内就得到解决，但这并非意味着不能够创造条件逐步缓解矛盾和消减分歧。在这方面，中国可发挥积极作用，充分利用东亚现存的和正在构建中的各种多边机制消减乃至消除分歧，而不是激化矛盾。依据其运作方式的不同，东亚地区的多边机制可区分为三种：国际组织、国际会议或论坛以及投资开发银行和发展基金。属于第一种国际组织的，有东盟和上海合作组织。而归到国际会议或论坛的，则主要有东亚峰会、东盟与中日韩峰会、中日韩峰会、亚信峰会、互联互通伙伴关系对话会、博鳌亚洲论坛以及亚洲安全与防务论坛等。多边性质的投资开发银行和发展基金是新近出现的，目前至少包括亚投行、上合组织开发银行、上合组织发展基金、丝路基金和金砖国家开发银行等。在这些多边机制中，中国多有较大的话语权。尽管任何一项多边机制都有其专属职能，但中国方面完全有可能也有能力将其引导到从各个层面增进东亚国家相互了解、相互信任、相互融通和相互依靠的道路上来，提升其化解区域内部分歧和矛盾的能力，从而在整体上营造一个和谐东亚的区域国际环境，为 FTAAP 的向前推进创建必要的政治条件。

五、结语

中国的“亚太梦”归根结底也是包括 21 个 APEC 成员在内的所有亚太区各经济体的“亚太梦”。在区域经济一体化的全球大格局下，亚太区“意大利面碗”式的贸易投资自由化发展模式不能再继续下去了。21 世纪，国与国之间的经济竞争是经济集团的竞争，或者说是经济集团背景下的国家间竞争，单凭一己之力谋求国家发展非但对抗不了这股历史的潮流，反而容易被其吞噬。21 世纪不应该只是美国的太平洋世纪，更应该是亚太世纪。让 FTAAP 为亚太世纪奠基！

美国对外政策及对华关系新方向

——透视2015年《美国国家安全战略报告》

2009 年 12 月，刚担任美国国务卿不到一年的希拉里·克林顿与基辛格共同接受《新闻周刊》的采访。访谈一开始，记者便请希拉里谈谈履新的感受。这位新国务卿不加掩饰地承认，在国务卿的岗位上，她的工作强度很大，即使 24 小时不休息也有做不完的事情。紧接着，基辛格分享了自己曾经作为国务卿的一些经验。他特别强调，美国的国家利益遍及全球，作为美国对外政策主要的执行机构，国务院承担着广泛的职责。他认为，要做好国务卿，就不得不区分这个职位每天所面对的众多事情的轻重缓急。按照基辛格的说法，国务卿应该把最多的时间和精力放在那些重要、急迫而具有长远性的问题上。这两位新老国务卿都意识到，美国在对外关系中不能被一些一般性的突发事态牵着鼻子走，而应主导事态的发展方向。

2015 年 2 月 6 日，奥巴马终于向国会提交了他第二任期的《美国国家安全战略报告》（简称《国安报告》）。这份姗姗来迟的政府重要文件，正是从战略的高度为美国的对外政策目标确定了一个轻重缓急的顺序。当然，国务院所负责的外交工作只是《国安报告》涉及的一个层面。《国安报告》具有极强的综合性，涵盖了包括外交、经济、国防和安全等在内的多个政府部门的工作，是名符其实的全面指导未来一段时间美国对外关系的纲领性文件。

由于这份报告在某种程度上还影响着世界各个地区的和平、稳定与发展以及诸多重要国家与美国关系的走向，国际社会普遍对其高度重视。

早在2013年年底，奥巴马就已经向媒体透露他的新报告将在前一份报告的基础上做出较大更新。他的这一举动激发了公众强烈的好奇心，特别是因为近一年多来国际关系中发生了一些重大事件，大家更加关心这份新的《国安报告》会如何做出回应。

总的来说，历届美国政府在对外战略方面所表现出来的差异性要远远小于其国内政策，而历次《国安报告》的所谓不同则主要表现在它们所确定的优先战略目标及其实施手段的排列上。具体而言，不同执政党政府的《国安报告》会存在相对大的差异，而同一政党的政府则保持着较强的对外战略的连续性。如果后一情形出现异常或者战略和策略的波动较大，那多半是在新的报告形成之前国际关系中发生了足以引起战略重点调整的重大事态。有鉴于此，本文对奥巴马新的《国安报告》的观察将基于如下两个视角：第一，民主、共和两党对外政策的传统；第二，全球范围国际关系中的新动向。笔者希望通过这样的观察帮助读者更好、更全面地了解这份新的孕育多时的《国安报告》，特别是其中针对中国以及有关变化中的国际情势的内容。

一、美国《国安报告》有多重要

以性格直率和敢言著称的美国前国防部长罗伯特·盖茨在其回忆录中说："就个人而言，我实在不记得在我准备担任国防部长的时候曾经阅读过总统的国家安全战略报告……我也从来没有感觉到离开这些教条会有什么不便的地方。"

盖茨的这番话代表了不少对《国安报告》持否定态度的人的心声。在美国学术和实务界，对《国安报告》批评最多的恐怕是指它们在名义上叫着战略报告而实际中并没有确立一个明确的美国大战略，批评者们常常拿杜鲁门《国安报告》中最终搞垮苏联的"遏制"战略进行比较。当然，这些批评确实切中要害。这些年来，随着《国安报告》的综合性越来越强，政府各个部门的关切都要在其中得到反映，其代价便是重点难以突出。

然而，尽管如此，《国安报告》还是受到美国国内外高度重视，几乎成了世界上阅读范围最为广泛的美国政府文件。大家公认，《国安报告》有如下几个作用是其他美国政府文件所无法企及的。

第一，它是行政当局向国会提交的一份特殊的预算报告，在这份报告中包括国务院、国防部和中情局在内的多个政府部门的工作计划都得到充分的描述；同时它也是国会监督政府工作的又一条渠道，通过这条渠道国会还可以对政府曾经不太透明的一些决策施加影响。这后一方面正是1947年国会批准《国家安全法》要求总统提交《国安报告》的初衷。

第二，它为政府各相关部门之间在国家重大战略部署上进行沟通和协调提供了一个方便的平台。这方面的作用更主要地体现在原先各自为政的政府部门找准自己在总统正在谋划的大棋局中的位置，从而相互配合以尽到应有的职责。

第三，它向美国民众以及美国的友邦和对手传递着丰富的信息。它要让美国民众知道，政府正在不遗余力地捍卫他们的安全以及他们赖以生存的国家经济的繁荣；它要告诉美国的友邦（包括盟国和伙伴国家），美国与它们有着共同的安全和经济利益，为了共同的利益会两肋插刀，但同时也需要它们伸出援手予以支持；它还要提醒和敲打美国的对手，美国的决心是坚定的，盟友是广泛的，力量是强大的。

不过，《国安报告》的价值不只在于其表达了什么，更重要的是看它的实施效果。如果说一套做一套，再好的规划也一文不值。在这方面，《国安报告》并非乏善可陈。从21世纪颁布的前三份已经在实践中得到检验的《国安报告》来看，它们的实施情况总的来说是不错的。

小布什在他的两份《国安报告》中确定的战略目标，比如打击全球恐怖主义、扩大反恐联盟、推广民主和结束暴政等，除了在伊拉克和阿富汗的美军战线时间拖得比较长以外，大部分都已经实现：恐怖主义对美国本土的威胁大幅减少；反恐统一战线增进了美国与其盟国的关系，同时也改进了美国与中俄等大国在相当长一段时间里的关系；“颜色革命”在黎巴嫩、乌克兰、格鲁吉亚和吉尔吉斯斯坦等国实现政权更迭。而奥巴马2010年《国安报告》所追求的诸如重振美国全球领导地位、保持美国经济活力、遏制大规模杀伤性武器扩散和推广美国价值观等战略目标也取得了一定成效。比如，美国全球战略重心向亚太转移基本实现，美国经济已经从危机中开始复苏，亚太和跨大西洋地区区域自贸协议谈判取得进展，本·拉登被击毙，中东北非爆发“阿拉伯之春”，以及伊核困局突破和叙利亚紧张局势得到缓解等。

从小布什和奥巴马的经验中我们可以比较强烈地感觉到，《国安报告》对美国捍卫其国家安全和发展对外关系还是具有很实际的指导意义的。

二、美国《国安报告》出笼经过

《国安报告》是美国最高级别的关于国家安全问题的综合性政府文件，其内容虽涉及政府多个部门的工作，但是重点却非常突出。总统是这份报告的主要甚至可以说唯一的责任人，在他签署后，该报告送交国会并同时面向全球发布。在这个意义上，美国总统是《国安报告》的作者，而读者则是除总统之外的全球公众，其中包括美国联邦政府各机构、国会、普通百姓、国外友邦以及美国的敌人。

正是因为在性质上有这样一些特点，美国的《国安报告》从初期构想到最后完稿，其整个过程也非同寻常，充满了神秘感。根据已经公开的资料并结合最近10多年来小布什和奥巴马的经验，我们尝试着描述这份特殊的政府文件是如何孕育而生的。

一般情况下，一份《国安报告》的出笼大致经过构思、撰写以及评议和确认这样三个主要阶段。整个过程历时少则半年，多则一两年或者更长。

广义的构思阶段从总统物色国安顾问（即总统国家安全事务特别助理）时开始。能够进入总统法眼者通常要满足下面两项条件中的至少一项：第一，这位人选在美国对外关系方面具备深厚的理论功底，并且有一整套与总统思路相吻合的独立见解；第二，曾经在军事、情报或外交领域积累了丰富的实践经验，不仅能够充分领悟总统在外交、对外经济政策和军事战略等国家安全事务上的各项思考，而且能够凭借自己的能力和声望帮助总统在包括国防、情报等在内的政府各部门以及政府与国会之间进行沟通协调。基辛格、布热津斯基和康多莉扎·赖斯就属于第一种情形；而鲍威尔、斯考克罗夫特和琼斯等则是满足了后一项条件。总统重视对国安顾问的挑选，是因为后者在《国安报告》的实际制作过程中至始至终扮演着中心角色。在做出任命决定后，总统立刻与国安顾问商量《国安报告》的基本思路，并把主持撰写的任务委托国安顾问去完成。

国安顾问紧接着从有着深厚学术背景或者政府战略规划部门经历者中物色出1—2名《国安报告》的执笔人。执笔人确定之后，真正意义上的构思或调查研究阶段才正式开始。在这个阶段，执笔人的工作主要体现在三个方面：第一，阅读和研究总统的竞选和就职演讲词以及先前的多份《国安报告》；第二，根据总统的意图和自己的阅读研究所得确定纲要；第三，按照专题与有经验的大牌专家、国务院和国防部等部会的首长以及资深专业人士进行沟通，听取意见或建议。国安顾问常常以国安委战略规划办公室名义召集各类咨询会议，为执笔人全面了解情况创造条件。国安顾问也要求国安委各专门小组予以配合，同时为执笔人配备多名辅助人员。

《国安报告》撰写的时间比构思阶段要短，一般在2—3个月。执笔人在这个阶段处于非常封闭的状态，只有国安顾问随时传达总统的指示，或提出自己对稿件修改的意见。有时，总统也可能阅读尚未定型的稿子以便于及时提出从形式到内容进一步完善的指示，执笔人据此不断地进行修改。据称，奥巴马的第一份《国安报告》在提交之前修改了65稿之多。

报告稿基本定型后，进入评议确认阶段。参加评议的人员范围很小，人员数量也不多，主要来自两个方面：一是国务院、国防部和中情局等重要部会的主官、次官或战略规划部门的负责人；二是国安会下各专门小组的负责人。他们中的大多数人不能接触报告稿的全部内容，只能阅读与自己相关的部分。反馈意见必须在规定的时限内（如48个或72个小时）以书面形式提交，国安会各专门小组负责人更是只能在白宫战情室现场阅读与自己有关的那部分内容。

执笔人根据汇集而来的评议意见再次对报告稿进行修改。此后，国安顾问将送总统审阅。在这个时候，总统一般会提出一些很具体的指导性意见，比如行文和措辞要更切合他的习惯表达方式和语气等。一旦总统在报告稿上署上自己的名字并且附上亲自撰写的附函（正式的《国安报告》的引言），一份正式的《国安报告》便应运而生。也只有在这个时候，国安顾问和报告执笔人才算大功告成。

三、美国《国安报告》一般都说些什么

自1950年杜鲁门总统的第一份《国安报告》问世以来，历届美国总统都得在其任期内依1947年《国家安全法》向国会提交《国安报告》。1986年的《戈特华特—尼科尔斯国防部重组法》再次重申了《国家安全法》的相关内容。这两部法律甚至在提交报告的频率和时间点上都对总统提出了具体要求。比如，总统应该每年提交一份这样的报告；该报告的提交时间应该与政府的预算计划同步；总统必须在新任期开始后的150天内完成报告的准备和提交工作。然而，60多年来，特别是近30年来，有关《国安报告》的法律规定的执行情况令人大跌眼镜。在很多时候，一年一报告的规定没有得到严格遵守，比如小布什在2001年宣誓就任总统后在实践中将一年一报告的制度演变成了四年一报告的惯例；而且，每次提交报告的时限也常常被突破，比如奥巴马的这份新《国安报告》是在其第二任期开始后15个多月才拿出来的。

与报告提交程序上呈现出来的倾向不同，报告的实质性内容则越来越趋于完整和规范。冷战时期，美国《国安报告》的内容十分单一，其核心就是如何遏制苏联及社会主义阵营在全球势力范围的扩张，各报告之间在行文上差异较大。而冷战结束后，尽管报告关注的问题非常广泛，但是其语言表达的方式却更加严谨，各报告在陈述问题的套路上大同小异。之所以如此，很大程度上要归功于1986年的《国防部重组法》的制定。在这部法律中，《国安报告》的基本内容得到明确。根据规定，

任何一份《国安报告》都必须就以下各项进行全面的描述和深入的分析评议：第一，美国全球范围的重要利益和战略目标；第二，为阻止侵略和履行战略目标所必须的美国的对外政策、国际承诺和国防能力；第三，为保护或促进国家利益和实施战略目标而运用政治、经济、军事和其他美国国家实力要素的手段；第四，美国实施国家安全战略的各项能力的准备情况；第五，有助于国会了解美国国家安全战略相关事项所必须的其他信息。

综合观察小布什和奥巴马四个总统任期的《国安报告》可以发现，这些报告的内容基本上遵循了上述法律的要求，如果说它们彼此之间存在什么区别的话，那仅仅只是在国家利益的侧重点、战略目标的优先顺序以及实施战略目标手段的排列组合上有所不同而已。不过，正是因为这些不同，各位总统或者说同一位总统在不同任期的《国安报告》便形成了自己的特色。

在美国的国家安全战略体系中，国家利益、实现国家利益的战略目标、可用来实施战略目标的资源以及如何运用这些资源等是最重要的组成部分。它们之间存在着必然的逻辑联系，即国家利益是第一位的，构成国家安全战略目标之基石，而国家安全战略目标又决定着其实施所必须的资源以及这些资源的使用方式。

其实，作为美国国家安全战略体系的基本组成部分，国家利益、战略目标、资源及其使用方式的构成要素都十分有限，然而即便如此，侧重点、优先顺序和排列组合的不同也会导致产生的效果全然不同。比如，在对美国国家安全战略具有实际意义的至关重要的国家利益（安全、繁荣、价值观和国际秩序）中，小布什在两个任期内都特别强调安全的利益，他将打击全球恐怖主义和赢得反恐斗争的长期胜利放在首要的战略目标位置，相应地，使用先发制人的军事手段和扩大反恐联盟就成为其实施战略目标方式的必然选择。

任何一位美国总统对国家利益中的某一项要素的看重，绝非随心所欲使然。在很多情况下，他的选择是由上任之始所面临的国内外大气候所决定的，比如小布什总统的国家安全战略的形成背景就是“9·11”恐怖袭击。而如果没有重大事件发生，美国总统对某一项国家利益的偏重则多半是基于自身以及所属政党的外交理念。

无论如何，了解《美国国家安全战略报告》内容的第一步，也是最重要的一步，就是看这份报告是如何描述国家利益以及把哪一项国家利益要素置于首位的。在此基础上，再来理解报告所设计的战略目标以及实施战略目标的方案，就不是一件困难的事了。

四、奥巴马新《国安报告》为何姗姗来迟

奥巴马新《国安报告》比原先他亲口承诺的时间迟到了一年。这件事情看起来实在是有些不可思议，因为就像中国俗话所说"君子一言，驷马难追"，一国之君怎能背弃自己的诺言呢？另外，往后推一年，这样的报告还如何在实践中落实呢？第 58 届美国总统选举将于 2016 年 11 月举行，在奥巴马剩下的任期中，政府工作多少会受到漫长的换届选战的干扰或影响。看来，奥巴马这样做确实有不得已的原因。

早在 2013 年 11 月奥巴马公开透露将向国会提交新的《国安报告》之后，美国多位专业人士便发文呼吁新《国安报告》应该与时俱进，体现出新的特点。在各种观点中，朱莉安娜·史密斯的观点比较具有代表性。这位曾经在白宫国家安全委员会任职过的新美国安全中心战略与国家治理项目负责人在一篇发表于 2014 年 3 月的合署文章中提出，"奥巴马需要一个新的国家安全战略"。她认为奥巴马的第二份《国安报告》应该在"再平衡、反恐、民主促进、新兴力量崛起、网络和美国的领导地位"六个方面进行反思，并提出新的更加切合美国当前实际的战略目标和实施方案。她的理由是，几年来奥巴马政府已经实现了 2010 年《国安报告》中的一些目标，而且国际上出现了诸多值得新《国安报告》加以回应的变化。

虽然史密斯女士并没有具体列举这些新的变化都是些什么，事实上她也无法预知她发文后国际局势的变化，但是根据过往《国安报告》关切的问题，这些新的变化是不难确定的。概括起来，不外乎有如下几个方面。

第一，“阿拉伯之春”。这是从2010年底开始的发生在中东北非的一系列反政府示威运动。2011年中，北约对利比亚实行军事打击，将运动推向高潮，埃及、突尼斯、利比亚和也门四国的政权发生更迭。如在埃及，穆巴拉克被推翻之后，穆斯林兄弟会的穆尔西上台，一年后穆尔西下台，而且穆兄会被宣布为非法组织，政局至今不稳。这场声势浩大的反政府示威运动在中东北非多个国家留下了后遗症。

第二，本·拉登毙命。2011年5月1日，奥巴马在白宫宣布，美国特种部队在巴基斯坦击毙本·拉登。本·拉登是美国认定的“9·11”事件的幕后主谋，在长达10年的时间里，美国一边在阿富汗等地打击恐怖主义势力，一边追寻本·拉登。本·拉登之死，用奥巴马的话说，是在打击“基地”组织的斗争中取得的最为重要的成就之一。不少专家认为，本·拉登的死亡本身只具有象征意义，并非意味着恐怖主义势力的根除，与恐怖主义势力的斗争是一项长期的任务，不过这件事极有可能成为未来美国国家安全战略的新起点，也就是说反恐不再是《国安报告》中所设定的战略目标的最优先选项。

第三，伊核危机和叙利亚紧张局势出现缓解。防止核扩散一直是美国国家安全战略中一个重要的内容。美国与伊朗之间的关系在过去30多年里十分紧张，主要原因就是美国及其盟友竭尽全力阻止伊朗发展核武器，在以色列的压力下，美欧曾经一度考虑用武力解决问题。2013年，伊朗新总统鲁哈尼在赴联合国出席会议前后释放出妥协信息，表示伊朗永远不发展核武器，奥巴马也积极回应并抛出橄榄枝。两位敌对国家的领导人在联大会议结束之际电话沟通，给接下来的伊核问题谈判创造出良好气氛，美伊关系朝着和解的方向迈开了第一步。与伊核问题不同，叙利亚局势的日益紧张虽然也与化武问题有关，但在初期主要还是一个在中东北非“民主运动”大潮下激化的内部问题。由于外部势力的介入，叙利亚现政权与反政府武装之间的问题演变成了美国和西方国家与叙现政权关于销毁化武的国际问题。在普京创造性的斡旋之下，紧张局势得到缓和。也许伊核以及叙利亚问题还会出现反复，但是只要奥巴马还在美国的总统位置上，这些问题进一步恶化的可能性是不大的。

第四，东海和南海领土问题持续升温。2011年菲律宾政府决定将中国南海改称为“西菲律宾海”，并于2012年在中国一贯声称拥有主权的海域和岛屿对中国进行挑衅。也就是在这一年，日本政府采取将钓鱼岛“国有化”的步骤，激化中日在东海的领土主权争端。时至今日，中菲、中日在领土问题上仍处于对立状态。奥巴马决定将美国的战略重心向亚太转移后，更加重视东海和南海局势的演进。特别是在中国在海南省设置三沙市以及在东海设置航空识别区后，这种重视变成担心。有多位美国政界人士公开表示，中国因经济和军事实力的不断增强而在与邻国的关系中日益示强，美国不能容忍中国的这种“狂妄”，他们敦促奥巴马采取措施以应对这个崛起中的大国。

第五，乌克兰政局动荡。目前还在上演的乌克兰政治大戏有两个不同但存在联系的故事情节，其中之一发生在乌克兰内部。2013年11月，乌克兰亲欧派在基辅举行反政府示威，军警与示威者之间的暴力冲突愈演愈烈，结果导致当政者亚努科维奇总统下台，乌克兰政权实现更迭。另一个则发生在俄罗斯与美国和欧盟之间。普京将美欧对乌克兰反对派的支持视为北约在战略上挤压俄罗斯的生存空间，他断然采取行动予以反制。2014年3月15日，亲俄的克里米亚公投决定加入俄罗斯。不仅如此，普京还在俄乌边界陈兵数万，试图引导乌克兰局势的进一步走向。在国际战略大棋盘上，乌克兰对于俄罗斯的意义可能远远大于美欧，普京绝对不会让乌克兰脱离自己的势力范围而投靠欧盟乃至北约的怀抱。对比普京咄咄逼人的架势，美欧在初期的反应着实逊色不少。尤其是美国，奥巴马在很长时间里仅有的所谓制裁措施还只是停留在口头上。

第六，石油价格暴跌和卢布兑美元大幅贬值。国际油价在2014年年中出现骤变，布伦特原油价格由每桶115美元左右一路跌到2015年初的50美元左右，俄罗斯经济因此遭受巨大打击。几乎与此同时，美元兑俄罗斯卢布则一路飙升，从2014年6月的1美元兑30卢布升至2015年1月的1美元兑70卢布。半年多时间，卢布贬值一倍以上。

第七，“伊斯兰国”武装势力兴起。2014年6月29日，一个活跃在伊拉克和叙利亚的极端组织宣布“建国”，名曰“伊斯兰国”。该组织声称对伊拉克和叙利亚拥有主权，其前身是伊拉克或中东地区一系列的叛乱团体。目前，已有多国人员加入，其成员配备有精良武器，势力强大。

国际社会对它的了解和普遍关注是在其宣布“建国”之后。在过去不太长时间里，“伊斯兰国”在伊拉克和叙利亚攻城略地，特别是绑架和杀害人质，引起多个国家的重视。美国联合巴林、卡塔尔、沙特、约旦和阿联酋等国曾经对该组织总部及其控制的其他一些地区进行空袭，打击了不少地面目标，澳大利亚和加拿大等国空军也先后采取了相同的军事行动。然而，该组织的实力并没有因此遭到彻底摧毁，其活动依然频繁。

第八，中国倡导“亚太自贸区”和“一带一路”建设。2013 年，中国国家主席习近平在出访哈萨克斯坦和印度尼西亚时分别提出创建“丝绸之路经济带”和“21 世纪海上丝绸之路”，即所谓的“一带一路”。2014 年 10 月 24 日，包括中国、印度、新加坡等在内的 21 个首批意向创始成员国的财长和授权代表在北京正式签署《筹建亚投行备忘录》，共同决定成立亚洲基础设施投资银行，中国出资 500 亿美元。同年 11 月 8 日，中方宣布出资 400 亿美元设立丝路基金。中国有关建设“一带一路”的倡议已经上升到国家发展战略层面，在国际上得到众多相关国家的积极响应。也是在这一年 11 月，亚太经合组织会议在北京举行。在中国的积极推动下，通过了《亚太经合组织第二十二次领导人非正式会议宣言》及其附件《亚太经合组织推动实现亚太自贸区北京路线图》，正式决定启动并全面系统推进亚太自贸区进程。

第九，美国与古巴改善关系。1959 年 1 月 1 日，古巴革命推翻了旧政权。自此，美国推行反古政策，支持反对势力，力图颠覆新政权，美古关系陷于半个多世纪的对立状态。2014 年 12 月 17 日，美国总统奥巴马宣布，美国将恢复与古巴的外交关系，同时解除对古巴的贸易和旅行禁令，放松对古巴的经济封锁，美古之间开始关系正常化谈判。

第十，埃博拉病毒蔓延。埃博拉病毒是一种能引起人类和灵长类动物产生埃博拉出血热的烈性传染病病毒，1976 年在苏丹南部和扎伊尔［刚果（金）的旧称］的埃博拉河地区首次被发现，因其极高的致死率而被世界卫生组织列为对人类危害最严重的病毒之一。自 2014 年 2 月开始，西非大规模爆发病毒疫情，接着多国出现相同病例，超过万人感染该病病毒。

上述这些最近发生或正在发生的变局，正是奥巴马新《国安报告》

酝酿和产生的国际大背景，其中半数以上是最近一年多以来的新发展。现在看来，奥巴马顶着背弃承诺骂名而推迟整整一年向国会提交新报告，算得上是非常明智的选择。如果他依旧按照其2013年底向外界宣布的在2014年初发布报告，那么像美俄关系恶化、美古关系缓和以及“伊斯兰国”武装势力兴起等极其重要的问题就都无法在新报告中得到应有的回应，而这样的报告一出笼就意味着过时了。最后的实际情况表明，奥巴马的确很有耐心。

五、21世纪美国《国安报告》的四个版本

中国人常说，“知往鉴今”，“有比较才有鉴别”。同理，要更好地分析奥巴马新《国安报告》，就应当对此前的若干相关报告有基本了解，并将新旧报告放在一起进行比较。

进入21世纪以来，美国政府一共出台了四份《国安报告》，奥巴马和小布什政府各占一半。正常情况下，因为奥巴马和小布什分别代表的是美国民主党和共和党，两党的对外战略和政策本应存在较大差异。然而有趣的是，综观四份报告，我们发现奥巴马的新《国安报告》在保持与其前一报告（简称“2010版”）一定程度连续性的基础上有了很多改变，在仍然坚持不同基调的前提下出现了大量与小布什《国安报告》，特别是其第二份《国安报告》（简称“2006版”）相似甚至相同的提法。究其原因，这反映的是美国两党执政团队在连续执政情况下的一种特殊现象：新任总统在第一任期竭力兑现其竞选承诺，而这些承诺往往与竞争对手党派的政策主张大相径庭。到了第二任期，该总统开始“纠正”或调整过去四年偏激或极端的做法，在诸多方面逐渐向竞争对手所属党派的政策主张靠拢。在这点上，民主党政府如此，共和党政府亦如此。我们可以克林顿和小布什为例。1996年总统大选，代表民主党竞选连任的克林顿聘请了共和党谋士戴维·葛根作为顾问，同时雇用了共和党选举策师迪克·莫里斯。这一策略塑造了克林顿中间派的名声，使其在竞选连任过程中一路处于上风。在第二任期，克林顿一改民主党的理想主

义政策倾向，在对外关系中表现得如同共和党人一样依仗实力，带领盟军对南联盟发起了军事打击。小布什担任总统后，即相继对阿富汗和伊拉克开启战端，这是典型的共和党现实主义做派。然而到了第二任期，他以推广民主普世价值为由替他出兵辩护，而这显然是言不由衷的，因为现实主义者更看重的是实力和利益而非空洞的价值观。

总体来讲，奥巴马的两份报告在战略目标的优先安排上是不同于小布什的。小布什始终把反恐放在第一位，而奥巴马则非常看重美国的领导地位。在实现战略目标的重大举措方面，小布什确立“先发制人”的军事战略，依仗军力打击现实和潜在威胁美国国家安全利益的敌人；而奥巴马则强调“巧实力”的运用，主要通过外交手段解决美国国家安全面临的挑战和问题。

与其2010年版比较，奥巴马新《国安报告》也有不少差异。首先，在“巧实力”外交方向再向前进了一步，提出“战略耐心”和“慎用军力”主张。其次，将网络、海洋、航空和外空等特定“空间”领域以及环境和传染性疾病等方面的威胁，提升到与恐怖主义几乎同等重要的程度。再次，从区域角度来看，亚太被放在了美国全球安全格局最重要的位置。虽然新报告没有太多地提及美国与东南亚国家的关系，但是却着重强调强化与日本、韩国、澳大利亚、菲律宾和泰国的同盟关系，发展与印度的战略和经济关系，寻求与印度在安全、能源和环境等领域的进一步合作，并支持印度的“东进”政策。同时，承诺增强东盟、东亚峰会和APEC等区域机制的职能，视TPP为支撑区域和全球经济秩序的关键。

与小布什2006年版《国安报告》比较，奥巴马新《国安报告》有很多相似甚至相同地方。一是都寻求多边或双边的合作以应对安全挑战和建构国际政治和经济秩序。小布什为美国应对安全挑战所开出的药方是“强化联盟，打败全球恐怖主义，并努力保护我们自己和我们的朋友免受袭击”；“与其他国家合作，平息地区冲突”；以及“与其他主要的全球力量中心一起制订联合行动议程”。而奥巴马也同样表示，“我们正领导60多个合作伙伴展开全球性行动，以削弱并最终打败在伊拉克和叙利亚的‘伊斯兰国’，包括努力阻止进入这些国家的外国武装分子，同时对‘基地’组织保持压制”；“我们也正在领导一次阻止埃博拉病毒传播的全球性行动。另外，我们与欧洲盟友一道正在对俄罗斯施加强硬制裁，让其付出代价以阻止未来侵略”；“在实施‘亚太再平衡’中，与更多的盟国和合作伙伴建立深化关系。”

二是都着眼于从意识形态上消除恐怖主义或恐怖活动的威胁。小布什主张“扩大反恐联盟，清除恐怖分子滋生的土壤，重点从思想等方面根除恐怖主义的威胁”；而奥巴马也一样主张“从长远来看，与在战场上消灭恐怖分子相比，我们与其他国家一道共同努力对抗暴力极端主义的意识形态和清除其根源要重要得多”。

三是都倾向于使用非物质的方法推广民主等价值观。小布什提出了包括对外援助、缔结贸易协定和国际机制在内的一系列具体措施以支持全球范围的民主化实践；而奥巴马的选择则是“拒绝在追求狭隘的自身利益与完善我们价值的无止尽的努力之间做出错误选择”。

我们不难理解奥巴马新《国安报告》与其2010年版有很多不同是因为过去五年国际情势发生了重大变化，其影响了奥巴马国安团队对美国面临的安全挑战的判断。但如果认为奥巴马与小布什各自第二任期的《国安报告》存在趋同的倾向仅仅是因为民主、共和两党的总统在其第二任期“纠偏”而逐渐向竞争对手的政党政策主张靠拢，这还是不够全面的，至少还有一个不宜明示但却十分重要的影响因素，那就是二者都在一定程度上考虑到了执政政党轮换的可能。换句话说就是，为了保持国家安全战略的连续性，在任总统第二任期的《国安报告》不仅代表其本党的基本主张，还要有效影响或制约未来可能上台的代表竞争政党执政的新总统。如果情况不是这样的话，在任总统第二任期《国安报告》的时效就实在是太有限了。关于这一点，我们可以从奥巴马新《国安报告》的附函中得到印证。奥巴马在这个作为《国安报告》引言的附函中表示，“这个战略规划是雄心勃勃的，在我的任期内不一定能完成。但我相信，由于两个政党的一致性在过去几十年中一直是美国外交政策力量的支柱，如果我们有坚定的信心，如果两党能去异求同的话，它是可以实现的”。

六、奥巴马新《国安报告》的六大看点

俗话道："仁者见仁，智者见智。"不同的人、不同的国家从不同的角度对奥巴马新《国安报告》进行解读，会得到不同的结果。比如美国很多媒体批评奥巴马忽略军力发展而缺乏强有力的应对国家安全挑战的措施，而中国媒体在报道美国《国安报告》消息时多使用了"美国欢迎中国和平崛起"以及"避免与中国对抗"这样的标题。

其实，美国的《国安报告》虽然只有数十页，但是由于其产生的过程十分复杂，几万字的篇幅通常经过千锤百炼，具有极强的内在逻辑联系，包含着丰富的内容，局外者一般很难通过几句话就能概括其基本精神。本文也只能尽力捕捉几个亮点加以解读，以期引起有兴趣者更进一步深究。

总体印象，这份报告具有很强的奥巴马的个人色彩。虽然不敢断言奥巴马在多大程度上已经从美国国家安全的角度把握住了国际间的新发展和新挑战，但是他针对其眼中的这些新发展和新挑战所提出的大多数应对策略还算得上是冷静和克制的。当然，这并不意味着报告本身缺乏夺人眼球而让人印象深刻的地方，至少以下几个方面堪称亮点。

（一）美国如何领导世界

在奥巴马新《国安报告》中出现最多的词是"领导"或"领导地位"，接近100次。即便如此，我们也不觉得有多大稀奇。事实上，在奥巴马就任总统后，面对包括中国在内的各新兴经济体的崛起，美国感到了继续保持世界超强地位的压力。奥巴马本人在无数场合将美国对全球事务的领导或在世界的领导地位挂在嘴边，可谓言必称"领导"。然而，在这一份新的《国安报告》中，"领导"一词有了不同的含义。奥巴马称美国对世界的领导应该是"强大的、可持续的"和"必不可少的"，而且美国现在要面对的不是应不应当领导的问题，而是如何领导的问题。

报告详细阐述了美国如何实现领导的六个途径，即通过目标进行领导、通过力量进行领导、通过榜样进行领导、通过有能力的伙伴进行领导、通过运用美国实力要素的一切方面进行领导，以及通过对未来长远而正确的洞察力进行领导。

（二）避免过度介入全球事务，以战略耐心对抗挑战

早在2010年，奥巴马就在其第一份《国安报告》中展现出勃勃雄心。他用这样几个字来定位美国在国际事务中的作用：“寻求全面接触”。用他自己的话讲，所谓接触“意味着美国对海外事务的积极参与”。“简单地说，接触是自我孤立的对立面，而后者会剥夺我们塑造结果的能力。事实上，美国从未靠孤立主义取得过成功。作为在二战后促进国际体系的建立并引领冷战后全球化发展的国家，我们必须持久而全面地再次参与到世界事务中来。”

在2015年的《国安报告》中，奥巴马的态度发生180度大转弯。他承认，虽然美国很强大，而且未来也很强大，但是这并不意味着美国可以或应该试图主宰世界各地正在发生的所有事务。因为资源和影响力并不是无限的，而且在一个复杂的世界里美国所面临的很多安全问题本身是不能快速和容易解决的，美国必须在许多相互竞争的优先事项中做出艰难的选择。

奥巴马态度转变的原因，除了他个人的理想主义思想倾向和其他因素外，其实在很大程度上是由于受到美国政府紧张的财政资源的制约。

（三）军力的使用不是唯一手段

美国拥有全球最强大的军力，国际社会普遍关心美国如何在实施对外战略和应对安全挑战的过程中运用这个独特优势。奥巴马新《国安报告》并没有完全排除军力使用的可能性，甚至强调它随时做好准备以捍卫国家持久的利益，为外交提供重要的杠杆作用。不过，奥巴马并没有将军力放在优先使用的位置，而是更加看重包括外交在内的综合资源的效果。报告明确指出军力的使用不是美国介入海外事务的主要手段，在应对挑战时也并不总是能产生最好的效果，发挥主要作用的仍然是外交。

除外交之外，经济手段也备受推崇，经济制裁在让不负责任者付出代价以及帮助摧毁刑事犯罪和恐怖主义网络中的效果得到肯定。

（四）确保共享空间安全使用

新《国安报告》提出了一个“共享空间”的新概念，将该空间面临的安全问题与恐怖主义、大规模杀伤性武器扩散、气候变化和传染性疾病等相提并论。按照这份报告的界定，所谓的“共享空间”包括网络空间、外层空间、空气空间和海洋空间四个部分，是促进世界范围人员、货物、服务和思想交流的桥梁，同时将分散的世界联系起来。由于不断增强的竞争和挑衅性行为，该空间目前存在着危险。美国一方面要有确保该空间安全使用的能力，另一方面也要促进有关负责任行为的规则的制定。

（五）将俄罗斯视为侵略者

新《国安报告》一个几乎最引人关注的提法是将俄罗斯称为侵略者，这样的提法在几万字的文本中出现不下五次。鉴于美俄在乌克兰问题上斗法并且导致两国关系恶化的事实，人们不会为此感到特别意外。但是，让人感到意外的是，奥巴马实际上完全拒绝了最近半年多来诸多美国顶级智库和权威媒体有关改善美俄关系的呼吁。他们提醒奥巴马，美国的主要对手不是俄罗斯而是中国。比如现实主义大师米尔斯海默在《纽约时报》发文呼吁，美国不应该在乌克兰问题上浪费精力与俄罗斯周旋，“与俄罗斯保持良好的关系是十分必要的，因为美国需要莫斯科来帮助处理伊朗、阿富汗问题，并最终遏制中国——这个美国未来唯一的对手”。美国著名新闻评论家F. 扎卡利亚也在《华盛顿邮报》发出警告，“从长远来看，构成更大挑战的不是俄罗斯公开的军事威胁，而是中国的有耐心的、稳定的非军事性行动”。

从美国现实主义立场来看，奥巴马对外关系上的一大败笔是搞砸了与俄罗斯的关系。关于这一点，无论奥巴马本人是否承认，有一个事实是无法否认的，那就是在2010年版《国安报告》中，奥巴马表示“我们寻求在共同利益的基础上，与俄罗斯建立稳定、务实、多维的关系”。

“我们将寻求与俄罗斯建立更密切的伙伴关系，以应对暴力极端主义，特别是在阿富汗。我们还将在贸易与投资方面寻求新的发展，以增进两国人民的福祉。”五年之间，俄罗斯在美国人眼里由密切的伙伴变成了侵略者，变成了美国国家安全的主要挑战和威胁，这多少会让奥巴马在外政方面的政绩失分。

（六）推进“亚太再平衡”

自2009年11月奥巴马在日本东京向世界宣布“美国是太平洋国家”，诸如“美国的太平洋世纪”、“美国重返亚洲”和“亚太再平衡”等说辞不绝于耳。一句话，亚太早已是奥巴马政府对外关系中的重中之重。然而，尽管如此，明确声称“美国一直是，将来仍然是太平洋国家”，“美国将继续在促进该区域稳定、安全和贸易商业中处于领导地位”，这在美国国家安全战略的规划历史上还是第一次。而且，新《国安报告》还设计了实现该愿景的具体路径：（1）更新美国与日本、韩国、澳大利亚和菲律宾之间的同盟关系，并增进彼此间的互动以保证其有能力应对区域和全球挑战；（2）承诺加强东盟、东亚峰会和亚太经合组织等区域制度安排以强化共同遵守的规则和规范；（3）发展与亚洲伙伴国家之间的关系以促进更加公开和透明的区域经济发展，支持那些使其作为全球经济成长之引擎而至关重要的国际经济规范；（4）发挥TPP的中心作用。

七、展望中美关系未来

2014年中国经济发展速度放缓，但是GDP总量超过10万亿美元，距第一名的美国越来越近；同样是在这一年，中国倡导的“一带一路”建设正式上升到国家发展战略层面并得到众多国家的支持；也是在这一年，中国在钓鱼岛和南海等领土问题上表现出有别于以往的坚定的态度；还是在这一年，美俄关系因乌克兰问题而逐渐恶化，中俄之间走得更近。国际社会特别是中国方面期待看到奥巴马的新《国安报告》如何回应这些最新的发展以及如何为未来两年乃至更长时间的美国对华政策确定基调。

或许出乎大多数人的预料，新《国安报告》把俄罗斯看作某种威胁，而对中国则使用了比较温和的措辞。那么，新《国安报告》针对中国有哪些新的提法呢？在与前三份《国安报告》进行比较后，可以发现以下这些内容值得重视。

第一，欢迎一个稳定、和平与繁荣的中国崛起。小布什的2002年版《国安报告》也有“欢迎一个强大、和平和繁荣的中国崛起”的表述，而奥巴马将“强大”一词换成了“稳定”，这多少有一些特别的意味在其中。

第二，发展与中国建设性关系以惠及两国人民并促进亚洲乃至世界安全与繁荣。这句话既不同于2010年版报告中的“继续寻求与中国建立积极合作全面关系”，也有别于中国方面提出的“中美新型大国关系”，可以看作奥巴马对发展未来中美关系持谨慎、乐观的态度。

第三，寻求在诸如气候变化、公共卫生、经济成长以及朝鲜半岛去核化等共同面临的区域和全球性挑战方面与中国合作。这表明美国方面希望与中国在国际事务中合作的空间还是比较大的。

第四，承认竞争，但不接受冲突不可避免的观点。国内媒体对这句话多有误读，把它理解成“美国避免与中国冲突”。通读整个报告并结合对原文措辞的斟酌，比较准确的意思应当是针对美国国内甚至中国国内的“中美必有一战”论表达了一种不认可的态度，而不是政策。如果是后者，措辞完全没有必要这样拐弯抹角，直截了当就是了。

第五，依靠力量管控竞争，同时要求中国坚守从海洋安全到贸易和人权等方面的国际规则和规范。这显然是依仗其具有优势的战略资源或手段向中国施压，让中国在海洋、贸易和人权领域遵守规矩，比希望中国做一个“负责任的大国”来得更加直白。

第六，密切注视中国军事现代化和不断扩大的在亚洲的存在，寻求方法以减少误解和误判造成的风险。中国军力的快速发展已经让美国感到某种不安，所谓“减少误解和误判造成的风险”的方法应该指的是增加中国军事的透明度。

第七，采取必要行动以保护美国企业和网络免受那些为商业目的而由个人或中国政府实施的网络窃密行为损害。毫无疑问，这是新《国安报告》所有涉及中国的措辞中最严厉的一段话。如果不是受到来自企业、军方和情报部门的巨大压力，新《国安报告》断然不会使用这样“赤裸裸”的言辞。

尽管中美关系未来的发展并不取决于任何单方面政策和政策的实施，而在很大程度上是双方相互作用的结果，不过奥巴马新《国安报告》针对中国所表示的政策倾向仍然对我们观察中美关系的发展提供了不同的视角或有价值的线索。如果结合新《国安报告》最优先的战略目标（即维持美国强大的、可持续的领导地位）以及正在演进中的国际热点问题加以系统考量，大体可以就中美关系在未来两年甚至更长时间里的基本走向做出判断。

首先，在一般情况下，两国发生大的冲突的可能性不大。这个“一般情况”在中国方面就是不主动对“强大的、可持续的”美国领导地位发起挑战，而且中国国内政治经济局势稳定。奥巴马的所谓“战略耐心”应该能够容忍两国之间在经贸和价值观等问题上的摩擦。

其次，中美可以在气候变化、公共卫生、经济成长、叙利亚问题、伊核问题、核不扩散、反恐以及朝鲜半岛去核化等诸多共同面临的区域和全球性挑战方面进行合作，并且取得某些方面的突破。

最后，中美关系如果出现大的问题甚至发生直接冲突，应当是在奥巴马任期届满之后。奥巴马是美国历史上理想主义色彩最浓的总统之一，剩下的任期对他而言，缓和与他国的紧张关系远比树立新的敌人更符合他的兴趣。他之后，无论是民主党继续执政，还是共和党卷土重来，继任者都不会在奥巴马走过的道路上再走多远。从目前美国政商军各界对其软弱的外交政策的严厉批评，可以强烈地感觉到新总统一定会采取不同于奥巴马的保持美国“强大的、可持续的”领导地位的战略举措。在这个意义上，奥巴马新《国安报告》的使命注定是有“时代”的局限性的。对此，中国方面不可不重视，也不可太重视。

表 6—1　21 世纪美国四个版本的国家安全战略报告比较

	2002 版（小布什）	2006 版（小布什）	2010 版（奥巴马）	2015 版（奥巴马）
优先战略目标	1. 打击全球恐怖主义 2. 推广自由、民主等价值观 3. 遏制大规模杀伤性武器扩散	1. 赢得反恐斗争的长期胜利 2. 结束暴政，建立有效民主制度 3. 缓和地区冲突 4. 预防大规模杀伤性武器扩散 5. 促进公平的自由贸易	1. 重振美国的全球领导地位 2. 保持美国经济活力 3. 遏制大规模杀伤性武器扩散 4. 推广美国价值观	1. 维持美国强大的、可持续的领导地位 2. 确保安全使用网络、外空、航空和海洋等公共空间，应对恐怖主义、气候变化和传染性疾病等挑战 3. 塑造一个符合美国利益的全球经济秩序 4. 在美国内外延续普世价值生命力 5. 增强、促进和创造作为 21 世纪和平、安全、繁荣和人权保护之基础的规则、规范和制度
重要举措	1. 确立先发制人反恐军事策略 2. 在反恐和缓和地区冲突中加强与同盟国和其他大国合作 3. 支持多边贸易体制发展，并致力于扩大全球范围自由市场和贸易	1. 扩大反恐联盟，清除恐怖分子滋生的土壤，重点从思想等方面根除恐怖主义的威胁 2. 利用对外援助等政治、经济和外交手段推动自由民主 3. 部署弹道导弹防御系统 4. 通过 WTO 和双边及地区自由贸易协定推进全球经济自由化进程	1. 推行巧实力外交策略 2. 重点通过教育、能源和科技等方面创新以及更加开放的国际经济环境增强美国经济竞争力和在军事等方面的影响力 3. 加强与同盟国和其他伙伴国家之间的关系 4. 在国内外尊重普世价值观	1. 实施战略耐心策略，避免在全球事务中过度介入 2. 慎用军力 3. 采取集体行动对抗恐怖主义持久威胁，增强多边和双边同盟关系以回应其他安全挑战 4. 增强美国及其盟友能源安全，保持科学技术和创新的领先地位，改进全球金融规则以确保其连续和

续表

	2002版（小布什）	2006版（小布什）	2010版（奥巴马）	2015版（奥巴马）
重要举措			5. 重新塑造国际体系，并发挥其应对全球各种挑战的作用	透明，通过TPP和TTIP为世界范围劳工和环境等制定最高标准 5. 促进平等，支持新兴民主政体 6. 进一步推进“亚太再平衡”战略，强化与欧洲的持久同盟关系，投资非洲的未来
针对中国的主要提法	1. 协助中国等参与减少温室气体排放努力 2. 欢迎一个强大、和平和繁荣的中国崛起 3. 寻求与中国建立一种建设性关系 4. 中国需要在信息、社会发展等方面更加开放 5. 期待中国履行不扩散武器承诺	1. 作为利益攸关方，中国须履行其包括对WTO在内各项国际承诺 2. 欢迎中国和平崛起，敦促中国采取市场导向的灵活汇率制度 3. 加强与中国在诸国际问题上的合作 4. 不满中国军事发展不透明、市场开放不够、政治自由不够以及与暴政国家发展经贸关系 5. 两岸以和平方式解决分歧，不采取单边行动	1. 继续寻求与中国建立积极合作全面关系 2. 欢迎中国在推进经济复苏、应对气候变化和核不扩散等优先议题上担任负责任角色 3. 确保美国及其盟友不会因中国军事现代化而受到负面影响 4. 鼓励台海两岸继续缓和紧张关系	1. 欢迎一个稳定、和平与繁荣的中国崛起 2. 发展与中国的建设性关系以惠及两国人民并促进亚洲乃至世界的安全与繁荣 3. 寻求在诸如气候变化、公共卫生、经济成长以及朝鲜半岛去核化等共同面临的区域和全球性挑战方面与中国合作 4. 承认竞争，但不接受冲突不可避免的观点 5. 依靠力量管控竞争，同时要求中国坚守从海洋安全到贸易和人权等方面的国际规则和规范

续表

	2002版（小布什）	2006版（小布什）	2010版（奥巴马）	2015版（奥巴马）
针对中国的主要提法			5. 中美两国在人权等方面的分歧不应妨碍双方在共同利益领域进行合作，务实而有效的双边关系对于应对21世纪的主要挑战不可或缺	6. 密切注视中国军事现代化和不断扩大的在亚洲的存在，寻求方法以减少误解和误判造成的风险 7. 采取必要行动以保护美国企业和网络免受那些为商业目的而由个人或中国政府实施的网络窃密行为损害
实施效果	1. 发动对阿富汗、伊拉克的战争，并在阿伊实现政权更迭 2. 乌克兰、格鲁吉亚和吉尔吉斯斯坦等国发生“颜色革命”，并实现政权更迭 3. 增进与中俄等大国关系	1. 美国本土安全基本得到保障 2. 恐怖主义活动网络和基础受到严重打击 3. 地区冲突和紧张局势尚未有根本缓解 4. 美国与多个国家缔结双边自由贸易协定	1. 全球战略重心东移 2. 从伊拉克撤军 3. 击毙本·拉登 4. 阿拉伯之春 5. 伊核困局突破，叙利亚紧张局势缓解，美古关系缓和 6. 亚太和跨大西洋地区区域贸易协定的谈判取得较大进展 7. 美国经济强势复苏	有待未来实践检验

资料来源：由笔者编辑整理制作。

以战略眼光审视中美投资协定

——中国的目标与谈判策略

自2013年以来，中国对外国在华投资企业密集展开反商业贿赂、反欺诈、反价格操纵和反垄断的雷霆暴风般行动。这对保障中国消费者权益、保护民族产业发展和维护公平公正的商业竞争环境，确实是一种并不多见的“铁腕”举措。一大批全球闻名的外资企业陆续接受调查。特别值得重视的是2014年下半年以来，中国反垄断机构频出重拳，微软、高通等高科技企业以及奔驰、奥迪、大众、克莱斯勒和多家日本汽车零配件企业都成为反垄断调查的对象，其中有的已受到处罚。

可想而知，中国对外资企业采取的行动在国际上引起强烈反响。2014年4月，美国商会致函美国国务卿克里和财政部长雅各布·卢，提出“中国执行的反垄断法没有基于竞争或经济的基本法则，而是受其产业政策目标的影响”，并敦促美国政府针对中方采取强硬手段。2014年9月中旬，雅各布·卢致函中国国务院副总理汪洋，“警告”中国针对外国企业的一系列反垄断调查可能给中美关系带来严重影响。

国际社会的这种反应，不完全出乎意料之外。从多年来全球跨国企业领导人对在华投资前景的最乐观评价来看，中国事实上早已成为外国投资者的“天堂”。

不过，有种情况或许会被忽略。中国国家层面的反垄断等行动在外资方面主要针对西方发达国家，其中来自美国和欧盟的投资企业占大额比例。美欧的这种反应极有可能是它们未来反制行动的一部分，甚至是第一步。当时美国和欧盟正在与中国进行投资协定谈判，尤其是美国与中国的投资协定谈判已进入实质性阶段。合乎逻辑的推断是，美国势必将充分利用这项协定，一来推动美国企业来华投资，二是保护已在华投资的美国企业免受各种形式的损害。鼓励和保护投资原本就是任何一项双边投资条约或协定（BIT）的根本宗旨所在，美国政府当然不会放弃运用制定游戏规则的机会，从更长远的角度维护其投资企业的利益。

一、中美投资协定的价值不可高估

2013 年 7 月，第五轮中美战略与经济对话在美国华盛顿举行，这轮对话最重要的一个成果或许就是中美双方同意重启中美投资协定谈判。该谈判自 2008 年开始以来已经历经 9 轮，终因各种原因而陷入僵局，此次“重启”标志着该谈判已进入实质性的新阶段。美方承诺，美国将公平公正地对待中国投资，也欢迎来自中国的投资，其中包括中国国有企业；而中国则同意将国民待遇原则适用于投资准入前阶段以扩大外资企业市场准入范围，以及以“负面清单”模式作为谈判基础。2014 年 7 月的第六轮中美战略与经济对话更进一步确认了近期双方拟实现的具体目标。

对于这一发展，国内外大多数舆论异乎寻常表现出高度一致，均给予了肯定评价。但不容否认的是，中美两国若能在平等基础上达成一项 BIT，这的确会实现多重价值。首先，这项协定将为两国企业在对方国家投资（包括投资过程各个阶段）提供法律保障和行为规范。中美两国都是世界上数一数二的投资大国，在吸引投资方面，两国长期分别居于发展中国家和发达国家首位；在对外投资方面，美国稳居世界第一，而中国也已经进入前三名。其次，这项高水平的 BIT 将帮助中国在未来参与缔结更多更高标准的区域和多边层面的投资协定（包括综合性自贸协定）创造条件，奠定基础。根据联合国贸发会议每年发布的《世界投资报告》，在区域和多边层面，更自由化的投资流动、更高标准的投资待遇和保护已成为浩浩荡荡的世界潮流。从某种意义上而言，美国实际上正在引领这股潮流的走向。中美投资协定的缔结不仅标志着中国式 BIT

向更高阶段迈进，更意味着中国在对外开放方面逐渐顺应国际投资法律发展的趋势。最后，这项BIT的谈判和缔结本身就是中国进一步对外开放的明证之一。与贸易协定不同，投资协定的综合性更强，它具有“经济宪章”的性质。中美投资协定虽然只是一项双边性质的投资协定，但它所牵涉到的问题领域则是全方位的。

即便如此，中美投资协定的实际价值还是不宜过高估计。将该协定与WTO相提并论，把有关该协定的谈判比作中国第二次“入世”的提法，似有将国际投资领域的立法问题泛政治化之嫌。

如果说十多年前的国情决定了中国在“入世”谈判中首先要算的是“政治账”，那么当下形势显然已发生重大变化，市场经济充分发展，中国经济已全面融入世界，中国在与美国谈判投资协定时应当主要算“经济账”。换句话说，在中美BIT谈判中，追求国家经济利益的最大化既是中方的出发点，也是落脚点，舍此别无其他。

就协定内容而言，在没有看到实际谈判结果前只能根据现有的进展以及相关各方的公开表态推断其可能走向，并以此评估协定在经济上将要发挥的作用。中国的BIT发展经历了三个阶段：20世纪90年代中期之前为第一阶段，中国方面主要站在投资输入国立场上与其他国家谈判和缔结BIT，其内容多是一些原则性规定，总体倾向为相对被动地赋予外国投资者及其投资以更多或更大的权利。1998年开始为第二阶段，以中国—巴巴多斯BIT为转折点，中国新的BIT在对待外资的态度上更加自由化，大多纳入了投资者争端解决条款，根据这项条款投资者可以在国际法庭向东道国政府寻求损害赔偿。中国外资政策的这一转变，在很大程度上可能与中国的投资企业走向世界有关。中美投资协定谈判毫无疑问标志着中式BIT已经进入其发展的第三阶段。2013年中方同意将国民待遇原则扩大到投资准入前以及接受“负面清单”谈判模式，实际上就是区别于前两阶段BIT的最重要之处，即最大限度地向外资开放国内市场准入范围。由于这样的BIT在美国的对外经济关系中已经有了丰富的实践经验，加上其自身经济自由化程度较高，其在履行条约或协定的义务方面可谓驾轻就熟。而中国则不同，无论是国内经济的市场化程度，还是产业发展的基础条件，都与美国有不小距离。面对同一项协定，中方履行义务的能力和条件在现阶段还难以与美方相提并论。就这个意义而言，即便协定如期达成，在促进投资流动、保护投资者以及其投资利益方面，美国也应该比中国处在更加主动和有利的位置。

至于 BIT 在当下国际经济关系中的作用，任何过高的估计都忽略了三个基本事实：第一，BIT 的鼎盛时期已经过去。在全球近 3000 项 BIT 中，准确来讲，大约 2/3 是在 20 世纪最后 10 年缔结，而最近 10 多年则很少见有新的 BIT 诞生。相反的是，终止 BIT 继续适用的现象则此起彼伏。第二，区域投资协定或区域自贸协定投资条款的发展势头可谓如日中天。自 1994 年 1 月 1 日《北美自由贸易协定》生效以来，区域经济一体化渐成潮流。时至今日，北美、拉美、欧洲和东亚等地区仍相继构建自贸区一类的区域经济集团，其范围大体涵盖了世界各个角落，而自贸协定或投资协定则构成这些机制的法律基础。原先各成员之间存在的众多 BIT 事实上已经被取代。区域经济一体化与 BIT 呈负相关关系，前者的快速发展必然意味着后者进一步衰落。第三，有无 BIT 或者 BIT 的多少并不必然影响特定国家的投资流入或流出。长期以来，没有一项研究结果能够显示一国签订的 BIT 数量与其外国投资流量大小呈正相关关系。也就是说，BIT 不是一国外资流量的决定性因素，这一点可以在中国的引资和对外投资实践中得到印证。

二、美国的主要关切点

2014 年 6 月 25 日，美国新任驻华大使鲍卡斯在中国美国商会发表演讲，他向听众坦陈，推动中美投资协定谈判的进行和成功将是他的一项首要任务。作为大国的外交代表，鲍卡斯首次在北京公开描述其大使使命，其措辞的分量之重不容置疑。这从一个侧面说明，美国方面同样十分看重中美投资协定谈判。

基于政府和学界等各方面信息，大致可以将美国的关切点划分为两个层次：一个是核心关注；另一个是重点关注。

在核心关注层次，美方关注的问题有三方面：美企在华投资全过程

（包括准入前）享有非歧视性待遇；中国扩大对美资企业开放的经济领域；投资争端的解决。由于中国在2013年7月的中美战略经济对话中同意接受国民待遇原则适用于投资准入前以及“负面清单”谈判模式，再加上中国在与东盟的投资协定以及中日韩投资协定中事实上都接受了新的投资争端解决安排，那么上述美国的这三个核心关切问题切实体现在中美投资协定谈判过程以及最终结果中是没有悬念的。剩下的问题只是更进一步确认在非歧视性待遇实施中允许有哪些例外，“负面清单”中包含哪些外资禁入的经济领域，以及如何构建协定下的投资争端解决机制。

在重点关注层次，美方关注的问题比较多，既有传统BIT中的征收补偿标准、禁止业绩要求、资本自由流动、透明度和法规的统一等问题，也有在TPP一类新投资协议或投资条款中出现的竞争政策、国企待遇、知识产权保护、金融服务市场准入、劳工权利和环境标准等。其中，征收补偿标准、业绩要求、竞争政策、国企待遇和金融服务市场准入这五项可谓重中之重。

关于征收补偿标准，美方会坚持其一贯主张，即及时、充分和有效补偿标准。这项标准与中国传统的BIT提法有很大不同。不过在最近的BIT实践中，中国开始尝试改变，例如中德BIT中针对征收补偿标准的措辞已经与美式BIT较为接近。美方可能还会在补偿数额的精确性上提出更高要求。

关于业绩要求，美方关注的焦点集中在技术转移上。尽管中国在“入世”之后严格执行《与贸易有关的投资措施协定》中禁止业绩要求的各项规定，但是美国企业界仍然有不少人担心中方在决定是否批准其某一投资项目时会直接或间接附加技术转移条件。这样的担心势必会在谈判桌上得到反映。

关于竞争政策，美方将要求中方在实施《反垄断法》等法律法规和政策时公平对待内外资企业。近年来中国对外企采取的一系列调查行动，加剧了美国政府及美国在华企业对中国方面所谓“不公正执法”的担忧。美方会把法律法规的透明度以及法律实施或执法机构的统一性问题放在竞争政策问题的优先位置加以考虑。

关于国企待遇，美方力图在最终协定文本中体现其“竞争中立”原则。2011 年，美国国会曾经专门就中美投资协定中的中国国有企业问题举行听证会。在华美企普遍感到其在与中国国企竞争中处于不利地位。有关中国国企在接受政府补贴、享受融资和税收方面优惠的“印象”还在美国商界更大范围内蔓延。

关于金融服务市场准入，美方希望取得实质性突破。在服务业方面，中方会考虑像电影、娱乐和传媒等这一类服务产业领域具有高度政治敏感性而会在“负面清单”中做出最大程度保留，而美方在其国内相关产业界的压力下还是会争取更大的投资市场。

三、中国必须追求的三个战略目标

关于中美投资协定的意义或效果，国内外有一种“倒逼”的论调引起不少人附和，认为这项 BIT 的谈判和完成将“倒逼”中国进一步对外开放，进一步改革投资管理体制，以及进一步增强企业竞争力。如果“倒逼”的确为中方展开与美投资协定谈判的动机，那只能说这项协定谈判的时机还不成熟，同时也说明中国在对外开放的道路上还有必要积累足够的能力和信心。

然而，实际情况或许并非如此。改革开放是中国人民自己选择的国家发展道路，积极参与国际投资法制化的进程虽然在很大程度上受到经济全球化趋势的驱动，但更主要的还是中国人的自主行为。在中美投资协定问题上，是被动还是主动，其所谓谈判性质以及所要面对的结果完全不同。前者只能是接受某一种现实，而后者则可以选择方向。

正因为中美投资协定是中国发展对外经济关系的重要步骤之一，并且构成了中国对外开放国策的一个环节，那么如何谈判以及谈判结果如何必然取决于中国拟通过这项协定谈判所实现的战略目标。概括起来，中国的这些战略目标应包含如下三个主要方面。

第一，适应高标准投资规则，为中国全面融入国际经济法律体系积累经验，同时提升中国企业在全球范围的竞争能力。在当今世界，国家间经济竞争在某种意义上其实是国际经济游戏规则竞争，积极参与和主导这些游戏规则的多半是经济发达国家。中国经济持续发展不能总依赖发展中国家的这种身份而寻求较低水平游戏规则的庇护。

第二，立足长远，从大局出发，实现在中美投资协定中投资者与东道国权利和义务的平衡。无论是从资本输出还是输入来看，中美两国现在都是世界上名列前茅的投资大国，但在本质上，中国还是吸引投资大国，而美国则是对外投资大国。这一事实反映在各自 BIT 实践中，即中国仍然重视东道国在对外经济活动中的主导性权利，而美国则以投资者权利为中心。中美两国如果不能都做出一定妥协而强硬坚持己方传统，那么双方不仅很难达成共识，而且即使在一方做出更多妥协的情形下产生某一种结果，实际上也不具有“示范”的价值。目前世界上近 3000 项 BIT 均存在投资者与东道国权利和义务无法平衡的局限，中美两国最有条件开创未来，如果双方都胸怀大国气概而迈开这一步，那么必将引领全球范围双边、区域乃至多边的国际投资立法走进一个全新时代。

第三，以美国外资安全审查机制为突破口，削减和消除中企在美投资障碍。据 2013 年美国国会研究报告《美国对外直接投资》所披露的数据，截至 2012 年底，美国在华直接投资存量已达到 514 亿美元。这个数字接近中国商务部统计数据中的在华外资总存量的 6%，在中国最大的外资来源国中名列前 5 位。而同期中国在美的直接投资存量是 100 亿美元，只占在美外资总存量的 0.37%，在美最大外资（存量）来源国排行榜中中国排在 15 名以外（参见表 7－1）。中国对美直接投资远落后于美国在华直接投资，部分原因是中国对外投资起步较晚。除此之外，美国通过其外资安全审查机制阻止或限制来自中方国企或其他企业的大规模投资则是另外一个或许更为关键的原因。仅在 2012 年，就有 23 起中企在美并购投资项目在美国外资投资委员会（CFIUS）备案以接受审查，中国成为接受 CFIUS 审查最多的国家。这种情况与中国在美投资规模和项目的数量完全不成比例。中方有必要在与美方的投资协定谈判中高度重视和处理这个问题，并以此为突破口削减和消除严重阻碍中企在美投资的各种不合理因素，以推进中国在美投资规模和项目数量的同步增长。

表 7—1　2012 年在美最大外资（存量）来源国排行榜

排名	国家	规模（亿美元）	占全美外资总存量（2.7 万亿美元）比重
1	英国	5647.14	21.30%
2	日本	3093.83	11.67%
3	德国	2722.62	10.27%
4	加拿大	2611.33	9.85%
5	法国	2217.24	8.36%
6	荷兰	1300.75	4.91%
7	爱尔兰	1276.74	4.82%
8	瑞士	1260.07	4.75%
9	西班牙	518.94	1.96%
10	澳大利亚	510.51	1.93%
11	比利时	477.28	1.80%
12	瑞典	414.49	1.56%
13	意大利	331.94	1.25%
14	挪威	308.14	1.16%
15	墨西哥	291.75	1.10%

资料来源：美国商务部（2013 年）。

四、两股道上跑的车如何并轨——中国的策略

总体而言，中国“入世”谈判与中美投资协定谈判截然不同。在前一情形下，中国仅在市场开放和关税削减方面争取一个更宽松的缓冲时间；而在后一情形下，中美两国则是在各自 BIT 模式基础上彼此力争说服对方，从而“创造”一个可以为双边所接受的结果。如果打一个比方的话，中国“入世”就好比是铁路上的支线与主线接轨，即所谓的与国际惯例接轨；而中美投资协定则像是两股道上跑的车实现并轨。

中美两国各自在 BIT 上的既有经验之所以可视为两股道上跑的车，这有其显著原因。其一，中美分属最大的发展中国家和发达国家，对作

为国际关系之规则的国际法及其发展有着不尽相同的倾向。发展中国家重视维护国家主权、国家经济主权或国家发展权利，而发达国家则侧重对个人、公司等个体权利的保护。这一点可以从两项人权公约的缔约情况得到印证。包括中国在内的大多数发展中国家签署或批准了强调集体权利的《经济、社会和文化权利国际公约》，而美国等几乎所有发达国家都签署或批准了以个人权利保护为重心的《公民权利和政治权利国际公约》。不仅如此，联合国的一大批维护国家发展权利的宣言性文件，如《社会进步和发展宣言》、《77 国联合宣言》、《关于自然资源永久主权的宣言》和《国际法原则宣言》等，都是在发展中国家积极倡导和推动下通过的。其二，在过去数十年时间里中国主要是一个外资流入大国，而美国则主要是一个外资输出大国。尽管最近几年对外投资金额追上了已输入外资，但是中国在对外投资方面仍然不及在吸引外资方面更卓有成效，吸引外资的丰富经验让中国更多保持了东道国而不是投资者母国的思维习惯和惯性。而美国似乎从一开始就在其外国直接投资实践中以资本输出国形象出现。当然，这也与美国的对外直接投资存量远大于吸引的外资存量有关。相对于 2.7 万亿美元（2012 年）的外国在美直接投资存量，同期美国对外直接投资存量达到 4.5 万亿美元。其三，中国比美国有更加丰富的缔结 BIT 经验，但还处在一个更加自由化的进程之中。在中国缔结的 130 多项 BIT 中，绝大多数是在试图平衡东道国与投资者的权利和义务，而美国的 40 多项 BIT 在投资者及其投资的保护标准、市场开放程度以及争端解决等方面已经具有较高的自由化水平。

正是由于两国在经济发展和 BIT 实践中走过的轨迹几乎完全不同，因此中美投资协定谈判不应也不可能是一方迁就另一方或一方单向改变另一方的过程，而应成为两股道上跑的车实现并轨的过程。从中国的立场和角度来看，若要取得满意的结果，可采取包括以下三点在内的谈判策略。

首先，以国家经济利益为重心，减少政治因素不当介入。截至 2014 年，美、加、墨三国投资者在《北美自由贸易协定》下针对东道国提请仲裁解决其投资求偿的案件数量总共为 77 项。在这些案件中，美国投资者作为申诉方的案件数是 53 项，占全部案件数的 69%。

这些与美国有关的投资争端解决实践至少表明两点：其一，美国投资者是美式投资协定或基于美式 BIT 的投资协定的最大受益者，不论这些协定以双边还是区域形式出现；其二，东道国经济发展政策调整以及该国为公共利益而制定的一些法律、政策往往成为投资者寻求赔偿的主要理由。

国家为公共利益而制定的法律和政策，其实际所涵盖的范围非常广泛。它们不仅与环境、卫生和安全等问题有密切关系，也包括国家所采取的一切促进经济发展、稳定金融秩序和维护自然资源等法律政策措施。在理论上，这些国家的法律政策措施并不必然在任何情况下优越于外国投资者利益，然而北美解决投资争端实践走向了另一个极端，那就是投资者利益事实上已经置于东道国国民公共利益之上。毫不夸张地说，发达国家的投资者能够轻易将自己的预期收益受损归咎于东道国政府的法律政策措施并诉诸仲裁解决，虽不至于都可获得法律支持，但却在很大程度上“挫伤”或阻碍东道国为公共利益所做出的努力。国家引进外国直接投资的目的是为了增进自己的经济发展能力，同时也是为了促进包括就业和人民生活水平提高等诸多东道国公共利益的实现。在大方向上，投资者利益应该与东道国经济社会发展目标和公共利益相一致，但令人遗憾的是，现有的美式 BIT 和北美解决投资争端机制并没有在投资者和东道国之间架起一座相互融通的桥梁。这个事实在某种程度上已成为 TPP 和 TTIP 谈判中诸多国家强烈反对纳入美式投资争端解决安排的重要因素。

有鉴于此，中国在与美国谈判投资协定时，积极争取在投资争端解决安排中最大限度地保留东道国政府为包括环境、卫生和应对经济危急状态而制定法律和采取政策措施的能力和空间。由于政治方面的考虑而忽略中国作为东道国在投资争端解决中可能面临的经济利益损失风险，中国应当予以坚决规避。如果中美投资争端解决机制的设计在经济上的考量不够周全，那些动辄被告到国际法庭的国家和地区就有可能成为中国的前车之鉴，而且中国所面对的情形会更加恶劣。中国在 WTO 争端解决中的实践已经给出了足够警示。

另外，在中美投资协定谈判中减少政治考量，还意味着要逐步习惯运用法律方法解决中企在美国遭遇的政治风险问题。虽然在总体上美国政治制度相对稳定，同时也有相对自由化的投资环境，但是变相的投资政治风险依然是存在的。虽然外交谈判在争端的解决中可以发挥一些独特的作用，但谈判不是万能的。

其次，任何妥协都要建立在对等基础上。在国际关系中，所谓谈判本质上就是相关各方彼此妥协以达成共识的过程。任何一方依赖自身政治、经济和其他优势而“迫使”对方做出更大妥协让步的谈判都是不平等的。

从公开信息可了解到，在第五轮中美战略与经济对话中，中国就中美投资协定谈判的重启做出重大让步，如同意将国民待遇原则适用于投资准入前阶段以扩大外资企业市场准入范围，以及以“负面清单”模式作为谈判基础；而美国将公平公正地对待中国投资，欢迎来自中国的投资，其中包括对中国国有企业的承诺则显得不够实在。必须承认的是，中美两国在经济发展水平和投资自由化程度方面的确存在不小差距，双方在投资协定谈判中做出妥协让步的背后其压力各有不同。就此而言，在达成一项高标准投资协定的过程中，中美各自所做出的妥协让步在量上不可能绝对平等，但是中国应力求质的平等，即各自在妥协让步过程中满足对方的核心关注。

试想一下，如果美国不能切实削减和消除其国家安全审查机制对中企在美投资所设置的障碍并在中美投资协定文本中通过白纸黑字形式体现其承诺，而中国不仅放宽国民待遇原则适用范围，而且在“负面清单”模式下大幅开放美企在华投资市场，那么这样一种情形下的投资协定对中国来说其意义又何在？除了自缚加锁、徒增麻烦，恐别无他用。

最后，积极推进谈判的进程，但不宜预设完成时限，同时保持高度耐心。不同于一般国际协定，投资协定关系到缔约各方部分国家经济主权的让渡以及国家经济利益的得失。无数经验显示，没有任何一个国家会在一项关涉自身根本利益的重要投资协定或自贸协定所涉及投资条款谈判中掉以轻心。2004—2005 年，智利、文莱、新加坡和新西兰谈判签署了一项跨太平洋自由贸易协定。2008 年美国决定加入该协定谈判。2009 年，奥巴马执政并立刻宣布将在该协定基础上，由美国牵头制定一项具有更广泛代表性的自贸协定，即所谓的跨太平洋伙伴关系协定（TPP）。

在本质上，中美投资协定只是一项双边的、专门的投资协定。然而，由于中美两国特殊的政治和经济地位，其分别代表发展中国家和发达国家在国际经济关系中完全不同的价值取向，在投资协定谈判中所面临的问题不亚于任何其他投资协定或自贸协定中的投资条款，因此中国在与美国的投资协定谈判中要做好打持久战的准备，一方面，保持积极乐观的态度，正视困难，在谈判中争取主动地位；另一方面，不急不躁，不刻意预设完成谈判的时限。在这一方面，TPP 谈判的教训不能不引以为戒。在该协定谈判中，美国政府多次调整结束谈判的时限，其结果不仅导致谈判当事方处境被动，而且动摇了局外者信心。当然，不预设完成谈判的时限并不意味着走一步算一步，也不是说在大目标下不需要阶段性的时间安排，其目的只是为了使谈判的过程和结果不受制于时限的制约。在国际谈判中，最有耐心的一方往往收获更多，而不是相反。

此外，美国国会批准国际条约程序的复杂性也应该予以重视。据诸多国际观察家预测，即使中美投资协定谈判一帆风顺，待美国国会完成批准程序，协定生效也要到 2017 年以后。显然，实际情况会困难得多。与此相关，还有一个情况值得重视，那就是中美投资协定正式的称谓问题，即使用“中美双边投资协定”还是“中美双边投资条约”。虽然在国际法上，协定与条约并没有质的区别，中国在对外经济关系实践中也没有明显倾向，但是国际上的通行做法或称谓还是以“条约”为主。而且，在美国已经缔结的 40 多项 BIT 中，清一色都冠之以“条约”。在美国的对外关系中，条约生效需要得到其国会参议院特定票数支持，而在有些情况下，美国政府则可以绕开复杂的国会缔约或批准程序使“协定”快捷生效。尽管没有证据显示美国政府在履行“条约”或“协定”的法律义务方面存在任何重大差异，但中国可根据具体情况和自身国家利益作出恰当选择。

附录 2012年美国双边投资条约范本概览

<table>
<tr><td colspan="2">条约基本信息</td><td>2012年美国BIT范本分为A、B、C三个部分，共37条。A部分是投资保护实体规则，B部分为投资者与国家之间争端解决程序，C部分则主要关于国家间争端解决</td></tr>
<tr><td colspan="2">投资者定义</td><td>试图、正在或已在另一缔约方境内投资的缔约方或缔约方的国有企业、国民或企业。这里的“国民”是指由美国移民和该国《国籍法》规定的具有美国国籍的自然人</td></tr>
<tr><td colspan="2">投资定义</td><td>“投资”指投资者直接或间接拥有或控制的具有投资特征的资产。其主要包括以下八个方面：（1）企业；（2）企业的股份、股票或其他形式的股权参与；（3）债券、债务或其他债务工具和贷款；（4）期货、期权和其他衍生品；（5）交钥匙工程、建筑、管理、生产、特许权、收入分成和其他类似合同；（6）知识产权；（7）依国内法授予的执照、授权、许可和类似权利；（8）其他有形或无形资产、动产或不动产以及相关财产权利，如租赁、抵押、留置和质押</td></tr>
<tr><td rowspan="4">投资待遇</td><td>国民待遇</td><td>缔约方在其境内给予另一方投资者及其投资在设立、并购、扩大、管理、运营、转让或其他投资处置方面不低于在同等条件下给予本国投资者及其投资的待遇。后者包括缔约方地方政府在相同条件下给予本国投资者及其投资权利</td></tr>
<tr><td>最惠国待遇</td><td>在设立、并购、扩大、管理、运营、销售或其他投资处置方面，缔约方在同等条件下给予在其境内另一缔约方投资者及其投资的待遇不低于任何第三国投资者及其投资享有的待遇</td></tr>
<tr><td>公平公正待遇</td><td>缔约方应依国际习惯法赋予合格的投资以公平公正待遇以及全面保护和安全保障</td></tr>
<tr><td>最低标准待遇</td><td>为避免产生歧义，国际习惯法上外国人最低待遇标准视同对合格投资的最低待遇标准。“公平公正待遇及全面保护和安全保障”概念不得超出最低待遇标准范围，也不得创设额外实体权利</td></tr>
</table>

续表

征收与补偿	缔约方不得直接或间接通过等同于征收或国有化的措施对合格投资进行征收或国有化，除非符合以下四点：（1）为了公共目的；（2）基于非歧视原则；（3）及时、充分和有效地予以补偿；（4）依正当法律程序和最低待遇标准
透明度	（1）缔约方应指定联络点以促进双方就本条约项下各事项沟通；（2）公开与本条约所涉问题相关法律、法规、工作程序和有普遍拘束力的行政规章以及司法判决；（3）提供已经或即将采取的可能会严重影响本条约执行或投资者在本条约下权益的措施；（4）确保在特定案件行政程序中对另一方投资者及其投资执行上述措施；（5）建立或维持司法、准司法或行政仲裁庭以便于及时复议和上诉
环境措施	（1）各缔约方承认它们各自的环境法律和政策以及参与的多边环境协议对保护环境具有重要意义；（2）承认通过降低和减少国内环境保护法律的规定来鼓励投资是不可取的；（3）承认各方保留行使与规范、遵守、调查和检控事务有关的权利以及做出有关其他具有更重要意义的环境事务的决策的权利；（4）缔约方可以采取、维持或执行任何与本条约相一致的、能保证其境内的投资活动关切到保护环境重要性的措施；（5）缔约方可就源于本条的任何事项书面提出协商请求，各方应协商并尽力达成相互满意解决；（6）各缔约方确认每一方可就源于本条的任何事项酌情提供公众参与机会
劳工	（1）缔约方重申它们各自作为国际劳工组织（ILO）成员的义务以及它们在ILO《关于工作中基本原则和权利宣言》下的承诺；（2）缔约方承认通过降低和减少国内劳工保护法律的规定来鼓励投资是不合适的，因而确保不通过放弃或减损这些法律与国际公认的劳工权利的一致性来作为对其境内设立、并购、扩大投资的鼓励；（3）一缔约方可就本条下任何事项书面请求与另一方进行磋商，双方应协商并尽力当达成相互满意的解决；（4）缔约方确认各方可酌情就本条下任何事项提供公众参与的机会
金融服务	缔约方可以为保护金融系统的统一性和稳定性，或为保护投资者、存款人、投保人及其他金融服务机构负有信用义务者的目的，采取与金融服务有关的措施。这些措施与本条约不符的，不视为对该缔约方承诺和保证的规避（详略）

续表

一般义务	禁止业绩要求	在有关另一缔约方或非缔约方投资者在其境内设立、并购、扩大、管理、运营、转让或其他投资处置方面，缔约方不得设置或提出任何要求或承诺保证，主要包括以下九点：（1）产品或服务出口比例；（2）国内成分比例；（3）当地生产或销售产品的优先购买和使用；（4）与投资有关的外汇平衡要求；（5）根据出口产值或创汇水平限制国内产品和服务的销售；（6）向国内转让特定技术、工艺流程或其他专有技术；（7）限制国内生产的产品和服务的销售区域；（8）向特定地区或世界市场提供产品和服务；（9）购买、使用或优先使用国内技术，阻碍在其境内购买、使用或优先使用特定技术以基于国籍而保护其投资者或投资或技术
	人员流动	（1）缔约方不得要求作为合格投资的企业任命特定国籍自然人作为高级管理人员；（2）缔约一方可要求作为合格投资的企业董事会，或类似机构的多数成员为特定国籍或为该方居民，只要这种要求没有实质性损害投资者对投资行使控制权的能力
	资金流动	缔约方应当允许所有与合格投资有关的资金自由兑换，迅速地汇入或汇出其境内。这些资金包括：（1）出资资本；（2）利润、分红、资本收益以及合格投资的全部和部分转让或清算收入；（3）利息、特许权使用费、管理费、技术指导费等费用；（4）合同（包括贷款合同）下的支付；（5）依最低待遇标准以及征收和补偿条款所发生的支付；（6）因争议解决而进行的支付
例外规定		国民待遇、最惠国待遇、业绩要求以及高级管理人员和董事会等条款不适用于： 1.（a）缔约方在以下方面现有的例外规定：（i）附件 I 或附件 II 规定的中央政府的措施，（ii）附件 I 或附件 III 规定的地方政府的措施，或（iii）当地政府；（b）（a）项所列例外规定的延续或更新；或（c）（a）项所列例外规定的修改，但修改不能超过原有规定与第 3、第 4、第 8、第 9 条偏差的范围 2. 国民待遇、最惠国待遇、业绩要求以及高级管理人员和董事会条款不适用于缔约方针对附件 II 所列行业或活动所采取和维护的措施 3. 缔约方不得在本条约实施后采取附件 II 措施，要求缔约另一方的投资者在该措施生效时基于国籍转让或处置投资

续表

<table>
<tr><td colspan="2"></td><td>4. 国民待遇和最惠国待遇条款不适用于 TRIPS 协议第 3、第 4、第 5 条规定例外措施
5. 国民待遇、最惠国待遇和高级管理人员和董事会条款不适用于：(a) 政府采购；或 (b) 缔约一方的补贴或拨款，包括政府贷款、保证和保险</td></tr>
<tr><td colspan="2">国家间争端解决</td><td>任何缔约方之间关于本条约解释和适用的争议不能通过协商或其他外交途径解决的，应依照国际法规则提交仲裁。仲裁申请可由任何缔约方提出，仲裁裁决对双方都有法律效力。除双方另有约定或本条约另有规定外，仲裁法庭适用 UNCITRAL 仲裁规则</td></tr>
<tr><td rowspan="4">投资者/国家争端解决</td><td>非法律争端解决</td><td>争端申请人与被申请人应尽先寻求通过协商与谈判方式解决争端，该方式可以包括采用无约束力的第三方的程序</td></tr>
<tr><td>争端的仲裁解决</td><td>在争端一方认为投资争端无法通过协商与谈判的方式解决时，申请人可以以自己的名义，依相关规定提请国际仲裁</td></tr>
<tr><td>仲裁平台/程序</td><td>投资者可根据争端双方情况选择适用：(1) 东道国管辖法院；(2) ICSID 公约或 ICSID 附加便利规则；(3) UNCITRAL 仲裁规则；或 (4) 争端双方约定的其他仲裁规则</td></tr>
<tr><td>可适用法律</td><td>一般情况下，仲裁庭应当适用本条约和相关国际法规定。在特殊情况下，仲裁庭可适用：(1) 相关投资许可或投资协议中约定，或争议双方另行商定的法律；(2) 没有约定或另行商定的，适用于被申请人的法律，包括其冲突法以及有约束力的国际法规则。
另外，本条约缔约各方通过各自授权代表联合做出的关于本条约条文的解释对仲裁庭具有约束力。仲裁庭的决定或裁定应当与解释内容相一致</td></tr>
</table>

资料来源：笔者根据“2012 年美国 BIT 范本”编译。

21世纪中美竞逐的主战场

——全球影响力竞争的六个方面

战争是强者的游戏，然而国家逞强的方式却不只有战争这一种。人类历史上的战争如果以交战双方实力而论，大体分为两类：一类是力量不对称者之间的战争或者叫作倚强凌弱的战争，比如伊拉克战争和阿富汗战争；另一类则是势均力敌者之间的战争，比如第一次和第二次世界大战。前一类战争通常由强者发起，战争的结果对国际关系影响不大；而后一类战争爆发的原因在很多时候是后发国家对既有强国或现存国际关系格局的挑战，其战争结果影响重大，往往导致国际关系格局重新洗牌。特别是这后一类战争的历史经验教训让世人普遍对所谓“修昔底德陷阱”[①] 之说深信不疑。中国是正在崛起的新兴大国，其与既有强国美国之间的关系是否必然陷入“修昔底德陷阱”的问题正成为热门话题。

针对中国迅速崛起后必将与美国等既有霸权国家发生冲突的担忧，中国国家主席习近平2014 年1 月在《世界邮报》创刊号专访中正面回答道：“我们都应该努力避免陷入‘修昔底德陷阱’，强国只能追求霸权的主张不适用于中国，中国没有实施这种行动的基因。”这样的表述，与“深挖洞、广积粮、不称霸”以及“中国永远不称霸”的思想一脉相承。中国不仅在口头上反复做出不称霸的承诺，在实际中也远远不具备以武

① “修昔底德陷阱”是指一个新崛起的大国必然要挑战现存大国，而现存大国也必然会回应这种威胁，这样战争将不可避免。此说法源自古希腊著名历史学家修昔底德，他认为，当一个崛起的大国与既有的统治霸主竞争时，双方面临的危险多数以战争告终。

力方式挑战既有霸权的能力。中国发展包括军事力量在内的综合国力，着眼点在于为13亿多中国人民创造一个和平安宁的生存环境。不称霸，并不意味着中国放弃发展国家综合实力。除开战争，大国之间在发展综合国力上的和平竞争在任何时代都是天经地义的。从中国自身角度来看，增强国家综合实力正是为了人民免受任何形式战争之伤害。

一、影响力竞争的本质是国家综合实力的较量

与动物世界一样，人类社会中的强国占据更多的资源。而比动物世界里的强者更进一步的是，强国还会要求其他国家遵从自己的意志，或者说按照自己的意志行事。用一个体面的词语来表达就是影响力。一个国家对其他国家有多大的影响力，在很大程度上是由发挥这种影响力的国家的综合实力决定的。国家的综合实力，用国际政治学大师摩根索的话讲，是由地理、自然资源、工业能力、战备、人口、民族性格、国民士气、外交的素质和政府的素质等要素组成的。在人类历史的不同阶段，能够转化成影响力的综合实力要素不完全相同，这些要素的集合在今天就是人们常说的硬实力和软实力。硬实力可能会随着社会和科技的发展而发展，而软实力的变化却相对慢些。在战争时代，国家的综合实力体现为战斗力；而在和平时期，综合实力就是影响力。换句话说，战争是国家间综合实力的较量，而和平时期国家间较量的本质则是影响力的竞争。

在未来可以预见的相当长时期，中美两个大国之间较量的主要不是战斗力而应该是影响力。虽然这两种“力”的较量背后都由国家的综合实力在做支撑，但其力量发挥的方式是不同的。中美影响力竞争是在外交、经济和文化等领域展开的，具体说来，伙伴外交、对外援助、对外投资、国际贸易、文化交流和游戏规则是六个重要的竞技场。能够在影响力的较量中取胜，其意义绝不亚于赢得一场大的战争的胜利，因为前者也为后者奠定了基础。反过来，如果赢不了影响力的竞争，当然也就赢不了战争的胜利。

二、中美全球影响力竞争的六个方面

在当今世界上，美国是唯一一个在几乎所有重要方面对所有国家都具有影响力的国家，中国的全球影响力与美国还不在一个量级上。即使在中国表现最突出的经济领域，与美国的差距依然很大。不过，这并不妨碍两国在影响力上进行竞争，有竞争才有发展。就不断变化中的中美影响力进行比较，可以从中看到自己的一些相对优势，从而增进全面追赶的信心，也能够找到两国之间的差距，以便于确定未来努力的方向。

（一）伙伴外交

中国有句俗语："得道多助，失道寡助。"在现代社会，一个国家的朋友越多越好，朋友之间的感情越深越好。大国特别注重发展全方位的朋友关系，以至于有了一个专门的词语来概括有关国家在这方面的努力，这就是"伙伴外交"。伙伴外交大体上可区分为三个不同的层面：第一，同盟外交；第二，"战略伙伴"关系；第三，双边经济合作协议。

1. 同盟外交

1950年，中国与苏联之间缔结《中苏友好同盟互助条约》，条约有效期30年。20世纪60年代，该条约因中苏关系紧张而名存实亡。1980年，条约期满。此后，中国在对外关系中坚持奉行不结盟政策，不再与任何国家建立同盟关系。

与中国不同，美国一直坚持巩固和发展同盟关系的政策不动摇，先后确立与北约、日本、韩国和澳大利亚的同盟关系。冷战结束后，美国非但没有削弱与这些同盟国家之间的关系，反而加以增强。从1987年起，美国历届总统都要发表一个《美国国家安全报告》的文件，全面阐述美国外交政策目标和实施方针。每一次的报告都会重点强调，发展同盟关系是美国外交政策的优先目标。

所谓的同盟关系，可能是世界上国家之间最紧密的关系。因为它带有强烈的军事属性，一旦战争发生，卷入战争的一方随即得到来自其他同盟方的慷慨相助。从1950年的朝鲜战争到1990年的海湾战争、1999年的科索沃战争、2001年的阿富汗战争、2003年的伊拉克战争和2011年的利比亚战争，这样的例子不胜枚举。

国家之间是否结成同盟，这主要由有关国家对外关系的历史经验教训以及当前国际关系的格局所决定，无所谓好与坏。中国走不结盟的道路，大体上应该有这样几个原因：第一，中国在发展同盟国家关系方面有过不愉快的经历，比如中苏关系；第二，以中国这样的“块头”搞结盟，势必会“被出头”，而这与不当出头鸟的韬光养晦的外交策略不相符合；第三，在既有世界强国眼里，中国与任何其他国家结盟，都意味着搞对抗，而中国从来就没有称王争霸的打算，当然也就没有必要涉足瓜田李下。

2. “战略伙伴”关系

“战略伙伴”是近20年来国际关系中使用越来越频繁的一个词语，不仅中外首脑正式见面时常挂在嘴边，其他国家领导人在双边会谈中使用起来也如同家常便饭。目前，国际上并没有专门的制度涉及国家在这方面的实践。国家之间确立某种形式的“战略伙伴”关系依据的仅仅是其相互关系的现状和发展这种关系的愿望，表明它们对于发展相互关系的高度和深度有着一定程度的共识。其实，“战略伙伴”只是描述国与国关系的一种笼统的说法，它还可以做更加具体的区分。以中国的实践为例，“战略伙伴”关系包括四大类：（1）战略伙伴关系；（2）战略合作关系；（3）战略互惠关系；（4）合作伙伴关系。

一般说来，在这四种类型的关系中，具有战略伙伴关系的国家在交往的高度、深度和广度上有着密切的联系，其关系发展到了重要的层面，彼此以伙伴相待。而在具有战略合作关系或战略互惠关系的国家之间，彼此还未视对方为真正意义上的伙伴。相对地，在合作伙伴关系的国家之间，虽然彼此视对方为伙伴，但是相互交往的范围有很大的局限性。

表8—1 中国与部分国家和地区关系定位一览表

<table>
<tr><td rowspan="8">战略伙伴关系</td><td>更加紧密的战略合作伙伴关系</td><td>巴基斯坦</td></tr>
<tr><td>全面战略伙伴关系</td><td>欧盟、法国、西班牙、意大利、英国、丹麦、希腊、葡萄牙、南非、马来西亚、印度尼西亚</td></tr>
<tr><td>全面战略合作伙伴关系</td><td>老挝、柬埔寨、泰国、缅甸、越南</td></tr>
<tr><td>战略伙伴关系</td><td>非洲（新型）、阿拉伯、阿根廷、哈萨克斯坦、乌兹别克斯坦、塔吉克斯坦、吉尔吉斯斯坦、土库曼斯坦、墨西哥、巴西、德国、委内瑞拉（共同发展的战略伙伴关系）、阿尔及利亚、尼日利亚、加拿大、智利、秘鲁、蒙古国、阿联酋、波兰、乌克兰</td></tr>
<tr><td>面向和平与繁荣的战略伙伴关系</td><td>东盟、印度</td></tr>
<tr><td>战略合作伙伴关系</td><td>韩国、阿富汗</td></tr>
<tr><td>战略协作伙伴关系</td><td>俄罗斯</td></tr>
<tr><td>建设性战略伙伴关系</td><td>美国（1997年）</td></tr>
<tr><td rowspan="2">战略合作关系</td><td>战略性合作关系</td><td>菲律宾</td></tr>
<tr><td>面向21世纪的战略合作关系</td><td>埃及</td></tr>
<tr><td>战略互惠关系</td><td></td><td>日本</td></tr>
<tr><td rowspan="4">合作伙伴关系</td><td>致力于共同努力建设相互尊重、互利共赢的合作伙伴关系</td><td>美国（2011年）</td></tr>
<tr><td>全面友好合作伙伴关系</td><td>罗马尼亚</td></tr>
<tr><td>全面合作伙伴关系</td><td>孟加拉国、斯里兰卡、克罗地亚、澳大利亚（互利共赢的全面合作关系）</td></tr>
<tr><td>友好合作伙伴关系</td><td>匈牙利、波兰（2004年）</td></tr>
<tr><td>传统友好关系</td><td></td><td>朝鲜</td></tr>
</table>

资料来源：由笔者整理制作。

有战略伙伴关系的两个国家，通常看重或十分看重与对方的双边关系，但这并不意味着它们的关系都是一样的。在战略伙伴关系范畴下，还有至少八种不尽相同的特定关系形态：（1）更加紧密的战略合作伙伴关系；（2）全面战略伙伴关系；（3）全面战略合作伙伴关系；（4）战略伙伴关系；（5）面向和平与繁荣的战略伙伴关系；（6）战略合作伙伴关系；（7）战略协作伙伴关系；（8）建设性战略伙伴关系。在确立了前四种关系的国家之间，虽然也有矛盾和冲突的时候，但是多半容易化解，因为其关系的基础是牢固的。比如中法关系，两国之间经常闹别扭，但闹过之后很快回归正常。而在后三者中，有一个共同点，即相关国家的关系非常重要，但还不够稳定。当然，“战略伙伴”关系的定位不是一层不变的。较低层次的关系通常随着交往层面的扩大和交往深度的增强而升级，当然也有反复的时候，比如中美关系定位。

截至2015年，中国与全世界190多个主权国家中的172个建立了大使级外交关系。为了增加彼此了解，促进政治、经济、文化等方面的相互交流，中国从20世纪90年代以来就特别重视发展与这些邦交国家的一定形式的“战略伙伴”关系。经过20多年的努力，这项工作已经开花结果，中国先后与世界上绝大多数国家和地区建立起了“战略伙伴”关系。

从国际上公开的资料看，美国也与众多国家缔结战略伙伴关系。相比较而言，美式的战略伙伴关系没有中式那么多层次，一般通称为战略伙伴关系。与美国发展了战略伙伴关系的国家主要有欧盟、法国、摩洛哥、格鲁吉亚、罗马尼亚、阿塞拜疆、土耳其、以色列、墨西哥、哥伦比亚、阿尔及尼亚、安哥拉、印度、新加坡、印度尼西亚、巴基斯坦、乌兹别克斯坦、阿富汗和哈萨克斯坦等。此外，美国与越南之间也缔结了全面伙伴关系。

对比中美两国的战略伙伴关系状态，至少可以有这样几点发现：第一，中美都注重与亚洲国家发展关系。在亚洲，中国的重点是东盟，而美国的重点则在印度。第二，在全球范围，中国的战略伙伴关系发展得较好的地区是非洲和拉美，而美国在中欧和东欧已经抢占先机。第三，中美与欧盟都发展了较好、较紧密的关系。所不同的是，中欧战略伙伴关系是建立在正式的协议基础之上的，而美欧战略伙伴关系却并没有任何法律文件加以保障；中欧双方相互致力于发展更加紧密的经济联系，而美欧关系的侧重点则在于政治和军事。

3. 双边经济合作协议

国家间关系的亲疏一方面取决于它们在政治和防务上共同利益的多寡，另一方面受制于其经济上相互依存的程度。在各种指标中，有两项指标最能准确地衡量特定国家在经济上相互依存的程度：一是贸易和投资的流量大小；二是其经贸关系是否有任何形式的法律文件加以促进和保障。如果两国之间的贸易和投资流量大，这至少表明它们在经济层面的关系比较密切；而如果它们之间缔结了某种双边经济合作协议，那更说明这种经济关系是稳定的。因此，在多边贸易和投资体制尚不能满足要求的情况下，只要有可能，国家都会尽力与其他更多的国家展开谈判以缔结双边经济合作协议，从而促进其经贸水平的提高。

在当今国际经济关系中，双边自贸协定和双边投资条约是双边经济合作协议最主要的形式。中美两国是全球经济大国，它们各自与其他诸多国家发展了较高水平的贸易和投资关系，也正在努力与更多国家缔结双边自贸协定和双边投资条约。

据不完全统计，中国已经与东盟、巴基斯坦、智利、新西兰、新加坡、秘鲁、哥斯达黎加、冰岛和瑞士缔结了双边自贸协定，中国大陆与香港、台湾和澳门地区也签署了某种形式的自贸协定。中国已经开始就自贸协定与海湾合作委员会和挪威进行谈判，并且完成与澳大利亚和韩国间自贸协定以及与印度准自贸协定谈判。自 20 世纪 80 年代以来，中国先后与 130 多个国家和地区签署了双边投资条约，现在又开始与欧盟进行缔约谈判，目前是世界上缔结双边投资条约最多的国家。

美国在致力于发展区域经济合作关系之外，也积极推进其双边自贸协定和投资条约计划。到 2015 年为止，美国已与澳大利亚、巴林、加拿大、智利、哥伦比亚、哥斯达黎加、多米尼加、萨尔瓦多、危地马拉、洪都拉斯、以色列、约旦、韩国、墨西哥、摩洛哥、尼加拉瓜、阿曼、巴拿马、秘鲁和新加坡等 20 个国家签署了双边自贸协定，与俄罗斯等 46 个国家缔结了双边投资条约。

中美在通过经贸协议形式发展双边关系方面表现得旗鼓相当，各有所长。中国是发展中国家中最大的资本输入国，也是对外投资增长速度最快的国家，强大的内在驱动力已经使其在缔结双边投资条约的竞争中遥遥领先；而美国凭借其市场经济发展充分和经济自由化程度非常高的得天独厚的优势，在发展综合性较强的双边自贸协定方面比中国更轻松。况且，美国主导的北美自贸协定已经有了20多年的成功经验，并在太平洋两岸和大西洋两岸分别谈判新的区域自贸协定，即跨太平洋伙伴关系协定和跨大西洋贸易和投资伙伴关系协定，其强劲态势不可小觑。

表8—2　中美双边经济合作协议一览表

	双边自由贸易协定	双边投资条约	
中国	中国—东盟	中国—阿尔巴尼亚	中国—吉尔吉斯斯坦
	中国—巴基斯坦	中国—阿尔及利亚	中国—老挝
	中国—智利	中国—阿根廷	中国—拉脱维亚
	中国—新西兰	中国—亚美尼亚	中国—黎巴嫩
	中国—新加坡	中国—澳大利亚	中国—利比亚
	中国—秘鲁	中国—奥地利	中国—立陶宛
	中国—哥斯达黎加	中国—阿塞拜疆	中国—马其顿
	中国—冰岛	中国—巴哈马	中国—马达加斯加
	中国—瑞士	中国—巴林	中国—马来西亚
	中国大陆—香港	中国—孟加拉国	中国—马里
	中国大陆—台湾	中国—巴巴多斯	中国—马耳他
	中国大陆—澳门	中国—白俄罗斯	中国—毛里求斯
	中国—海湾合作委员会（谈判中）	中国—比利时/卢森堡	中国—墨西哥
	中国—澳大利亚	中国—贝宁	中国—摩尔多瓦
	中国—挪威（谈判中）	中国—玻利维亚	中国—蒙古国
	中国—印度（商议中）	中国—波黑	中国—摩洛哥
	中国—韩国	中国—博茨瓦纳	中国—莫桑比克
	中国—斯里兰卡	中国—文莱	中国—缅甸
	中国—马尔代夫	中国—保加利亚	中国—纳米比亚
		中国—柬埔寨	中国—荷兰
		中国—加拿大	中国—新西兰

续表

	双边自由贸易协定	双边投资条约	
中国		中国—佛得角	中国—尼日利亚
		中国—乍得	中国—挪威
		中国—智利	中国—阿曼
		中国—哥伦比亚	中国—巴基斯坦
		中国—刚果	中国—巴布亚新几内亚
		中国—刚果（民主）	中国—秘鲁
		中国—哥斯达黎加	中国—菲律宾
		中国—科特迪瓦	中国—波兰
		中国—克罗地亚	中国—葡萄牙
		中国—古巴	中国—卡塔尔
		中国—塞浦路斯	中国—罗马尼亚
		中国—捷克共和国	中国—俄罗斯
		中国—丹麦	中国—沙特
		中国—吉布提	中国—塞尔维亚
		中国—厄瓜多尔	中国—塞舌尔
		中国—埃及	中国—塞拉利昂
		中国—赤道几内亚	中国—新加坡
		中国—爱沙尼亚	中国—斯洛伐克
		中国—埃塞俄比亚	中国—斯洛文尼亚
		中国—芬兰	中国—南非
		中国—法国	中国—西班牙
		中国—加蓬	中国—斯里兰卡
		中国—格鲁吉亚	中国—苏丹
		中国—德国	中国—瑞典
		中国—加纳	中国—瑞士
		中国—希腊	中国—叙利亚
		中国—几内亚	中国—塔吉克斯坦
		中国—圭亚那	中国—泰国
		中国—匈牙利	中国—特立尼达和多巴哥
		中国—冰岛	中国—突尼斯

续表

	双边自由贸易协定	双边投资条约	
中国		中国—印度	中国—土耳其
		中国—印度尼西亚	中国—土库曼斯坦
		中国—伊朗	中国—乌干达
		中国—以色列	中国—乌克兰
		中国—意大利	中国—阿联酋
		中国—牙买加	中国—英国
		中国—日本	中国—乌拉圭
		中国—约旦	中国—乌兹别克斯坦
		中国—哈萨克斯坦	中国—瓦努阿图
		中国—肯尼亚	中国—越南
		中国—朝鲜	中国—也门
		中国—韩国	中国—赞比亚
		中国—科威特	中国—津巴布韦
美国	美国—澳大利亚	美国—阿尔巴尼亚	美国—哈萨克斯坦
	美国—巴林	美国—阿根廷	美国—吉尔吉斯斯坦
	美国—加拿大	美国—亚美尼亚	美国—拉脱维亚
	美国—智利	美国—阿塞拜疆	美国—立陶宛
	美国—哥伦比亚	美国—巴林	美国—摩尔多瓦
	美国—哥斯达黎加	美国—孟加拉国	美国—蒙古国
	美国—多米尼加	美国—白俄罗斯	美国—摩洛哥
	美国—萨尔瓦多	美国—保加利亚	美国—莫桑比克
	美国—危地马拉	美国—喀麦隆	美国—尼加拉瓜
	美国—洪都拉斯	美国—刚果	美国—巴拿马
	美国—以色列	美国—刚果（民主）	美国—波兰
	美国—约旦	美国—克罗地亚	美国—罗马尼亚
	美国—韩国	美国—捷克共和国	美国—俄罗斯
	美国—墨西哥	美国—厄瓜多尔	美国—卢旺达
	美国—摩洛哥	美国—埃及	美国—塞内加尔
	美国—尼加拉瓜	美国—萨尔瓦多	美国—斯洛伐克
	美国—阿曼	美国—爱沙尼亚	美国—斯里兰卡

续表

	双边自由贸易协定	双边投资条约	
美国	美国—巴拿马	美国—格鲁吉亚	美国—特立尼达和多巴哥
	美国—秘鲁	美国—格林纳达	美国—突尼斯
	美国—新加坡	美国—海地	美国—土耳其
		美国—洪都拉斯	美国—乌克兰
		美国—牙买加	美国—乌拉圭
		美国—约旦	美国—乌兹别克斯坦

资料来源：由笔者整理制作。

（二）对外援助

美国作家艾尔伯特·哈伯德曾经有过一句名言：“聪明的人都明白这样一个道理：帮助自己的唯一方法就是去帮助别人”，即我们今天常说的“助人者助己”也。当今世界，几乎所有的大国都把对外援助作为自己外交政策的重要组成部分。所谓对外援助，一般是指一个国家出于政治、经济或人道主义等方面的考虑对他国提供的人、财、物和技术上的帮助或支持。在国际实践中，这项援助大体包括三个方面内容，即军事援助、经济援助和人道主义援助，其中经济援助（或称发展援助）在对外援助中占据主要地位。

表8—3　2011年经济合作与发展组织成员国对外（官方发展）援助一览表

国家	援助金额（单位：亿美元）
美国	300.86
德国	137.46
英国	129.51
法国	121.95
日本	98.29

续表

国家	援助金额（单位：亿美元）
荷兰	59.50
瑞典	50.08
加拿大	49.30
挪威	41.97
澳大利亚	40.44
西班牙	40.07
意大利	39.87
丹麦	28.03
比利时	26.05
瑞士	26.04
芬兰	12.75
韩国	12.42
奥地利	10.36
爱尔兰	8.67
葡萄牙	6.30
卢森堡	3.81
新西兰	3.79
希腊	3.08

资料来源：OECD Development Statistics Online。

在对外援助方面，中国既是受援国也是援助国，在对外援助中走出了一条独具特色的道路，深受国际社会的关注。

作为受援国，中国曾经在三个重要的阶段得到国际社会的帮助。第二次世界大战期间，以美国为代表的同盟国家对中国抗击日本法西斯的战争给予了大力的帮助，曾经一度大批军事战斗人员、武器和其他物资源源不断地被输送到东方这个反法西斯战场，对中国战场取得最后胜利做出了重要贡献。共产党建政后，中国的经济社会发展又得到以苏联为代表的社会主义国家在技术、资金和人员培训等方面的支持，尽管这样的支持后来以不愉快的结果而结束，但它们还是在20世纪50年代中国的经济社会发展中留下了深刻的印记。中国改革开放后，特别是在初期，以日本为代表的西方发达国家以及多边国际机构在资金、技术和管理经验等方面为中国提供了帮助，这事实上成为中国持续30多年经济高速发展的一个十分重要的因素。

作为援助国，中国从20世纪50年代初期至今积极履行一个大国的国际责任，通过提供人、财、物和技术帮助为全球100多个国家的经济社会发展做出了自己的贡献。在60多年的时间里，中国的对外援助可划分为改革开放前后两个大的阶段。在共产党建政前30年，中国面临因东西方世界对立而造成的战略上的压力，为突破相对孤立的困局，向越南、朝鲜和阿尔巴尼亚等社会主义国家以及亚非洲广大正在争取经济上解放的新独立国家伸出援手。这个阶段的中国对外援助多采取较为直接的提供人员、物质和成套项目帮助的形式，其中无偿援助占据较大比重。改革开放后，国际局势发生重大变化，一方面诸多发展中国家走上私有化道路；另一方面，苏联解体，东欧改旗易帜，中国对外援助政策出现较大变化：首先，意识形态色彩淡化，无偿援助在全部援助中的份额下降；其次，援助方式多元化，逐步形成包括成套项目、一般物资、技术合作、人力资源开发合作、援外医疗队、紧急人道主义援助、援外志愿者和债务减免等多种援助方式；再次，援助资金的来源不再单由政府财政支出，进出口银行的优惠贷款变得越来越重要；另外，受援国虽然主要还是发展中国家，但其分布更加广泛，全球161个国家从中国的对外援助中受益。据2011年《中国的对外援助》白皮书披露，1950—2009年，中国累计对外援助总额为人民币2562亿元。

表 8—4 中国已建成援外成套项目行业分布（截至 2009 年底）

行业	项目数	行业	项目数
农业类	215	工业类	635
农牧渔业	168	轻工业	320
水利	47	纺织	74
公共设施类	670	无线电电子	15
会议大厦	85	机械工业	66
体育设施	85	化工	48
剧场影院	12	木材加工	10
民用建筑	143	建材加工	42
市政设施	37	冶金工业	22
打井供水	72	煤炭工业	7
科教卫生	236	石油工业	19
经济基础设施类	390	地质矿产勘探	12
交通运输	201	其他	115
电力	97		
广播电信	92	总计	2025

资料来源：《中国的对外援助》（2011 年）白皮书。

美国是世界上首屈一指的对外援助大国，其对外援助的历史较为悠久，经验也相当丰富。早在第一次世界大战前后，美国就已经开始实施对外援助的外交政策。二战结束后，美国的对外援助形成规模。1947 年的“马歇尔计划”对欧洲战后重建复兴发挥了重要作用。1961 年，美国国会通过了著名的《对外援助法》，这是美国对外援助制度化的开始。自此，美国建立独立机构“国际开发署”，统筹政府各部门对外援助事宜。根据《对外援助法》，美国确立了对外援助的基本方针以及优先目标，并在对外援助实践中要求受援国履行诸如人权方面的政治条件。尽管美国的对外援助制度遭到国内各方诸多批评，但无论如何它在最近数十年还是得到了增强，这可以从几个方面的事实加以印证。其一，援助金额保持稳定。美国的对外援助由军事、发展和人道主义援助三方面组成，援助资金的来源主要是政府财政预算和非官方捐赠，其中前者占绝大部分比重。最近几年的年度对外援助金额维持在500亿美元左右，相当于官方数据公布的中国60年对外援助金额的总和。美国对外援助金额没有受到两次金融危机的影响，这可能与它在最近20年打了多场战争有关，因为伊拉克和阿富汗等战后重建需要大量外援支持。其二，受援国范围不断扩大。美国对外援助的地域范围比中国的还要广泛，到目前为止受援国已经超过180个。长久以来，美国外援的重点放在中东地区，以色列是美国支持最多的国家。不过，最近几年阿富汗的重建使南亚地区成为美国对外援助的另一个重点地区。其三，援助效果不断改善。美国对外援助的很大一部分是投在世界热点地区，因此其外援重点往往随着热点的转移而改变。为保证援助的有效性，美国行政当局内外建立起了很好的外援评估机制。在行政当局内，国际开发署和国务院都设有相应的评估机构；而在行政当局之外，国会几乎每年都对政府财政中的外援支出进行严格审查，有专门的研究报告上报国会参众两院以便议员们更专业地发表意见。这样的评估机制实际上成为一股强有力的监督力量，以确保援助资金的有效使用。

表8—5　美国对外援助的十大受援国（单位：亿美元）

2012财政年度			2013财政年度		
排名	国家	援助数额	排名	国家	援助数额
1	以色列	30.75	1	以色列	31.00
2	阿富汗	23.27	2	阿富汗	25.05
3	巴基斯坦	21.02	3	巴基斯坦	22.38
4	伊拉克	16.83	4	伊拉克	20.45
5	埃及	15.57	5	埃及	15.63
6	约旦	6.76	6	约旦	6.71
7	肯尼亚	6.52	7	尼日利亚	5.99
8	尼日利亚	6.25	8	坦桑尼亚	5.71
9	埃塞俄比亚	5.80	9	南非	4.89
10	坦桑尼亚	5.31	10	肯尼亚	4.60

资料来源：笔者根据美国国会研究机构（CRS）报告《2012年国家、对外行动及相关计划》译制。

相对于其他大国，中美两国在对外援助方面有很多相同或相似的地方。比如，两国都将对外援助视为自己的基本国策，都在这项事业上投入巨额财政经费，也都在全球各地拓展受援国范围。然而，由于各自的历史文化传统、国家发展战略以及对外政策的价值取向不同，中美两国在对外援助上存在诸多重大差异。

第一，外援资金来源的结构不同。中国对外援助资金基本上来源单一，由国家财政支出。而美国这项资金的来源则包括两个部分：绝大部分是政府财政预算；另有一小部分来自非官方筹措，其涉及社会多个层面，有企业、非政府组织、学校和医院，也有教会等慈善机构。

第二，外援资金的使用方式不同。在中国的对外援助资金中，有很大一部分属于无偿援助范畴。在中国60年对外援助2562亿元人民币的总金额中，无偿援助超过1000亿元人民币，约占总额的40%。这些无偿援助资金主要用于帮助受援国建设医院、学校、低造价住房和打井供水等中小型社会福利性项目，以及实施人力资源开发合作、技术合作、物资援助和紧急人道主义援助等领域的项目。美国也有无偿援助一说，但其规模及在外援资金总额中的比例都很小。

此外，中国在对外援助中长期坚持不附带任何政治条件的政策原则，而美国则根据《对外援助法》的规定严格要求受援国履行人权等各项条件。

第三，对外援助的重点不同。在援助领域方面，中国的对外援助重点是发展援助，而美国是发展与军事援助并重。2011年美国对外援助总金额为496亿美元，其中经济援助317亿美元，军事援助179亿美元。在受援国分布方面，中国的重点是非洲、亚洲和拉美，而美国的重点则是中东。美国曾经将外援重点压倒性地放在中东地区，只是在最近十几年，因为战后重建等因素而重视南亚和非洲地区。

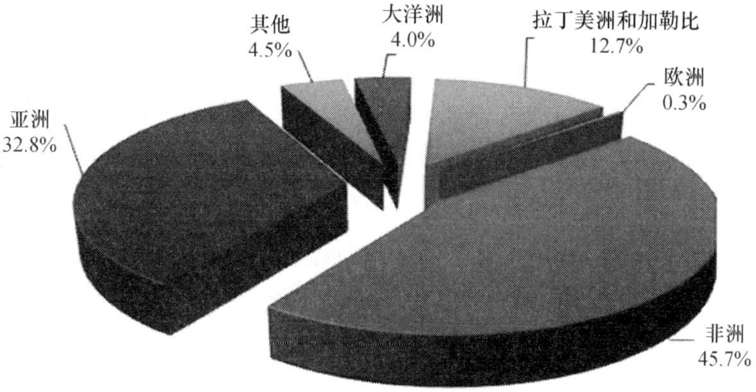

图 8—1 2009 年中国对外援助资金地区分布

资料来源：《中国的对外援助》(2011 年) 白皮书。

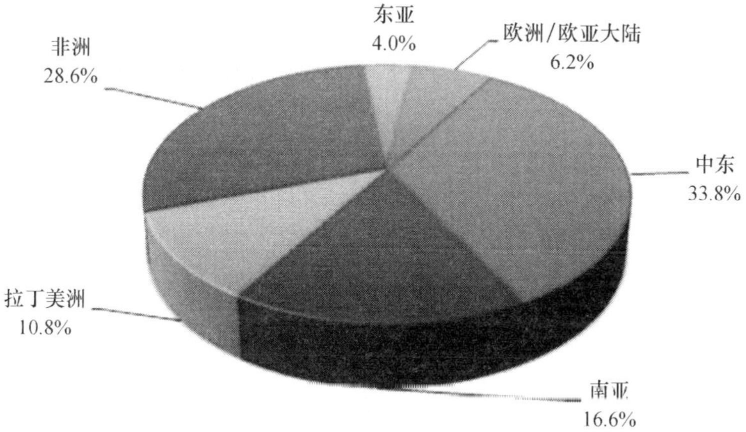

图 8—2 2008 年美国对外援助资金地区分布

资料来源：美国国际开发总署和国务院。

注：数据包含追加的拨款以及在伊拉克的支出。

第四，对外援助的管理机制不同。中国现行的对外援助主管部门是国务院的商务部，其负责对外援助政策和计划的制定，审批各类援外项目并对项目实施全程管理，同时也在外援事项方面担负协调国务院各部门的责任。中国目前还没有一部专门的对外援助法律，相关工作主要依据行政系统政策文件和一些零散的规章。

（三）对外投资

俗话说，“手里没有一把米，鸡都唤不来”。国家施展对他国的影响力，最终还得依靠强大的经济实力。对外投资是发挥国家经济影响力的最好方式之一，不仅可以为投资者母国创造财富，还可以通过资金、技术和管理经验等综合运用提高东道国的经济发展水平，并影响其对外政策、人民的生活方式以及对资本输出国的态度。

外国直接投资进入中国比较早。远的不说，30 多年前开启的改革开放实际上是从引进外资展开的。中国是世界上吸引外国直接投资最多的发展中国家。作为资本流入国，中国虽然收获诸多，但也付出了沉重的代价。外资在华经营，利用廉价的劳力、资源和较低的环境保护标准，占据了中国国内部分市场，赚取了巨额利润，同时也在很大程度上制约着中国对投资者母国的外交政策以及中国人民的生活方式。中国作为资本输出国，严格来讲是最近 10 多年的事情。2003 年，中国全年对外投资总额不到 30 亿美元（28.5 亿美元），相当于同期流入中国的外资总额（591 亿美元）的 1/20。不过，从此以后，中国对外投资进入快车道，基本保持连续增长。2013 年，对外投资额接近 1000 亿美元，高出 10 年前的 30 多倍。

在对外直接投资方面，美国是当今世界上最强大的国家，这一地位可以用三句话来概括：第一，长期保持高水平态势。除开 2005 年，在 2014 年之前 10 年的大部分时间里，美国的对外直接投资年均在 3000 亿美元以上，2012 年更达 3290 亿美元。第二，区域分布广泛。美国的对外直接投资渗透到全球的各个角落，只有极少数国家或地区是例外，当然其重点还是发达国家。第三，存量大。到 2012 年底，美国的对外直接投资存量超过 4.5 万亿美元，年利润接近万亿美元。这主要是因为美国的对外直接投资早在二战结束时就着手进行了，其历史较为悠久。

与美国相比，中国的对外直接投资存在以下三个特点：第一，起步较晚，存量较小。因为中国成规模的对外投资是近 10 来年的事，所以绝大多数“走出去”的企业尚未进入稳定收益的阶段，有的还在“交学费”。因此，中国对外直接投资累计存量与美国还有很大的差距。以2012年底统计数据为例，美国对外直接投资存量是中国的8倍之多，这意味着美国通过对外直接投资所能够发挥的影响力也比中国大得多。

表8—6 2008—2012年中国对外直接投资存量（单位：万美元）

指标	2012年	2011年	2010年	2009年	2008年
世界	53，194，058	42，478，067	31，721，059	24，575，538	18，397，071
亚洲	36，440，706	30，343，470	22，814，597	18，554，720	13，131，699
非洲	2，172，971	1，624，432	1，304，212	933，227	780，383
欧洲	3，697，512	2，445，003	1，571，031	867，678	513，396
拉丁美洲	6，821，163	5，517，175	4，387，564	3，059，548	3，224，015
北美洲	2，550，299	1，347，243	782，926	518，470	365，978
大洋洲	1，511，407	1，200，744	860，729	641，895	381，600

资料来源：中国国家统计局。

第二，分布不均，重项不多。中国对外直接投资流量的80%以上流向亚非拉地区，其中亚洲占大头，而流向发达国家地区的则少之又少。根据中国方面的统计，2007—2012年，中国在美国的直接投资存量仅有93亿美元（美方统计是228亿美元），不到美国对华直接投资存量的12%，也只占外国在美直接投资总存量的3‰多一点。不仅如此，中国的投资项目多集中在资源开发类，项目的平均规模远远低于美国的水平，而且大多数项目的技术含量不高。

表8—7 2007—2012年中国对外直接投资区域分布（单位：万美元）

区域	2012年	2011年	2010年	2009年	2008年	2007年
世界	8，780，353	7，465，404	6，881，131	5，652，899	5，590，717	2，650，609
亚洲	6，478，494	4，549，445	4，489，046	4，040，759	4，354，750	1，659，315
非洲	251，666	317，314	211，199	143，887	549，055	157，431
欧洲	703，509	825，108	676，019	335，272	87，579	154，043

续表

区域	2012 年	2011 年	2010 年	2009 年	2008 年	2007 年
拉丁美洲	616，974	1，193，582	1，053，827	732，790	367，725	490，241
北美洲	488，200	248，132	262，144	152，193	36，421	112，571
大洋洲	241，510	331，823	188，896	247，998	195，187	77，008

资料来源：中国国家统计局。

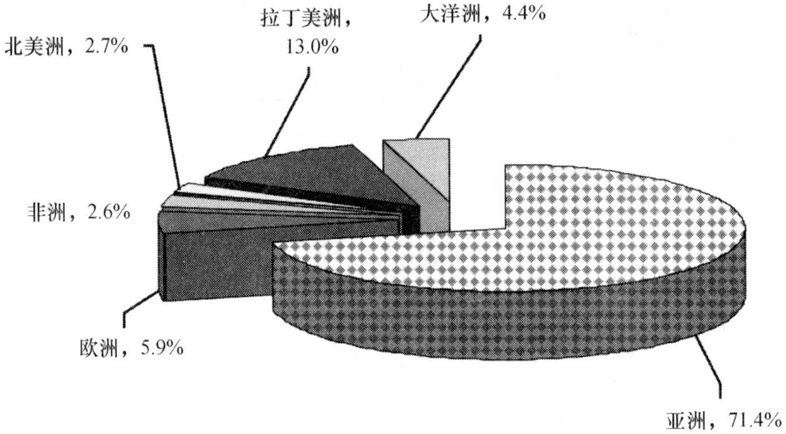

图 8—3　2009 年中国对外直接投资流量地区分布

第三，增速很快，后劲强大。公正地讲，美国对外直接投资的发展速度还是很快的，投资额从2003 年的1200 亿美元增长到2012 年的3290 亿美元，增幅达2. 74 倍。不过，中国的对外直接投资发展速度更快，年均增长 25% 以上，增幅超过 30 倍。当然，中国的起点较低是影响这种增长的一个很重要的因素，但无论如何中国对外直接投资的后劲依然强大是毋庸置疑的，这一点已经在 2013 年的统计结果中显示出来。据美国顾问机构荣鼎集团的一份研究报告显示，2013 年中国对美国的直接投资达到 140 亿美元。鼓励企业“走出去”的国家发展战略为中国对外直接投资持续增长提供了政策保障。

表 8—8　2003—2013 年中国对外直接投资成长（单位：亿美元）

	对外投资流量	同比增长率	世界排名	存量	占全球存量比重	其他
2013 年	901.7	16.8%	3	—	—	
2012 年	878.0	17.6%	3	5319.4	2.3%	为美国对外直接投资存量 10%
2011 年	746.5	8.5%	6	4247.8	2%	为美国对外直接投资存量 9.4%
2010 年	688.1	21%	5	3172.1	1.6%	超日本
2009 年	565.0	1.1%	6	2457.5	1.3%	
2008 年	559.1	111%	12	1839.7	1.1%	
2007 年	265.1	25.3%	19	1179.1	0.6%	
2006 年	211.6	43.8%	13	906.3	0.85%	为美国对外直接投资存量 5.0%
2005 年	122.6	123%	17	572	0.59%	
2004 年	55.3	93%	15	448	0.55%	
2003 年	28.5	5.5%	—	332	0.48%	

资料来源：中国国家统计局、联合国贸发会议《世界投资报告》（2003—2013 年）。

（四）国际贸易

20 世纪下半叶东亚 8 个国家和地区（中国香港、印尼、日本、马来西亚、新加坡、韩国、中国台湾及泰国）先后进入经济飞速发展阶段，创造了亚洲经济奇迹。在导致该奇迹发生的诸多因素中，有一个占据重要地位，那就是这些国家和地区都采取了出口导向型的经济发展战略，而美国敞开国内市场，为这样的战略成功创造了条件。直到今天，这些国家和地区中的大多数依然在经济上高度依赖美国，并且在政治和军事等其他方面与美国保持千丝万缕的联系。美国与东亚国家通过经济上的相互依存全面发展关系的历史表明，国际贸易是国家间关系的纽带，同时也是大国增强他国对自己依赖并进而影响其采取更有利于自己态度的有效工具。

一般说来，一个大国对外贸易总规模越大，其越有可能与更多国家发展更高水平的经济关系，也越能够在更大范围施展经济以及经济之外的影响力。中美两国在对外贸易领域的竞争虽不见硝烟，但胜似硝烟弥漫的军事战场。

表 8—9 2000—2013 年中国进出口总体情况（单位：亿美元）

年份	进出口		出口		进口		差额
	总额	增速（%）	总额	增速（%）	总额	增速（%）	
2000	4742.97	31.5	2492.03	27.8	2250.94	35.8	241.09
2001	5096.51	7.5	2660.98	6.8	2435.53	8.2	225.45
2002	6207.66	21.8	3255.96	22.4	2951.70	21.2	304.26
2003	8512.07	37.1	4383.71	34.6	4128.36	39.9	255.34
2004	11547.92	35.7	5933.69	35.4	5614.23	36.0	319.46
2005	14221.18	23.2	7619.99	28.4	6601.18	17.6	1018.81
2006	17606.86	23.8	9690.73	27.2	7916.14	20.0	1774.59
2007	21738.33	23.5	12180.15	25.7	9558.18	20.8	2621.96
2008	25616.32	17.8	14285.46	17.2	11330.86	18.5	2954.59
2009	22073.00	−13.9	12017.00	−16.0	10056.00	−11.2	1961.00
2010	29727.60	34.7	15779.10	31.3	13948.20	38.7	1831.70
2011	36421.00	22.5	18986.00	20.3	17435.00	24.9	1551.00
2012	38667.00	6.2	20489.00	7.9	18178.00	4.3	2311.00
2013	41600.00	7.6	22100.00	7.9	19500.00	7.3	2597.50

资料来源：中国海关统计。

30 多年前，中国的对外贸易刚刚起步，不曾使用过电话的普通百姓做梦都想不到如今中国的对外贸易居然能站在世界之巅。甚至在 1995 年，中国对外贸易规模也仅有 2810 亿美元，只相当于美国的 20%。短短的 20 年时间里，中国对外贸易的发展一步一个台阶，令世人瞠目。1997 年中国对外贸易总额排在世界第 10 位，2001 年攀升到第 6 位，

2002 年前进到第 5 位，2003 年超过法国，2004 年超过日本，2009 年再超德国，2013 年将贸易大国的头把交椅从美国手里抢夺过来。目前，除了进口规模略逊于美国，中国在出口和进出口总额上高居世界第一。不仅如此，中国的对外贸易还在不断大幅增长中。正如世界著名宏观经济咨询机构环球透视预测，如果中国经济继续保持 7.4% 的增长率，到 2020 年中国对外贸易总额将是美国的两倍。

表 8—10 以中国为最大贸易伙伴的国家/地区（2012 年数据）（单位：万美元）

国家/地区	对华出口总额	对华进口总额	双边进出口总额	备注
亚洲				
中国香港	1，788，037	32，343，062	34，131，100	
中国澳门	27，918	270，821	298，739	
中国台湾	13，220，364	3，677，743	16，898，106	
阿曼	1，697，544	181，158	1，878，702	
巴基斯坦	313，825	927，539	1，241，365	
朝鲜	250，376	353，240	603，616	
哈萨克斯坦	1，468，084	1，100，073	2，568，157	
韩国	16，873，762	8，767，768	25，641，529	2013 年新增
吉尔吉斯斯坦	8，895	507，337	516，232	
马来西亚	5，830，677	3，652，528	9，483，205	
蒙古国	394，770	265，350	660，121	
缅甸	129，823	567，371	697，194	
日本	17，783，395	15，162，183	32，945，578	2013 年美国取代中国
塔吉克斯坦	10，883	174，787	185，670	
土库曼斯坦	867，338	169，912	1，037，250	
乌兹别克斯坦	109，185	178，334	287，519	
新加坡	2，853，078	4，074，187	6，927，265	2013 年新增
也门	360，406	195，510	555，915	
伊朗	2，486，839	1，159，745	3，646，584	
印度尼西亚	3，195，070	3，428，338	6，623，408	2013 年新增
越南	1，623，129	3，420，811	5，043，941	

续表

国家/地区	对华出口总额	对华进口总额	双边进出口总额	备注
大洋洲				
澳大利亚	8，461，794	3，772，831	12，234，625	
巴布亚新几内亚	64，227	64，010	128，236	
所罗门群岛	37，770	3，668	41，438	
瓦努阿图	242	13，361	13，603	
新西兰	581，029	386，454	967，483	2013 年新增
欧洲				
俄罗斯	4，415，504	4，405，596	8，821，099	2013 年新增
非洲				
埃塞俄比亚	30，937	152，948	183，885	
安哥拉	3，356，191	403，903	3，760，094	
贝宁	26，154	241，366	267，520	
布基纳法索	23，266	7，251	30，516	
多哥	8，481	338，310	246，902	
厄立特里亚	126	5，353	5，479	
冈比亚	8，471	25，751	34，223	
刚果（布）	455，631	52，110	507，741	
刚果（金）	351，291	83，749	435，040	
加纳	64，361	479，066	543，427	
吉布提	62	90，178	90，240	
喀麦隆	89，043	106，432	195，475	
利比里亚	22，861	344，655	367，516	
马达加斯加	11，441	54，241	65，683	
马里	33，169	29，023	62，192	
毛里塔尼亚	146，497	45，540	192，037	
南非	4，467，127	1，532，302	5，999，428	
塞拉利昂	50，298	24，919	75，217	
坦桑尼亚	37，930	208，972	246，902	
赞比亚	269，196	69，722	338，917	

续表

国家/地区	对华出口总额	对华进口总额	双边进出口总额	备注
美洲				
巴西	5，232，940	3，341，956	8，574，896	
乌拉圭	191，122	241，327	32，449	
智利	2，062，667	1，259，945	3，322，612	

资料来源：笔者根据中国国家统计局、WTO 和 CIA 等数据编制。

注：中国亦是东盟和非洲的最大贸易伙伴。

表 8—11　以美国为最大贸易伙伴的国家/地区（2012 年数据）（单位：万美元）

国家/地区	对美出口总额	对美进口总额	双边进出口总额	备注
亚洲				
黎巴嫩	N/A	227，696	227，696	
沙特阿拉伯	5，515，280	1，871，760	7，387，040	
伊拉克	1，987，831	260，832	2，248，663	
以色列	1，732，496	924，543	2，657，039	
中国	33，901，200	11，736，300	45，637，500	
大洋洲				
N/A	N/A	N/A	N/A	
欧洲				
欧盟	26，535，960	38，120，760	64，656，720	
非洲				
尼日利亚	1，607，424	538，936	2，146，360	
埃及	169，524	457，976	627，500	
乍得	337，919	11，222	349，141	
美洲				
阿鲁巴	18，057	94，610	112，667	
巴哈马	20，270	101，919	122，189	
巴拿马	381，376	580，796	962，172	
伯利兹	19，980	19，756	39，736	
多米尼加	426，713	769，008	1，195，721	
厄瓜多尔	919，445	698，072	1，617，517	

续表

国家/地区	对美出口总额	对美进口总额	双边进出口总额	备注
哥伦比亚	2，190，510	1，322，288	3，512，798	
哥斯达黎加	445，016	834，150	1，279，166	
圭亚那	42，997	43，912	86，909	
海地	64，135	70，190	134，325	
洪都拉斯	273，620	495，274	768，894	
加拿大	34，486，050	28，778，940	63，264，990	
墨西哥	28，969，200	18，522，880	47，492，080	
尼加拉瓜	231，129	122，550	353，679	
萨尔瓦多	257，643	350，885	608，528	
圣基茨和尼维斯	3，842	7，152	10，994	
苏里南	65，895	45，786	111，681	
特立尼达和多巴哥	546，458	300，085	846，543	
危地马拉	406，422	601，920	1，008，342	
委内瑞拉	3，805，994	1，880，127	5，686，121	
牙买加	83，856	213，171	297，027	

资料来源：笔者根据中国国家统计局、WTO 和 CIA 等数据编制。

作为对外贸易快速腾飞的一个结果，以中国为其最大贸易伙伴的国家和地区的数量正在相应地增加。据不完全统计，除了东盟和非洲两个地区，这些国家和地区的数量已经超过 80 个。其中包括亚洲几乎所有经济大国以及大洋洲的澳大利亚和新西兰，还有欧洲的俄罗斯与美洲的巴西和智利。如果以单项计算，以中国为其最大出口目的地和进口来源地的国家数量更是众多而远超美国。

然而，在与中国的对外贸易竞争中，美国并没有败下阵来，其利用网络和通信等科学技术的进步，在发展对外服务贸易中远远走在了中国的前面。2012 年，美国服务贸易总值高达 10693 亿美元，比中国的 4705.8 亿美元高出两倍之多。在这方面，中国要在短期内赶超美国不是一件容易的事情。而在某种程度上，服务贸易在大国发挥影响力上的作用并不亚于货物贸易。因此，中国还有很长的路要走。

表 8—12 2012 年度中国前 15 大贸易伙伴（单位：亿美元）

名次	国家/地区	贸易总额	出口	进口	占贸易总额比率
——	所有国家总计	38667.6	20489.3	18178.3	100%
——	前 15 国总计	30692.9	17191.6	13503.3	79.4%
1	欧盟	5460.4	3339.9	2120.5	14.1%
2	美国	4846.8	3517.9	1328.9	12.5%
3	东盟	4000.9	2042.7	1958.2	10.3%
4	中国香港	3414.9	3235.3	179.6	8.8%
5	日本	3294.5	1516.5	1778.1	8.5%
6	韩国	2151.1	807.8	1343.3	5.6%
7	中国台湾	1689.6	367.8	1321.8	4.4%
8	澳大利亚	1223.0	377.4	845.6	3.2%
9	俄罗斯	881.6	440.6	441.0	2.3%
10	巴西	857.2	334.1	523.0	2.2%
11	沙特阿拉伯	734.0	184.5	549.5	2.2%
12	印度	662.3	476.7	187.9	1.7%
13	南非	599.5	153.3	445.2	1.6%
14	加拿大	513.3	281.2	232.1	1.3%
15	伊朗	364.6	115.9	248.6	0.9%

资料来源：世界贸易组织、中国国家统计局等。

表 8—13 2013 年度美国前 15 大贸易伙伴（单位：亿美元）

名次	国家/地区	贸易总额	出口	进口	占贸易总额比率
——	所有国家总计	35331.0	14482.0	20849.0	100.0%
——	前 15 国总计	25606.0	9895.0	15711.0	72.5%
1	加拿大	5824.0	2770.0	3054.0	16.5%
2	中国	5118.0	1089.0	4029.0	14.5%
3	墨西哥	4665.0	2082.0	2583.0	13.2%
4	日本	1871.0	599.0	1273.0	5.3%

续表

名次	国家/地区	贸易总额	出口	进口	占贸易总额比率
5	德国	1489.0	438.0	1051.0	4.2%
6	韩国	951.0	376.0	575.0	2.7%
7	英国	922.0	440.0	483.0	2.6%
8	法国	704.0	292.0	412.0	2.0%
9	巴西	658.0	404.0	254.0	1.9%
10	沙特阿拉伯	640.0	170.0	470.0	1.8%
11	印度	591.0	203.0	388.0	1.7%
12	台湾	581.0	232.0	349.0	1.6%
13	荷兰	571.0	393.0	178.0	1.6%
14	瑞士	514.0	255.0	260.0	1.5%
15	意大利	504.0	151.0	353.0	1.4%

资料来源：美国商务部统计局。

（五）文化传播

文化的概念非常宽泛，从不同的角度看会得出不同的解读。抽象地讲，它是带着族群和地域属性的一群人所特有的行为方式和生活习惯，是一种从来不用想起、永远也不会忘记的东西。历史上，霸权国家对外扩张常常是与传播其文化相伴随的，被征服者也往往是从接受征服者文化开始而放弃抵抗的，所以直到今天，在大国之间的较量中，文化或者说文化传播的较量仍然是一个不可或缺的重要方面。与过去不同的是，现在大国传播文化不是为了对他国实施传统意义上的奴役或殖民统治，而主要是为了让自己的价值观在更广泛的范围得到认同，从而帮助实现对外战略和政策目标。特别值得注意的是，文化在今天具有了更丰富的表象，其传播的方式更不同于以往，多借助现代科学技术最新成果作为其工具。

与中国相比，美国的文化算不上有什么历史，然而其全球影响力则是无与伦比的，用“独霸天下”来形容绝不为过。这种影响力体现在文化的几乎各个层面，我们不妨通过其中的几个层面，来了解一下美国文化在全球范围渗透到了何种程度。

在消费层面，美国一站式购物、网购和寅吃卯粮的信用卡支付等消费文化对包括中国在内的世界其他国家影响最为明显。谈到一站式购物，世界顶尖500强企业沃尔玛不得不提。它是1962年成立于美国阿肯色州的零售连锁商店，在全球共开了1万多家分店，其中在美国之外就有6000多家。自1996年其在深圳开了中国的第一家分店，不到20年时间，400多家分店已经遍布中国的大江南北。沃尔玛在中国的存在不仅为公司赚取了巨额利润，也深深地影响和改变了中国各个城市百姓消费的习惯。在当下中国，比一站式购物更时髦的是网购。据中国IT研究中心消息，2013年底，中国网购人数超过3亿。换句话说，只要有点文化并且不太保守的人，一般都熟悉淘宝和京东等购物网站，并且有过网购经历，有的人甚至已经上瘾。然而，并不是所有的网民都知道，就像互联网起源于美国一样，网购也是美国的发明，美国的网购早在中国的互联网普及之前就已经问世了。对中国传统消费模式或文化挑战最大的或许是信用卡支付。稍上点年纪的中国人都懂得“精打细算”和“天晴防天雨”的道理，而信用卡支付的消费模式却是其对立面——寅吃卯粮。短短几年时间，信用卡在中国迅速普及。2010年万事达公司预言，未来十年内中国可能会超过美国，成为世界上拥有信用卡数量最多的市场。从目前情况看，这种预言基本上不会落空。面对美国消费文化的强大冲击，有着悠久历史文化传统的中国尚且如此，其他国家概莫能外。

在餐饮层面，麦当劳、肯德基、可乐和比萨饼等代表的美国饮食文化所向披靡。很多去过美国的外国人都说，自由女神像是美国的象征。其实，对于更多没有到过美国的人特别是青少年来讲，麦当劳的金色标志才是最生动的美国形象，因为他们中的不少人对美国的了解是从吃麦当劳开始的。的确，麦当劳最能体现美国文化在世界的影响。始创于1940年的麦当劳公司是当今世界最大、最有品牌价值的餐饮企业，在世界范围拥有3万多家分店，其中大部分分布在美国以外的120多个国家和地区，在中国的分店达2000多家。麦当劳提供的是快餐食品，据一些营养学专家介绍，这类食品是不利于身体健康的垃圾食品（Junk Food），然而奇怪的是，它们仍然在世界各地有极大的市场，每天大约有6800万人前往光顾。这一现象与世界各国对待咄咄逼人的美国文化的态度非常吻合——既恨又爱。肯德基、可乐和比萨饼等也许没有麦当劳那样大的象征意义，但其作为美国文化符号的影响力同样非同小可。

在娱乐层面，美国的影视节目在全球市场占据无可争议的垄断地位。在人类电影发展历史上，美国自始至终走在最前列，其在电影由无声到有声、黑白到彩色、传统到现代的转变中引领潮流，并且拥有最强大的演职员团队、最优秀的导演和制作以及最有经济实力的投资人群体。每一年，好莱坞制作的电影都受到全世界的青睐，占世界电影市场份额的90%以上。2012年，美国电影总票房为108亿美元，是同期中国电影总票房的4倍。与电影相关，美国的电视剧产业同样相当发达，在世界电视剧市场占据垄断地位。虽然它没有达到电影的垄断程度，每年生产的电视剧剧集数量也不及中国的多，但是其优秀作品层出不穷，对他国影响甚广，电视剧收入远在中国同行之上。

美国的行政机构中没有文化管理部门，那么它是通过哪些途径传播其文化或扩大其文化影响力的呢？总的来说，美国文化得以在世界其他地方传播和发挥影响力的前提是美国把文化当成一种产业来经营。以电影为例，据美国电影协会的报告，2011年美国电影业创造220多万人就业数，其中约有70万人为直接的电影行业从业人员，另外150万人则为间接受雇支援电影制作工作的各种人员。2012年，美国电影产业规模是900亿美元，而中国电影产业规模仅34亿美元，前者是后者的26倍之多。包括电影、电视在内，美国文化产业的规模更是大得惊人。在美国500强企业中，从事与文化相关的企业超过100家，文化产业的总产值对全美GDP的贡献远在10%以上。整个文化产业的充分发展是美国文化得以向外传播的基础。

具体说来，美国文化的传播或其影响力在世界其他国家和地区的扩张是通过以下途径进行的。首先是媒体和网络。作为全球文化产业头号强国，美国拥有1500多家日报、8000多家周报、1万多种杂志、近2000家电台和1000多家电视台。其中，美国广播公司（ABC）、哥伦比亚广播公司（CBS）、全国广播公司（NBC）和有线电视新闻网（CNN）

四大电视网，《纽约时报》、《华盛顿邮报》、《洛杉矶时报》、《华尔街日报》、《基督教科学箴言报》、《芝加哥论坛报》和《今日美国报》等报纸，以及《时代周刊》、《新闻周刊》、《美国新闻与世界报道》、《读者文摘》、《商业周刊》、《财富》和《福布斯》等期刊面向全球播出或发行，具有极高的声望，在传播美国文化中扮演着主力军的角色。网络是新近突起的传播美国文化的一支异军。美国发明了网络，同时也主导着网上大多数信息的流动。作为一种特殊的无远弗届的平台，网络将那些体现美国文化的各种符号或元素畅通无阻地送达地球上虚拟空间的任何一个角落。

其次是教育和语言。美国是世界上高等教育最发达的国家，在所有在读大学生中外国留学生占3.9%。2014年，在美国4000多所大学就读的外国留学生大约有82万人，其中有23万多来自中国大陆。无论这些留学生学成之后是否回国，他们都会在一定程度上扮演美国文化传播使者的角色。加上历史上培养的所有留学生，这支使者的队伍异常庞大。另外，英语作为世界通用语言，也在传播美国文化中发挥着独特的作用。世界上绝大多数有影响的电视新闻和报刊杂志都使用英语，而且英语也是与电脑联系最密切的语言，大多数编程语言都与英语有关，随着网络的使用，英语会更加普及。对于将英语作为外语的其他国家人民，学习英语的过程实际上就是接受英美文化特别是美国文化熏陶的过程。

第三是美国生产的产品和提供的服务。二战以来，美国成为世界上向外出口产品最多的国家。尽管中国近年来已经在商品货物的出口规模上超过美国，但美国依然是服务产品的最大出口国。至于产品和服务是如何传播文化的，这点可以从苹果公司的手机和平板电脑产品以及高盛等咨询公司的服务看出端倪。大量的此类美国公司通过向外国用户提供产品和服务，在赚取利润的同时也传播了美国文化。

中国在传播文化中也做了不少工作。比如，在海外110多个国家开办了400多所孔子学院，将近85万名来自不同国家的学员在这里学习。另外，全世界通过各种方式学习汉语的人数已经超过5000万。在中国国内，有来自200个国家和地区的30多万留学生在31个省、自治区和直辖市的近700所高等院校、科研院所和其他教学机构中学习。不过，比起美国，中国在传播自己的文化方面还存在很大差距，中国文化的影响力也远不及美国那样强大。

（六）游戏规则

20 世纪 90 年代以前，中国乒乓球队经常囊括国际比赛的全部冠军，以至于几个为数不多的竞争对手国家逐渐失去了玩下去的兴趣。后来，国际乒联决定修改规则，增大球的直径，将球的颜色由白变成黄，并且禁止桌下抛发球和球拍两面使用不同胶等等。在接下来的很多年里，中国队的表现不再像从前那样辉煌，中国乒乓球队员善于速度和变化的很多长项受到新规则的制约。

这件事情可以说明一个道理，那就是即使你再强大，如果游戏规则对你不利或者专门是针对你的，你也只能是别人刀俎下的鱼肉。美国人的游戏规则意识很强，这里所说的不是指他们遵守规则的意识强，而是指他们非常看重对规则的主导，这一点在国际关系领域表现得尤为突出。

二战结束后，美国正式取代英国登上世界霸主的地位，其标志性动作就是重新按照自己的意志或意图设计和安排国家间的游戏规则。在政治上，创建联合国体制，并通过这种体制把控全球的和平与安全事务以及经济社会发展的走向；在经济上，精心设计了一个由关贸总协定、世界银行和国际货币基金组织作为基础的三位一体架构以协调全球经济发展；在军事上，在西边建立北约，在东边建立美日、美澳和美韩等军事同盟，以此应对来自任何方面的军事挑战。

实践证明，美国从其主导的游戏规则中获得了巨大的好处，而任何其他国家都没能像美国一样在这样的规则下如鱼得水。而且，美国还在不断强化这种对游戏规则的主导权。比如在经济领域，自 1995 年 WTO 取代 GATT 以来，多边贸易体制内的谈判因为新兴国家的崛起以及发达国家的不妥协而陷入停滞，美国在东边发起 TPP 谈判，在西边进行 TTIP 谈判，以期用这两厢谈判的成果作为 WTO 可能失败后的“备胎”。与中国相关的 TPP 谈判如果取得实质性突破，将实现美国方面“一石三鸟”之功效：首先，它作为 WTO 的补充或替代者继续让美国主导亚太区经济层面游戏规则；其次，阻扰亚太地区特别是东亚国家内部自行其是制定自己的游戏规则而走东亚特色的经济一体化道路；第三，分享亚太地区特别是东亚国家的经济增长红利。

中国的经济快速发展以及军事实力和政治影响力的增强，让世界既有强国感到了某种威胁。尽管中国方面一再强调永不称霸，但这种表白所产生的积极效果十分有限。国内外一些人预言中美之间会因为东海、南海或台湾问题发生冲突，但其实这些问题都不足以导致中美向对方摊牌。以美国为首的西方发达国家对中国的担心不是军事方面的，甚至不是经济方面的，它们最在乎的是中国将在未来挑战或颠覆其对世界游戏规则的主导权，而近年来中国在海洋领土等方面所表现的强硬立场正在逐渐加深它们的这种隐忧。一旦它们觉得中国的这种挑战是真的，与中国的冲突将不可避免。因为它们特别是美国绝对不会任由其对世界游戏规则的主导权以任何方式丧失。

历史上，后起国家争霸和称霸一般都要挑战和颠覆既有霸权国家所主导的国际游戏规则，即现有国际秩序，中国在未来的发展中是否会走历史的老路呢？中国国内很多人不敢直面这样的问题。诚然，现有国际秩序并不是完全最有利于中国的，但这并不意味着中国一定要去挑战和颠覆它。

中国是反法西斯战争中胜利方同盟国家的重要一员，是联合国创始会员国和联合国安全理事会常任理事国，也是某种程度上战后世界秩序的缔造者之一。30 多年改革开放所取得的成就表明，中国是这个秩序或体制的受益者。害怕乃至想颠覆这个秩序或体制的，只是个别不知悔罪的战败国家，中国没有必要去挑战和颠覆由自己参与缔造的国际秩序。

中国一以贯之的“不称霸”承诺是符合自己国家利益的明智选择。只要不争霸或不称霸，中国就没有必要去挑战和颠覆现有国际秩序。即使退一万步讲，中国有这心，在可以预见的相当长时间里也没有这个能力。美国成为世界经济最强大国家是在 1894 年前后，而它登上世界霸主地位则是在半个世纪以后的二战结束时。中国或许不会等太久就可在 GDP 指标上超越美国，但是在包括科技创新在内的经济上全面超过美国，用李光耀的话说，那是 50—100 年后的事情了。美国今天的地位不仅是经过两次世界大战用武力打出来的，而且为人类贡献了不计其数的发明创造，比如电灯、电话、传真、电视、电脑、互联网、洗衣机、电冰厢、空调、塑料、机器人、汽车、飞机和航天器等，中国需要多久才能拿出某样东西取而代之？

中国有必要、有可能也有能力做的事情，是逐步要求和参与完善现有国际秩序，以使其更加公平而符合更多数国家的利益。

三、中国的弱点和相对优势

中美全球影响力的竞争是两国软硬实力的综合较量。上述六个竞争领域中的对外援助、对外投资和国际贸易属于硬实力范畴，而伙伴外交、文化传播和游戏规则则可归入软实力范畴。任何国家的软硬实力的发展都是一个系统工程，这种实力的竞争也必然是一个漫长的过程。因此，我们在分析中美两国全球影响力竞争状态时，既要立足当下，更要着眼于未来。以此为角度，大致可以对这种竞争的现状和趋势做出几点判断和预测。

首先，中国在六大领域软硬实力竞争中全面落后于美国，尤其在软实力竞争中与美国的差距更大。这一点不足以为怪。二战后近 70 年，美国一直保持世界最强大经济实力，在对外援助、对外投资和对外贸易中都表现得非常强势。尽管中国最近 30 多年也在不断发展经济实力，但是美国的家底更厚，其经济上超强的实力直接或间接增强了其软实力及其发挥。

其次，在软实力竞争中，中国的弱势特别表现在文化的传播和游戏规则方面。中国在伙伴外交方面与美国的差距很小。美国的军事同盟是历史形成的，目前并没有太明显的削弱迹象。在这方面，中国难以超越，但是中国的战略伙伴关系进展神速，全面开花，而且还有巨大的发展空间。然而，文化的传播是中国的软肋。文化传播的能力是与一国经济实力的增长呈正相关关系的，这是中华文化进一步扩大全球影响力值得期待的背景条件。然而，语言、文化独有的特质和价值观取向等因素不利于我们的文化在全球影响力竞争中轻易占先。此外，游戏规则不是影响力竞争的一个单项，而是一个综合指标，中国在这个方面的任何进展都取决于影响力竞争的其他五个方面的表现。中国若要改进在游戏规则上的被动局面，功夫在诗外。急于求成，实属本末倒置。

最后，中国在对外贸易上已经具有相对优势，在对外投资方面显现出巨大潜力。正常情况下，中国将在几年内在对外贸易的三项重要指标——出口、进口和进出口总额上全面超越美国。中国的对外投资如果以目前不低于20%的增长速度发展，将在5年内赶上美国，但要在对外投资存量上超越美国，则需要10年以上。在对外援助方面，中国如果能及时调整策略、完善管理制度并且有针对性地加大投入力度，应该会在较短时间内发挥更大的影响力。中国在硬实力竞争上已经与美国没有太大差距，只要不出现大的不可控的意外，中国经济的持续增长将增强硬实力竞争优势，从而最终提升包括软硬实力在内的综合国力的水平。就此而言，时间在中国这边。

20年来的能源投资争端解决

——《能源宪章条约》的经验教训及对中国的启示

当今世界上，没有任何一种资源像能源一样牵动每一个大国的神经。它不仅是国家经济社会发展的重要源泉，而且成为国家安全战略不可或缺的重要组成部分。一国无论是否拥有丰富的能源，其都无法忽视国际能源市场的风云变幻，都会竭尽全力确保能源供应的顺畅和价格的稳定。正因如此，最近20多年来，特别是进入21世纪后，几乎所有重大国际事件的发生都与能源有着直接或间接的关系。

1990年8月，以美国为首的多国部队出动大规模兵力对伊拉克进行打击。这场以海湾战争著称的军事行动持续半年之久，重创伊拉克元气，而这场战争的起因则是萨达姆治下的伊拉克对盛产石油的邻国科威特的入侵。

2001年10月，美国为报复“9·11”恐怖袭击，联合西方国家发动对阿富汗的战争。这场战争的主要结果是推翻了塔利班政权，沉重打击了“基地”组织等恐怖势力，并最终击毙本·拉登。直到2014年，这场战争还没有完全结束。奥巴马承诺美国会在2014年底全部撤军。然而，奥巴马政府在2012年和2013年分别与阿富汗政府达成战略伙伴关系协议和双边安全协议，这意味着美国在上述两项协议得到批准后可继续在阿富汗部署军事顾问和反恐特种部队以训练和武装阿富汗安全力量并执行特种行动任务。原本在“9·11”事件之前，美国在中亚是没有任何军事存在的，中俄两国对这个地区事务的影响力较大，而阿富汗战争改变了这个格局。美国以反恐和对阿战争的名义向中亚诸国租借军事基地，并分别在吉尔吉斯斯坦、哈萨克斯坦和乌兹别克斯坦建设有四个军事基地，事实上已实现在中亚的军事存在。中亚地区位于欧亚大陆腹地，除了具有极其重要的军事战略价值以外，还蕴藏着丰富的石油和天然气等资源。

2003 年 3 月，第二次伊拉克战争爆发。美国等西方国家对伊开战的主要理由是萨达姆政权拥有大规模杀伤性武器，而实际情况则正如美联储主席格林斯潘在其于 2007 年出版的回忆录《动荡年代》中所表示的那样："发动伊拉克战争（的目的）主要是为了石油。这是人所共知的事实，但（政府）在政治上又不便承认。"2014 年 6 月以来，伊拉克反政府武装与政府军之间的内战愈演愈烈。表面上看，发生在伊拉克的这一事态与能源没有必然联系，可是反政府武装对石油重镇和大型炼油厂的争夺以及内战造成的极端混乱局面对伊拉克石油的生产、供应以及外国在伊包括石油开采和提炼在内的能源方面的投资带来灾难性后果。早前国际舆论认为中国是伊拉克战争的最大赢家，因为中国在伊战结束后对伊石油产业进行了大规模的投资，总额超过 100 亿美元。如果战火继续燃烧，中国的国家利益势将遭受重大损失。

2011 年初，北非国家利比亚内部不同种族和派别之间发生冲突，事态不断升级，最后发展成为以法国为首的北约多国部队对利比亚的大规模军事打击。这场战争的结果是反政府武装在外力的帮助下推翻了卡扎菲政权。利比亚是非洲石油大国，中国在此有诸多投资，因而在战争期间中国的企业及其投资项目蒙受巨大损失。同年 7 月，非洲国家苏丹分裂为南北两个国家。这既是原苏丹达尔富尔地区反政府武装与政府之间的种族和宗教冲突不断激化的必然趋势，也是外部势力干预的结果。分裂之前的苏丹曾经是非洲领土面积最大的国家，拥有丰富的自然资源，尤其盛产石油，位列中国石油来源国前 10 位。中国在原苏丹石油相关产业有巨大的投资，虽然目前与南北苏丹都保持着密切的经济联系，但是不稳定的政局仍然是中国经济利益的潜在威胁。

旷日持久的伊朗核问题是美伊关系中的核心问题，也是伊朗与西方国家之间的重要问题。表面上这个问题集中在伊朗该不该发展大规模杀伤性武器上，其实更深层次的原因有两个：其一，伊朗在过去 30 多年里一直实行对抗西方的政策；其二，伊朗是世界上少有的能源大国，其石油和天然气的储量都排名世界前列。

中国与日本的钓鱼岛争端以及与菲律宾之间的南海问题，牵扯相关区域内外多方势力关注。除了美国和部分东盟国家担心中国坐强坐大之外，各争端或问题当事方更在乎东海和南海海底蕴藏的巨大的石油和天然气资源，而且这两个区域的海洋通道对能源运输安全至关重要。

2013 年底爆发的乌克兰危机逐步演变为俄罗斯与美国和欧盟之间的较量，俄罗斯由开始阶段的被动地位成功转化为主导事态的发展。如果不发生特别状况，俄罗斯的这种主导地位还将维持很长时间。究其原因，无外乎俄罗斯掌握着乌克兰和欧盟所共同需要的天然气资源。

上面罗列的这些重大国际事件并不是我们看到的全部，然而即便如此，我们仍然可以从中得到一些启示。首先，与 1973 年第一次石油危机时相比，能源资源在国际事务和国家经济发展中的重要地位没有改变，甚至因为占当今全球能源构成主要部分的化石能源的有限性以及各国对这种资源的更大需求而得到增强。世界范围内能源投资规模的不断扩大从一个重要的层面印证了这一现实和趋势。其次，某些国家的内部动荡、国际性战争以及能源作为一种国家政策工具的使用，常常造成地区乃至世界范围能源生产、供给、运输、价格和投资的不稳定，国际社会亟需发展、完善和创新现有损害救济机制以确保能源安全。另外，中国在海外能源投资方面的步伐迈得很大也很快，我们的企业已经因东道国不稳定的投资环境而付出众所周知的沉重代价，如何预防和避免各项政治风险造成的经济利益损失不再是一个能够回避的问题。不仅如此，认真吸取现有国际机制在损害赔偿和救济方面的经验教训，并探寻真正符合中国国家利益的通过国际机制有效保障投资安全的途径，已成当务之急。

一、国际能源投资的现状和趋势

根据联合国贸易和发展会议发布的《世界投资报告》，2000 年以来，外国直接投资（FDI）在全球范围至少呈现出三个基本特点：第一，发展中国家在投资的流入和流出中占有较大比重。2013年，在全球1.45万亿美元的FDI总额中，流向发达国家的资金为5660亿美元，占39%，而发展中国家则吸收了7780亿美元，占54%。同期，发展中的以及经济转型国家向外投资5530亿美元，占全球对外投资的39%，而这个比例在21世纪初仅为12%左右。第二，跨国公司和国有企业仍然是全球FDI增长的重要驱动力量。长久以来，跨国公司一直主导全球FDI的区位选择和跨国研发投资的发展，从20世纪后期开始不断重视使用并购的新的投资形式。作为这个投资主体的一部分，来自发达国家和发展中国家的国有跨国公司并没有因为全球私有化潮流的蔓延而受到根本影响。到2013年，这些国有跨国公司的数量不到55家，但却贡献了全球FDI流量的11%。第三，投资流量分布的区域特征十分明显。1995年世界贸易组织诞生，为区域经济集团的蓬勃发展提供了法理基础。此后，世界上形成了北美、欧盟和亚太三大区域经济板块。其中，亚太经合组织下的20多个经济体的经济表现令世人注目，特别是中国经济持续高速发展为世界经济的稳定、发展和繁荣注入活力。在FDI方面，全球流量的54%来自这个地区。

作为全球FDI的重要组成部分，能源投资具备了国际投资的一般性特点。除此之外，能源投资也有其自身的一些特点，而这是与能源的国家自然资源属性、东道国政局和政策的稳定性以及技术的进步密切相关的。当前的全球能源投资状况可用三句话概况：第一，投资市场巨大；第二，投资重心转移；第三，中国的作用突出。就市场而言，2013年能源投资规模接近1.8万亿美元，其中能源供给投资为1.6万亿美元，另外1300亿美元投入到能效方面。这个规模按可比价格计算比2000年整整翻了一番。在投资重心方面，传统的石油和天然气等能源供给和能效投资仍然占据重要地位，但是可再生能源受到越来越多国家的重视，其投资额正在逐步增加，比如2013年新增投资2494亿美元，比2004年的395亿美元增长6.3倍。至于中国的作用，主要体现在三个方面：其一，中国对外直接投资高速成长。2013年全球FDI实现9%的正增长，而中国的同比增长则达到16.8%，投资额901亿美元，约占世界FDI总流量的6%。其二，截至2013年底，在中国全部对外直接投资及合同金额存量中能源投资占47%（据美国传统基金会资料）。其三，2013年中国在可再生能源领域投资560多亿美元，尽管相对于上年下降6%，但仍然位居世界第一，超过整个欧洲的总和。

在现有基础之上，全球能源生产、消费和投资格局在未来数十年将发生重大变化。特别值得注意的是，投资市场正急剧扩大，投资方向和重点也在大幅调整之中。按照《2035年能源展望》和《2014年世界能源投资展望》的预测，从2012年到2035年，世界初级能源生产将以每年1.5%的速度增长，非经合组织国家也就是发展中国家在增长总量中占有80%的比重，而亚太地区的增速尤其突出，约占47%。如果以能源形式来论，包括可再生能源、页岩气和页岩油在内的新能源在同一时期的年增长速度更是高达6.2%，占全部增量的43%。到2035年，天然气将与石油和煤炭在全球能源生产和消费结构中占据几乎相同的份额。由此生产和消费格局带来的能源投资市场存量将达到48万亿美元，其中能源供应投资为40万亿美元，而能效投资则占8万亿美元。在不同形式的能源投资中，可再生能源的投资金额超过6万亿美元。在全部能源投资中，有2/3发生在新兴经济体。

表9—1　2014—2035年全球能源（供应和能效）投资存量一览表（单位：亿美元）

	石油	天然气	煤炭	电力	生物燃料	总供应	能效
经济合作与发展组织	38400	28010	1670	76080	4670	148830	68070
美洲	31130	17030	760	34670	3040	86640	23770
美国	19030	12610	650	29680	2700	64680	19300
欧洲	5810	7160	180	28380	1370	42910	33250
亚太	1460	3820	720	13030	260	19280	11050
日本	290	390	20	7490	70	8270	6920
非经济合作与发展组织	69620	45780	4750	116490	3450	240100	62140
东欧/欧亚	11850	12760	550	11560	70	36780	6940

续表

	石油	天然气	煤炭	电力	生物燃料	总供应	能效
俄罗斯	6760	7370	340	6650	0	21120	3730
亚洲	13940	15570	3630	79940	1510	114590	38370
中国	8280	6540	2830	43610	930	62180	25260
印度	2440	2090	520	20030	130	25210	6600
东南亚	2820	4960	220	10100	450	18550	4900
中东	15230	5480	10	6900	0	27620	3650
非洲	11510	7630	330	9010	50	28530	4810
拉美	17090	4350	230	9090	1820	32580	8370
巴西	11080	1280	10	5210	1610	19190	4570
跨区域运输	2600	780	480	n. a.	1090	4950	5100
世界	110620	74570	6900	192580	9200	393870	135310
欧盟	3580	4530	160	25660	1360	35280	29980

资料来源：国际能源署《2014 年世界能源投资展望》（英文版）。

表 9—2　全球可再生能源投资一览表（单位：亿美元）

排名	国家	投资额	时间
1	中　国	647	2012
2	美　国	342	2012
3	德　国	198	2012
4	日　本	160	2012
5	意大利	141	2012
6	英　国	88	2012
7	印　度	64	2012
8	南　非	57	2012
9	巴　西	53	2012
10	法　国	46	2012

资料来源：法兰克福金融管理学院《全球可再生能源投资趋势（2013）》。

毫无疑问，未来数十年全球能源生产、消费和投资的发展趋势的形成是由多项因素综合作用而决定的，其中有两项最重要的因素不得不提。第一是近 10 年来发生在美国的能源革命。这个所谓的能源革命不仅指页岩气的大规模商业化开采和消费，更是指奥巴马政府将“能源独立”的美国国家经济发展战略付诸实施，这其中还包括增加美国石油自产数量以减少对进口能源的依赖程度。第二是以中国为代表的新兴经济体因经济持续快速发展而对各种形式的能源有更多需求。

与能源发展不相适应的是，目前全球范围能源投资的制度性环境还不完善。这主要表现在两个方面：第一，诸多拥有丰富能源资源的东道国基于民族主义或其他考量不能为外国投资者创造一个日益自由或更加开放的政策环境；第二，国际间尚未建立或健全一个普遍适用的保障投资者及其投资的安全的制度或机制。在后一方面，当某一东道国内部因动乱或政治法律变化而给投资者及其投资造成损害的时候，当某一地区发生国际性战争的时候，投资者往往缺乏有效救济方法或渠道来获得损失补偿。如果这些方面的问题不能得到相应解决，全球能源投资的大好态势势将受到影响。

二、被忽略的能源投资政治风险

2014 年 5 月中旬，越南爆发针对外国投资者和企业的打砸抢烧暴力事件，导致中国公民严重伤亡，并造成中国投资者和企业巨大财产损失。据中方企业代表向媒体透露，仅中冶集团下属各公司的直接和间接损失就超过 1 亿美元。尽管在 6 月之前越南及相关外资保险机构已经赔付中方企业 22 万美元，但几乎可以肯定的是，中国方面在这次事件中所遭受的全部人员和财产损失无法得到应有的补偿。

从经济角度看，中国在越南的投资只是一般性投资，而且规模也不大，而中国在苏丹、利比亚和伊拉克的投资因这些国家的内部动乱或战争而承受的财产损失要大得多。据商务部和国际媒体信息，中企在利比亚投资所涉合同金额接近 200 亿美元，在伊拉克的投资也以百亿美元计算（《华尔街日报》2014 年 4 月 23 日报道）。人们只看到利比亚和伊拉克战乱发生后中国大规模撤侨并为这种快速反应感到骄傲，而忽略了中企蒙受的巨大经济损失。

整体上讲，中国企业在海外的直接投资还处于初期阶段，其中多数企业对现实的或潜在的投资风险估计不足，相比较之下，在能源领域，海外投资面临的风险则更大。海外能源投资的风险主要来自三个大的方面：政治的、经济的和项目技术的。

鉴于能源投资多属于较大项目，需要较多资金，以及对投资所在地资源环境和开发资源的相关技术依赖程度较高，任何经济和技术条件的变化（比如国际能源市场价格变动、汇率波动以及工程技术的可靠性和效用超出预期等）都会直接或间接造成投资项目成败或收益的不确定。而这样的经济和项目技术方面的风险并不是其他海外直接投资所可以比拟的。

不过，海外能源投资面临的最主要风险还是政治的风险。广义的政治风险包括东道国的政治制度性质、投资法律政策的稳定性和地缘政治环境是否恶劣等诸多方面（参见表9—3）。从时间上看，这类风险可发生在投资项目确立之前和确立之后。在投资项目确立之前，东道国的某一项保护主义政策或者伸缩性较强的法律制度就可以扼杀一个计划中的投资项目。比如，2005年中海油出价185亿美元收购美国老牌企业优尼科，美国外国投资委员会（CFIUS）以国家安全为由阻止了这项投资计划，中海油在前期所付出的努力和资金投入全部打了水漂。而在投资项目确立之后，东道国新的经济发展政策（比如国有化或相当于国有化的政策和法律制度）也可能给外国的能源投资企业带来重大损失。在政治风险中，东道国内乱或战争对外国投资企业造成的伤害最大。除了几个大国以外，作为能源投资东道国的国家往往在地缘政治上处在极不稳定的安全环境之中，如利比亚、伊拉克和伊朗等，中国已经在这些地区饱尝了东道国内乱和战争对能源投资项目造成伤害的现实的政治风险苦头。如果说经济的和项目技术的风险可能带来的主要是能源投资效益减损的话，那么政治风险中的国有化、内乱和战争则可能让这样的投资血本无归。

为避免或减轻政治风险对海外能源投资的伤害，一些资本输出国尝试着建立商业性质的海外投资保险制度，比如1971年美国创建了著名的“海外私人投资公司”，而更多的国家则通过缔结双边投资条约（BIT）以及参与多边国际机制以求得其海外投资得到法律保护。然而，近半个世纪以来的相关实践显示，所有这一切努力的效果并不十分明显，特别是在能源投资领域。资本输出国的海外投资保险制度充其量只是一种被动消极地应对政治风险的方式，而大多数BIT和“多边投资担保机构”这样一类的多边国际机制又太过宽泛，缺乏针对性。于是，在能源领域，一项包含海外投资保护和损害救济的新的国际机制应运而生，这就是《能源宪章条约》以及由其所创建的投资保护机制。

表9—3　能源投资面临的各种风险一览表

<table>
<tr><th colspan="2">种类</th><th>具体情况</th></tr>
<tr><td rowspan="2">政治的</td><td>国家</td><td>◇政治体制与法律制度的性质和活力
◇影响财产与人员安全的冲突和社会动荡
◇征收或国有化的可能性
◇跨界问题，特别是涉及第三国运输的产品的终极营销</td></tr>
<tr><td>政策与法规</td><td>◇能源政策框架或支持计划的信誉和持久性
◇重要的气候或环境政策，例如碳排放价格或新排放标准
◇投资法律或计税依据的一致性和稳定性
◇商业环境的（例如许可、特许和当地成分等）复杂性和商业交易的透明度
◇对货币兑换或资金转移的限制</td></tr>
<tr><td rowspan="3">经济的</td><td>市场</td><td>◇低于生成成本的实际用户价格（补贴）
◇影响收入的绝对或相对价格的变动
◇对交易中的能源资源或技术的需求的减弱
◇来自可替代的供应方或技术的竞争</td></tr>
<tr><td>宏观经济</td><td>◇不稳定或通胀的经济环境
◇汇率突发性波动，特别是在用不同货币计算成本、支出和税收的情况下</td></tr>
<tr><td>金融</td><td>◇利率上升，对基于浮动汇率的债务或必要的再融资的影响</td></tr>
</table>

续表

种类		具体情况
项目技术的	建设和成本	◇项目完成拖延、低劣建设质量以及成本（物价）膨胀或超出
	合作伙伴	◇客户或供应方的可靠性或业绩 ◇承购商履行其义务的能力 ◇建筑能效投资中承租者与产权人之间在动机和时限等方面失谐
	人力资源	◇必要经验和适当劳动力的便捷性
	环境与社会	◇可能的气候影响，比如水资源稀缺 ◇项目所在地的污染或其他环境恶化问题 ◇公众的敌对态度以及与当地社区的关系
	经营	◇地质上的风险，例如可适用的资源超过或低于预期（主要针对上游项目） ◇未来不确定的退出或放弃的成本
	技术	◇既选技术的可靠性和效用低于预期
	评估	◇投资效益方面结余的确定和量化

资料来源：根据国际能源署《2014 年世界能源投资展望》（英文版）编译。

三、《能源宪章条约》对投资者及其投资的保护

假若把国际经济比喻为一架飞机，那么国际贸易和投资就是这架飞机的两翼。国际经济这架飞机要飞得高、飞得快和飞得稳，贸易和投资这两翼应该保持基本的平衡。然而，国际贸易和投资目前至少在一个方面没有保持平衡，那就是在国际贸易领域已经有了一套统一的普遍适用的规则，即世界贸易组织规则，而在国际投资中则缺乏这样一套统一的普遍适用的规则，当今的国际投资关系主要是由一些零零碎碎的双边和区域协定加以调整。从长远看，这种不平衡状态终究会影响国际经济的正常发展。

值得庆幸的是，能源领域投资规则的制定算得上是朝着全球统一的投资规则方向迈出了重要的一步。

1994 年 12 月，来自欧洲、亚洲和大洋洲的 51 个国家以及欧盟的代表在葡萄牙首都里斯本签署了一项具有里程碑意义的文件——《能源宪

章条约》（简称 ECT）。这项有着法律拘束力的文件最早起源于《欧洲能源宪章》，经诸多国家齐心努力终演变成包括四大支柱的多边国际能源条约。这四大支柱是：（1）保护外国能源投资；（2）基于世界贸易组织规则为能源原料、产品和相关设备的自由贸易创造非歧视的条件；（3）为跨界能源运输提供安全可靠的保障；（4）促进能效提高并减少能源生产和使用对环境的影响。

ECT 并不是独立的投资条约，而且关于投资问题的文字篇幅也不大，但是其促进和保护投资的条款（第三部分）（即作为能源投资法律的实体规则部分）内容完备，适用于缔约方的投资者以及与能源部门所有经济活动相关的投资。不仅如此，ECT 解决能源投资争端的程序规则（第五部分）同样内容详尽，在实践中具有很强的可操作性。正因为此，ECT 创造了多边国际投资立法的先例，在专门的能源领域为跨国投资活动搭建起保护和争端解决的制度性架构。

表 9—4　ECT 缔约国（观察国/员）

类别	国家/机构名称
能源宪章大会成员（52）	阿富汗、阿尔巴尼亚、亚美尼亚、澳大利亚、奥地利、阿塞拜疆、白俄罗斯、比利时、波斯尼亚和黑塞哥维那、保加利亚、克罗地亚、塞浦路斯、捷克共和国、丹麦、爱沙尼亚、欧共体（现在欧盟的一部分）与欧洲原子能共同体、芬兰、法国、格鲁吉亚、德国、希腊、匈牙利、冰岛、爱尔兰、意大利、日本、哈萨克斯坦、吉尔吉斯斯坦、拉脱维亚、列支敦士登、立陶宛、卢森堡、马耳他、摩尔多瓦、蒙古国、荷兰、挪威、波兰、葡萄牙、罗马尼亚、俄罗斯、斯洛伐克、斯洛文尼亚、西班牙、瑞典、瑞士、塔吉克斯坦、马其顿共和国、土耳其、土库曼斯坦、乌克兰、英国、乌兹别克斯坦
能源宪章大会观察国（26）	加拿大、印度尼西亚、约旦、毛里塔尼亚、黑山、摩洛哥、巴基斯坦、塞尔维亚、叙利亚、美国、阿尔及利亚、巴林、中国、埃及、伊朗、韩国、科威特、尼尔利亚、阿曼、巴勒斯坦民族权力机构、卡塔尔、沙特阿拉伯、突尼斯、阿拉伯联合酋长国、委内瑞拉、也门

续表

类别	国家/机构名称
能源宪章大会观察员（国际组织）(11)	东盟（2003）、波罗的海地区能源合作机构（2000）、黑海经济合作机构（1991）、CIS电力理事会（1991）、欧洲重建与发展银行（1991）、国际能源机构（1991）、国际能源论坛（2007）、经济合作与发展组织（1991）、联合国欧洲经济委员会（1991）、世界银行（1991）、世界贸易组织（1991）

资料来源：笔者根据ECT官网资料编译制作。

ECT对能源投资的保护体现在两个大的方面：一个是受保护的对象；另一个是这些受保护的对象能够获得什么样的保护。

那么，谁是符合ECT要求的受保护对象呢？在一般的投资条约或协定中，缔约国的投资者及其投资享受条约或协定提供的保护，而在ECT背景下，情况当然也不例外，只是投资者及其投资区分得更加细致。

ECT认可的投资者是指拥有缔约国国籍、公民权或永久居留权的自然人以及根据缔约国法律而设立的公司或其他组织。换句话说就是作为投资者，不论他（它）是来自ECT任何缔约国的自然人还是公司或组织，只要其应享有的ECT所赋予的权利受到侵害，他（它）就可以以求偿者身份而不需通过母国直接在国际法庭向东道国提出赔偿要求。

受ECT保护的投资原则上是指各种由投资者所有或直接/间接控制的资产，具体包括六个层面：第一，财产和财产权，无论它们是以有形或无形还是动产或不动产的形式存在，比如租赁、抵押、留置权或抵押权；第二，公司或商业企业、任何形式的公司或商业企业的股份、股票、债券或其他债务；第三，债权或具有经济价值的合同权利；第四，知识产权；第五，投资收益；第六，在能源部门从事经济活动中由法律、合同、执照或许可证所赋予的任何权利。

对于在东道国的这些投资者及其投资，ECT要求东道国承担全面的保护责任，同时为投资者提供在其本身及其投资遭受权益侵害时的救济渠道。

概括起来，ECT从六大方面维护投资者及其投资在东道国的利益。

首先，要求东道国按照国际法标准公平和公正地对待外国投资者及其投资，并在投资开业之后严格实施包括国民待遇和最惠国待遇在内的非歧视性待遇。用 ECT 第 10 条第 2 款的措辞就是，“（外国）投资应该享受最稳定的保护和安全，缔约方不能以任何方式通过无理的或歧视性的措施损害投资的管理、维护、使用、享用或处置。在任何情况下都不能以低于国际法，包括条约义务所规定的待遇对待这样的投资”。其次，要求东道国为投资企业在人员和资金的自由流动方面提供保障。东道国不得限制投资企业主要人员进出国境、居留或工作，也不得限制投资资金，包括投资资本、利润和其他收入自由兑换和转入或转出。第三，禁止东道国采取与世贸组织规定不一致的对能源贸易产生扭曲影响的投资措施。这些措施包括当地成分要求和出口比例要求等。第四，禁止东道国对投资企业进行征收、国有化或采取与征收或国有化具有相同效果的措施，除非这样一类国家行为满足了如下四项条件：（1）为了公众利益；（2）非歧视性的；（3）适用正当法律程序；（4）迅速、充分和有效地予以补偿。第五，要求东道国对投资者在其境内的投资遭遇实际政治风险的损失进行赔偿。ECT 相关条款下的政治风险包括了战争或武装冲突、国家紧急状态、动乱或其他类似事件。第六，鼓励东道国和在其境内进行投资的投资者通过和平的方法解决彼此之间的争端。如果在特定条件下这样的争端没有得到解决，投资者一方可以将争端提交（国际）仲裁机构解决。

与其他双边投资条约、区域投资协定或区域贸易协定中的投资条款相比较，ECT 对投资者及其投资的保护是比较全面的，其标准也是比较高的。如果考虑到这些比较全面的投资保护规定和比较高的待遇标准是在 50 多个 ECT 成员国之间适用，那么 ECT 对投资保护的意义就远非其他投资条约或协定所可以比拟。尽管 ECT 有关投资的内容局限在能源这个专门的领域，但是它仍然不失多边条约的性质。在能源投资保护方面，它的历史地位正如能源宪章大会及能源宪章秘书处在其编写的《能源宪章条约（条约、贸易修正案及相关文件）》中所言，ECT 是第一个具有法律拘束力的多边投资保护协定。

四、能源投资争端解决的新机制及经验教训

对于缔约方的能源领域投资者而言，ECT 赋予的权利如果没有相应的救济渠道予以保障是没有实际意义的。庆幸的是，ECT 提供了这样的渠道，这就是 ECT 下的投资争端解决机制。毫无疑问，这样的安排在多边条约中是史无前例的。

那么，ECT 的投资争端解决机制是如何保障投资者权利的呢？或者说，投资者可以怎样利用这个争端解决机制来获得补偿或减轻其投资损失呢？

严格地讲，ECT 为投资者设计了两条投资损害求偿的途径。其中之一是投资者通过自己的国家（即投资者母国）与东道国之间谈判或仲裁解决投资争端。这是传统的国与国之间的争端解决方法，其过程过多掺合政治因素而使纯粹经济利益的问题变得更加复杂，现在逐渐不再为投资者所青睐。另一条途径就是下面我们将着重讨论的投资者与国家之间直接解决争端的方法，其也正是 ECT 作为一项多边条约的创新之处或亮点。

与国家间争端解决机制不同，投资者与国家之间的这种争端解决机制有个最大的特点，那就是不对等性。虽然投资者和东道国都是案件的当事方或主体，但是只有投资者才能提请解决争端，而东道国在正常情况下是被动的，不能反过来提请针对投资者的争端的解决。投资者在争端解决中的这种主导地位，意味着该机制主要着眼于投资者的利益而不是其他。

在该机制之下，投资者还可以自由选择解决争端的平台。按照 ECT 的规定，争端双方应尽可能通过和平的方法解决问题，如果在规定的时间不能达成解决，那么投资者可以将争端提交仲裁解决。ECT 提供的平台有三个：一是 ECT 东道国国内法院或仲裁机构；二是当事双方事前约定的程序；三是国际仲裁机构。ECT 这项安排的重点是国际仲裁，从其解决投资争端的实践来看，绝大多数投资者也都选择国际仲裁。

相对于国内仲裁等其他平台，国际仲裁在诸多方面都有优势。首先，国际仲裁法庭多由具有世界声望的仲裁员组成，一般情况下他们不太会受到地域、民族、国家利益或其他因素影响而能够在审理案件过程中保持相对的客观公正。其次，国际仲裁法庭做出的有法律拘束力的裁决容易得到执行，而裁决能否得到有效执行不仅关系到仲裁法庭的权威性，而且关系到案件当事方的根本利益的实现，在这方面，国际仲裁程序开始前一般都要求当事方承诺履行有关国家间相互承认和执行外国仲裁裁决的1958年《纽约公约》。第三，国际仲裁在法庭组成和案件审理中多采用权威而成熟的程序规则。

ECT提供给投资者选择的仲裁程序规则有三套：第一是解决投资争端国际中心（ICSID）的仲裁规则；第二是联合国国际贸易法委员会（UNCITRAL）仲裁规则；第三是斯德哥尔摩商会仲裁院（SCC）仲裁规则。ICSID仲裁规则又分为一般仲裁规则和附加便利规则，分别适用于案件当事双方国家和单方作为《解决国家与他国国民间投资争端公约》（即ICSID公约）缔约方的不同情形。在这个意义上，适用什么规则而进行国际仲裁不完全由投资者说了算，通常要依据投资者的国籍国以及东道国是否批准ICSID公约的情况而决定。比如，在若干采用SCC和UNCITRAL仲裁规则的ECT仲裁案件中，程序规则的最后确定多半是因为案件的当事一方或双方不是或都不是ICSID公约缔约国。就ECT投资争端案件而言，无论仲裁法庭是依据哪一套程序规则而建立，其在审理案件时主要依据或适用的法律都是ECT条约本身以及一般国际法规则和原则。

仲裁法庭依据或适用ECT实体规则以及一般国际法规则和原则断案，实际上也就是投资者向仲裁法庭针对东道国提起赔偿请求的缘由或根据。保护投资者及其投资的权益是作为ECT缔约方的任何一个东道国所必须履行的法律义务，东道国违反ECT的任何一项实体规则都可能成为投资者诉诸国际仲裁法庭的充足原因。

那么，投资者究竟在哪些具体情况下可以利用ECT的投资者诉国家的争端解决机制以救济其投资东道国所受到的损害呢？

ECT解决投资争端的实践显示，投资者多以东道国采取间接征收以及实施不公平待遇和歧视性待遇为由而向国际法庭提起控告。在待遇方面，又可分为三种不同情形，即投资者没有享受到ECT条款赋予的公平公正待遇、最惠国待遇和国民待遇。除此之外，投资者还可以在以下情况中运用国际法庭捍卫自己的权利。比如，投资企业所需要的人员以及资金和利润不能自由流动，东道国采取扭曲能源贸易的投资措施对投资者施加所谓“绩效要求”，以及东道国内部动乱和战争给投资者及其投资带来经济损失等。

作为能源领域解决投资争端的国际机制，ECT经验的意义是不容置疑的。首先，ECT在多边层面将投资者争端解决模式推向新的高度。在ECT之前，投资者与国家之间的争端解决主要是靠双边投资条约（BIT）推动的。即使在ECT诞生之前北美自由贸易区（NAFTA）已经开始这项探索，但是也只局限于美、加、墨三国区域范畴，而且停留在相关协定的文本基础上（NAFTA的第一项投资争端案件是“罗文公司诉美国案”，于1998年由仲裁法庭受理），ECT是在多边层面的第一次尝试。其次，ECT解决投资争端的丰富实践经验为这项新的解决争端模式的发展注入活力。自1998年ECT正式生效以来，缔约方投资者向国际法庭提请仲裁的案件已经达到56项。尽管这其中大多数仍然处在审理中，但是也有不少案件已经审结，而且在有些案件中法庭支持了投资者的诉求。在某种意义上，一个法庭的生命力在于它受理案件的数量和审结案件的质量。20世纪，国际联盟的常设国际法院和联合国国际法院曾经饱受诟病，其原因就是它们受理和审结的案件太少（平均每年不超过1项），其本身的存在仅具有象征意义。而ECT平均每年受理案件近5项，当然不只是具有象征意义了。

然而，ECT解决投资争端的实践还是暴露出该机制的一些不足。其中，有两个问题值得讨论：一个是其适用范围有太大的局限性；另一个是ECT实体规则多有含混不清之处，从而限制了争端在国际仲裁法庭的有效解决。

关于适用范围，ECT争端解决机制受制于能够利用该机制的国家的数量。虽然目前作为ECT缔约国而可以作为争端当事方的国家已经超过50个，但是以与能源的关系来衡量，它们太过单一。除了哈萨克斯坦外，它们几乎是清一色的石油产品消费国，石油输出组织成员或者世界前 10 名石油生产国都不是 ECT 缔约国。即使是在世界前 10 名的石油消费国中也只有德国和日本出现在 ECT 缔约国名单内，而世界主要的石油生产和消费国美国、中国和俄罗斯都在名单之外。如此多的能源大国缺席，ECT 及其所创建的投资争端解决机制当然不具有什么实质性意义。很难想象，一个只有消费国而没有生产国参与缔约的多边国际能源条约如何能够在其实体条款中体现出真正的公平和公正，如何在其争端解决机制中既维护投资者的权益也尊重能源资源国的经济主权。大概也正是基于这样的缘故，俄罗斯至今都对该条约保持极度的不信任而拒绝批准加入。

关于实体规则，ECT 并没有突破 BIT 和一些区域投资协定普遍存在的重要概念含混不清的问题，比如投资者、征收等。在 ECT 中，“投资者”只是被简单地界定为拥有缔约国国籍、公民权或永久居留权的自然人以及根据缔约国法律而设立的公司或其他组织。ECT 没有明确外国公司在东道国投资企业或投资项目中是否需要控股或者占据多大比率股份，这就常常造成仲裁法庭在开始实质性程序之前要就自身的管辖权做出决定。在著名的“尤科斯诉俄罗斯”案件中，俄方认为俄罗斯尤科斯公司由俄罗斯人控制而不是 ECT 下的“投资者”，仲裁法庭不具备对该案的管辖权。虽然仲裁法庭做出了对俄罗斯不利的决定和裁决，但俄罗斯最终仍然以该国没有批准加入 ECT 为由坚决拒绝执行裁决。与“投资者”概念相比，ECT 对“征收”的界定更是简单潦草。究竟什么样的政府行为可以构成征收，这是国际仲裁法庭几乎最常遇见的问题。ECT 没有给出可靠的答案，于是这个问题作为投资争端中的热点问题反复在国际仲裁法庭上为当事双方所纠缠。

除了上面这两个问题，还有一个可能更加实际和重要的问题 ECT 没有给予足够的重视，这就是投资者因东道国内乱和战争等政治风险发生而遭受投资损害的救济问题。ECT 在相关规定上坚持了几乎最保守的立场，其条款文字太过公式化而缺乏实际可操作的内容。或许 ECT 缔约国在制定这项条约时因参与者成分较为单一而在这个问题上并没有迫切的感觉，但他们不应该忽略这是一项开放性的多边条约。当更多有着复杂地缘政治环境的能源资源国加入进来的时候，这个问题是回避不了的。正是由于这样的短视，再加上其他一些显而易见的缺陷，ECT 未来的前景看起来并不能让人感到乐观。

五、中国的战略选择

1993 年在中国经济发展史上具有特殊的意义，因为从这一年开始，中国失去石油自给自足地位而变成石油净进口国。20 年之后，即 2013 年，中国超过美国，跃居全球第一大石油进口国，进口石油在国内总消费量中占比接近 60%。这一沧桑巨变的背后是中国经济的持续高速发展，也是中国经济对包括石油在内的能源资源需求的不断增长。与此趋势相吻合，中国对外能源投资也从无到有、从点到面、从小到大，正以人类历史上从来没有过的巨大步伐向前迈进。目前，中国能源投资企业“走出去”的脚步已经遍及亚、欧、非、美和大洋五洲，其项目数量和规模呈爆炸态势。然而，中国毕竟是对外能源投资的后发国家，在对投资成败有决定性影响的区位选择等方面处于极其被动的地步。世界的主要能源资源本来就分布在地缘政治敏感的地区，再加上相对优良的投资资源区域早已被瓜分完毕，中国对外能源投资只能在困境中求发展，并且十分容易与东道国或东道国地区的内乱和战争等政治风险相伴随。在这个意义上，如何避免或减少政治风险发生所造成的损害成为与中国加大和加快能源企业“走出去”步伐同等重要的事情。

实际上，中国海外能源投资面对政治风险的挑战早在 1993—2003 年就已经存在，只是在这个阶段企业投资的规模不大，项目数量也不多，政治风险发生带来的损害以及如何避免或减少这样的风险损害还没有引起广泛关注。2003 年以后，情况发生了变化，不仅中国企业投资的规模增大以及投资项目的数量增多，而且这些投资的东道国或目标所在地区时有发生政治风险甚至重大政治风险，国际社会乃至中国的普通百姓都会把目光聚焦在这些问题上。中国政府和对外投资企业到了必须正视和重视这些问题的时候了。

根据过往经验，中国在应对海外能源投资政治风险方面偏重于运用外交手段，即使在法律保护层面也只是将 BIT 作为唯一选择。实践已经证明，仅有这些还不足以让中国的企业在海外能源投资过程中避免或减少政治风险损失。发展与目标国的良好关系当然可以在一定时期、一定程度上有助于中国投资企业的经济利益得到保护，但是部分目标国不断变化的政局有时也会让中方企业难以适从。比如，在苏丹、利比亚和乌克兰等国分裂或政权更迭后，中国为了维护自己的企业利益不遭受更大的损失，往往需要在很短时间里调整外交姿态，而这样做在政治层面上会使一贯重义轻利的国家形象在世界上令人有所非议。至于 BIT 的实际作用，我们也很难给予太高评价。中国是世界上缔结 BIT 最多的国家之一，已经与 100 多个国家缔结了这样的协定，可是与此趋势相反，中国又是世界上最少运用 BIT 在国际法庭捍卫自己企业经济利益的国家之一。以联合国贸发会议和 ICSID 的统计数据为例，从 1987 年到 2015 年，中国只有两次机会将损害中方企业利益的东道国送上国际法庭，一次是 2012 年平安保险公司诉比利时，另一次是澳门的一家房地产公司诉老挝，在全球 500 多项投资者诉国家争端案件中占比不到 4‰。这种情形与中国作为一个巨无霸般的外向型经济的国家地位极不相称，表明我们的 BIT 基本还停留在纸上，也表明我们在国际经济关系中还不习惯运用法律方法解决问题。

如此这般，人们不禁要问：中国在捍卫海外能源投资经济安全上还有更好的道路可以选择吗？答案是肯定的。ECT 解决投资争端的经验教训启示我们，在外交方法和双边法律途径之外还有一条多边安排的道路可供考虑。从国际法实践角度分析，多边立法或多边机制的确立是国际关系各个领域进一步发展的一种必然趋势。国际贸易关系的历史进程是这样，理所当然地，国际投资关系的未来发展也应该是这样。中国或许不能站在这股历史潮流的前端，但完全可以顺势而为，积极充当中流砥柱。

在走多边能源投资保护之道这个大前提下，中国首先必须解决两个有着逻辑联系的基本问题。第一，是在 ECT 框架内接受既有的各项安排，还是另起炉灶构建一个更加有效、更加符合包括中国在内的广大新兴国家根本利益的新的机制？第二，如果另起炉灶，那么如何吸取 ECT 的经验教训以在较短的时间里搭起炉灶生火做饭？前一个问题是具有战略性的路径选择问题，而后一个问题则关系到制度的改造和创新。

关于路径的选择，实际是关于中国加入 ECT 的利弊权衡。至于利，不外乎有两点：一是 ECT 存在了 20 多年，相对成熟，并且在国际上享有较高声誉；二是中国作为观察员国已经参与了 ECT 的一些活动，正式申请加入其中也算轻车熟路。而至于弊，重要的不下于三点：其一，ECT 现有成员国数量有限，而且在可以看到的将来也难有较大扩容的可能，而中国只与其中中亚的几个能源资源国有较密切的关系，绝大多数与中国有广泛能源资源合作关系的国家都不在 ECT 的范围之内；其二，ECT 现有成员国除了几个诸如哈萨克斯坦之类的小国外几乎是清一色的能源消费国，由它们设计的能源贸易和投资保护制度不能够充分反映像中国这样的能源资源消费和进口大国的多重利益关注；其三，即便中国作为新成员有心改造 ECT，但是由于利益关切的重点不同以及自身势单力薄而定将力不从心。在这一点上，俄罗斯已经为我们提供了前车之鉴。俄罗斯曾经是 ECT 签字国，后来声明退出该条约对自己的适用。它也曾经期望在 ECT 做出重大修正之后重新批准加入，不过现在已经对此绝望。它的能源资源大国身份与其他 ECT 成员之间在诸多重要的保护能源贸易和投资的规则上有着不可逾越的障碍。在与 ECT 的关系上，俄罗斯远比中国更亲近。俄罗斯过去做不到的，中国在未来也没有可能做到。权衡利弊的结果，中国不适宜选择通过加入 ECT 而走多边能源投资保护的道路。

如果选择创新之路而在 ECT 之外建设多边能源投资保护机制，中国可重点考虑从下面几个方面着手推进。

第一，以缔结一项《国际能源公约》作为法律基础，创建全球性的国际能源共同体。ECT 虽然是一项有着法律拘束力的多边国际能源条约，但是其局限性很大。它的成员分布表面上涵盖欧洲、亚洲和大洋洲，实际上还是以欧洲为中心，欧洲以外的成员无法代表整个世界能源生产、消费和投资的现有格局。它不能在全球最重要的石油和天然气生产国（比如俄罗斯和石油输出国组织成员国）以及最重要的能源资源消费和投资大国（比如美国、中国和印度等）之间适用。它也只是一项国际条约，缺乏一个专门的组织机构协调和监督条约本身的实施。国际社会需要一个新的具有普遍适用性的多边能源条约，也需要有一个建立在该条约基础上的类似于世界贸易组织的实质性机构加以配套。

第二，新的国际能源共同体适合由世界上主要能源资源生产国、消费国和投资国牵头创建。在当今世界，不仅作为ECT管理和决策机构的能源宪章大会没有能力担负创造新机制的使命，著名的国际能源机构（IEA）也同样发挥不了作用。后者只是经合组织下的一个由十几个消费国组成的国际组织。在这方面，中国可以扮演重要角色。

第三，新的国际能源共同体的建设可遵循逐步推进和先易后难的原则。在成员的构成方面，该共同体应该是面向全球开放的并分阶段扩大范围。假若可能，可先尝试在易于形成共识的金砖国家、上海合作组织和丝绸之路经济带周边国家中启动宏图，而后推动更多非洲和拉美的能源资源国家以及消费和投资国家加入。在国际能源规则方面，尽量先就难度较小的领域和具体问题达成协议，并通过灵活性的安排保持更新和跟进，为规则的不断进步奠定基础以适应变化中的国际能源技术的发展。

第四，《国际能源公约》应在其所调整的能源关系方面在广度上超越ECT。毕竟，ECT是20多年前的产物，其间人类在可再生资源以及页岩气的研究、开发和利用上已取得重大进展，以金砖国家为代表的新兴国家在能源的生产、消费和投资方面占据越来越重要的地位，能源的跨界投资不再是少数发达国家的专利。新的《公约》不能不反映这种现实。它可以在ECT的基础上扩大问题的范围，将能源贸易、能源投资、能源的过境运输、能源效益、可再生资源的研发和利用以及能源金融等作为规则的主要内容。

第五，在新的能源规则体系中，投资保护和投资争端解决机制应当得到完善并成为重点。以ECT为鉴，《公约》需要更加明确受保护的“投资者”范围，清晰区分东道国为公共利益而采取的国家经济主权范围内政策法律措施与非法征收之间的界限，并且制定更具可操作性的规则，以确保在东道国内乱和战争等政治风险发生时投资者的损害能够得到充分、及时和有效的补偿。此外，新的投资争端解决机制应特别注意发达国家与发展中国家、投资者与东道国之间权利和义务的平衡，不能成为任何一方片面获取经济利益的手段。

六、结语

毋庸置疑，在国际投资法发展的历史上，在国际投资争端解决的具体实践中，1994 年签订的 ECT 具有特殊的地位和价值。20 多年后的今天，人类在保护能源领域的投资和解决该领域争端方面走到了一个十字路口。当前的全球能源生产、消费和投资格局需要国际社会就未来的前进方向做出选择，是因循现有的 ECT 模式，还是创造性地发展一个新的能够适用于更多国家的能源投资保护和争端解决机制？考虑到 ECT 固有的局限性，我们似乎感觉很难在其所开辟的道路上继续走下去，而另辟蹊径，设计一套包括新的投资保护和争端解决机制在内的综合性能源法律体系和制度以在全球更大范围内适用，条件已经成熟。作为世界上经济发展速度较快、经济总量不断增加的能源生产、消费和投资大国，中国理所应当要勇敢承担起历史赋予的责任。这不只是中国国家利益之所在，也完全符合新兴国家的影响力正在世界经济中日益增强的现实，是全球政治经济发展的潮流趋势。

金砖国家经济合作的重大突破

——金砖银行面面观

金砖银行，国际上正式的称谓应当是“新开发银行”（New Development Bank，简称 NDB）。虽然前者叫起来比较顺口，而且很容易与五个金砖国家联系在一起，但是后者更能反映这个新的多边国际金融机构的一个重要特点，那就是它的开放性。2014 年 7 月，中国、俄罗斯、印度、巴西和南非五个金砖国家首脑在巴西名城福塔雷萨举行峰会，共同签署《关于建立金砖新开发银行的协定》（简称《协定》）等文件。在这项协定中，作为创始成员国的金砖五国开宗明义，“创建这样的银行是为了彰显金砖国家之间的紧密关系，同时为增进它们的经济合作提供有力的手段”，并承诺“调动资源用于金砖国家以及其他新兴经济体和发展中国家的基础设施和持续发展项目，以弥补现有多边和区域金融机构在全球成长和发展中所做出的努力的不足”。

作为全球性的多边国际金融机构，金砖银行不是国际上同类机构的简单复制，也不仅仅是中国主导或倡议创建的多个国际金融机构的功能的补充，而是一项具有极强象征意义和实际价值的全球治理上的制度创新。它的横空出世既有国际性因素推动，但更主要还是基于金砖国家内部共同的意志和相对成熟的条件。虽然其未来的发展道路绝不可能一帆风顺，甚至会遇到巨大的障碍，不过航程既然已经开启，其只能在征服风浪中不断向前推进。中国在金砖银行的诞生中扮演着关键角色，不仅在该金融机构的未来命运中担负主要责任，而且应该充分利用其提供的可能机会推动自己的全球经济战略目标的实现。

一、金砖（新开发）银行“新”在哪里

大体上，金砖银行与亚洲基础设施投资银行（简称亚投行）在签约和管理层确定的时间方面相差无几，但在国内，大家似乎更加熟悉亚投行。其实，浏览一下国际媒体，我们会发现无论是一般的新闻报道，还是专门的研究成果，有关金砖银行的信息远远多于亚投行。究其原因，无外乎金砖银行有更多新的东西，而且其潜在的影响力也非亚投行所能够企及，甚至其他现有国际金融机构都无法与其相提并论。

概括起来，金砖银行至少有以下新的特点。

（一）主要由发展中国家主导和参与

在当今重要的多边国际金融机构中，美国或西方发达国家多处在领导者的位置，比如世界银行、国际货币基金组织和亚开行等。即使在亚投行和非洲开发银行中，也有不少西方发达国家参与。而正在建设中的金砖银行则明显不同，主要由中、俄、印、巴和南非五个发展中的国家主导，基本排除了包括美国在内的西方发达国家的介入。由于构成金砖银行之法律基础的《协定》的要求，该银行随着时机成熟会逐渐向非金砖国家开放，但是也只局限于其他新兴经济体或发展中国家。这样的成员结构在迄今为止数十个全球或区域性国际金融机构中实为罕见。

（二）成员国的地域分布具有全球性质

毋庸置疑，金砖银行的成员国数量在不远的将来会有一定程度的增加，但仅有五个国家作为创始成员国也创造了一项世界纪录。原则上来说，任何一个国际机构的创始成员国数量多寡并不是完全没有意义的。通常，创始成员国数量多者意味着在很短时间内能够得到广泛的道义和技术上的支持，并且易于发挥更大的影响力。只是数量多的优势并不总是绝对的。数量多者，往往投票权的分配难以做到公平公正，其决策也易于低效，而像金砖银行这样的国际机制正好在这些方面相反，不仅易

于体现公平公正，而且便于各方统一意见，从而高效地做出决策。虽然金砖银行的成员国数量在可以预见的未来不太可能超过现有的最有影响的几个多边国际金融机构，但是即便如此，其创始成员国的全球分布状态却非同寻常，五个成员国地处亚、欧、非、美四大洲，代表性很强。

（三）创始成员国具有多元文化背景、不同的政治制度和不同的经济实力

金砖五国能够走到一起，是因为它们之间在国家的性质上有很多共同之处。它们都是地区乃至全球范围的领土和人口大国，都具有多元民族文化，其经济规模和发展速度在世界或地区名列前茅，五个国家也都有较为齐全的产业门类。不过，它们之间的差异也很大。在政治上，中国实行社会主义制度，属于单一制国家，而其他四国程度不同地走在资本主义代议民主制道路上，属于联邦制国家。在宗教方面，中国没有所谓主流的宗教一说，而巴西、俄罗斯、印度和南非则分别由天主教、东正教、印度教和基督新教占据国民宗教信仰的主导位置。在经济发展水平上，中国的经济发展速度以及经济规模都在其他四国之上，特别是经济规模超过其他四国的总和。

（四）初始资本平摊，各创始成员国的表决权相同

金砖银行的法定资本为1000亿美元，其中500亿美元在五个创始成员国之间平摊，即每个国家出资100亿美元。同时，根据出资比例，每个创始成员国享有同等的投票权，共占有全部投票权的55%，其余45%的投票权由其他非金砖国家基于资金贡献的大小而分享。这项创新的实际效果目前不得而知，但无论如何其称得上是全球治理民主化实践中的一次大胆尝试，是对美国等发达国家垄断世界银行、国际货币基金组织和亚开行等多边国际金融机构投票权传统模式的绝妙回应。

（五）行长及其他管理职位基于五年任期轮替

与投票权的垄断一样，美国、欧盟和日本长期掌控目前世界上最有影响的几个重要国际金融机构行长一类的高级管理职位。与此不同，金

砖银行行长和其他关键管理职位的人选依次在五个创始成员国中轮替，其任职期限为五年。这样的安排进一步强化了金砖银行民主化管理的特色，实际上也符合五国在初始资本上所做出的平均贡献的具体情况。

（六）同时扮演世界银行和国际货币基金组织的双重角色

在金砖五国元首共同见证《关于建立金砖新开发银行的协定》签署的时候，五国相关部门的官员还签署了《关于建立金砖应急储备安排的条约》。根据这项《条约》，金砖五国出资创建一个应急储备基金作为金砖银行的补充。在这个1000亿美元的基金中，中国出资410亿美元，巴西、印度和俄罗斯分别出资180亿美元，南非以50亿美元殿后。这项基金建立的目的在于通过流动性工具和预防性工具提供一个支持的框架，以应对金砖国家各国以及未来加入该基金的非金砖国家实际或潜在的短期国际收支压力。由金砖银行和应急储备基金构成的金砖金融机制在世界上没有先例，其在很大程度上同时扮演着由美国主导的世界银行和国际货币基金组织的双重角色。

（七）投资和救助项目的审批较少设有政治和其他严苛的条件

众所周知，世界银行主要为包括发展中国家在内的各国基础设施项目提供长期贷款和技术协助，而国际货币基金组织则主要对发生国际收支困难的成员国在必要时提供紧急资金融通以避免其他国家受其影响。这两个当今世界最重要的金融机构在提供项目贷款和救助时设置有非常严苛的程序和条件，涉及人权、腐败、环境和社会影响等诸多方面。可以肯定的是，金砖银行以及应急储备基金在提供贷款和救助方面会表现得更加灵活。至于是否如同西方舆论普遍怀疑的它们将降低、忽略甚至放弃必要的项目审核标准，这有待实践检验。相信金砖银行和应急储备基金的创始成员国应该能够在增强其对发展中国家的吸引力与保障项目投资和援助效益之间实现平衡。

（八）资金规模不大而潜在影响力不小

据统计，目前世界上国际性的多边或区域金融机构多达数十个。其中最有影响的大约有10个，它们是世界银行、国际货币基金组织、欧洲重建与发展银行、亚洲开发银行、美洲开发银行、非洲开发银行、欧洲投资银行、伊斯兰开发银行、亚洲基础设施投资银行和金砖银行等。在这些金融机构中，以资金规模和成员国数量论，金砖银行都排在后面。然而，金砖银行的潜在影响力远在其资金规模和成员国数量的实际排位之上。这至少是由两个因素决定的：第一，金砖五国作为一个集团在经济发展速度上遥遥领先于其他同类者，其总体经济实力也相应大幅增强；第二，随着越来越多新兴经济体或其他发展中国家从金砖银行投资和援助中获得实际利益，申请成为金砖银行成员国的国家会越来越多。

表10—1 重要的多边国际开发银行

名称	资本金	成员数
世界银行（WB）	2230亿美元（2015）	188
国际货币基金组织（IMF）	3270亿美元（2015）	188
金砖国家新开发银行（NDB）	1000亿美元（2014）	5 +
欧洲重建与发展银行（EBRD）	200亿美元（2015）	63
亚洲基础设施投资银行（AIIB）	1000亿美元（2015）	50
亚洲开发银行（ADB）	1630亿美元（2015）	67
美洲开发银行（IDB）	1290亿美元（2015）	48
非洲开发银行（AFDB）	1030亿美元（2015）	77
欧洲投资银行（EIB）	3310亿美元（2015）	12
伊斯兰开发银行（IDB）	470亿美元（2015）	56

资料来源：由笔者整理制作。

（九）有助于中国在全球发挥影响力

金砖银行在国际上引起超过亚投行的反响，其中一个重要原因就是不少西方国家担心中国利用它在全球发挥更大的影响力。主观上，中国没有意愿也没有可能与既有强国在全球范围争夺所谓的霸权地位，但在客观上，金砖银行的发展必然有助于中国在亚、欧、非、美等大洲影响力的扩大。在当今世界，国家的影响力体现在多个方面，比如政治、经济和文化等，但是其基础是经济实力。中国不断增强的经济实力，借助金砖银行这样的平台，是容易转化为国家的影响力的。在发挥国家影响力的途径中，投资、援助、贸易、文化和传播以及国际游戏规则的制定等都已经被证明是行之有效的，而在这些方面，金砖银行的作用无可替代。

二、金砖银行靠什么支撑

金砖国家概念的出现极具偶然性。2001 年，美国高盛公司首席经济师吉姆·奥尼尔在一份题为《全球需要更好的经济“金砖”》的投资报告中首次提及“金砖四国”，特用来指称新兴经济体中最有活力的四个国家，即巴西、俄罗斯、印度和中国。2010 年南非加入后，“金砖四国”改称为“金砖国家”。15 年来，这几个国家以“金砖四国”或“金砖国家”的名义先后举行过七次首脑峰会，逐步形成紧密的会晤机制，并且在经济合作等诸多领域取得不小成绩。其中，金砖银行的设立就是经济合作历程中的具有里程碑意义的事件。

如果说金砖国家走到一起带有一定的偶然性，那么金砖银行的创建则是它们 10 多年紧密经济合作的必然产物。与世上大多数事物一样，金砖银行的产生由内外两方面的因素驱动。相比较而言，金砖银行在创建之前受外部因素影响明显些，而在今后的发展中内部因素将体现得更为重要。换句话说，金砖银行这座大厦搭建起来之后，决定它能否巍然矗立的还是其基石的牢固程度以及几个主要支柱的坚固与否。下面，我们来看看金砖银行这座大厦究竟依靠什么支撑。

（一）各创始成员国经济资源上的互补优势

经济学上有一个著名的“比较优势理论”，说的是国家之间之所以展开贸易，是因为彼此都希望向对方出口具有比较优势的商品而进口其处于比较劣势的商品，当交易双方事实上存在着商品生产方面的差异，各自便都能从这样的贸易中获得利益。在国际直接投资领域也有类似的区位选择理论。根据该理论，一国企业决定在某一国家或地区进行投资之前，必须在市场、技术、资源、自然环境和政治法律环境等要素中做出有利于自己的选择。换句话说，在一般情况下，对外直接投资的发生也是基于影响投资成败的各项因素能否实现优势互补的考虑。金砖国家之所以能够走到一起并决意创建一个新的开发银行，正是由于它们之间在诸多方面特别是经济上存在着巨大差异。

在产业结构方面，中国和印度的农业在国民经济中所占比重较大，中国和俄罗斯都是工业强国，而巴西和南非则在服务业领域大幅领先于其他金砖国家。

在自然资源禀赋方面，巴西、俄罗斯和南非是资源大国。巴西的国土面积名列世界前五，多样化的土质和丰富的水资源为该国的农业发展提供了便利。在各项农产品中，咖啡、可可、甘蔗、玉米和大豆的产量位居全球之首。巴西也是世界上少有的资源大国，其铁矿砂的储量和出口量都很大，其他储量巨大的矿产资源还包括铝土、铀、锰和镍等。俄罗斯的自然资源更是丰富，其中石油、天然气和木材的出口在量上已经令他国望尘莫及。相比较，南非的疆域是五个金砖国家中最小的，但是它仍以资源大国著称于世。它是世界上矿产资源最丰富的国家之一，其总量超过整个非洲的一半之多，其中黄金、钻石、铬和铂的产量排在世界第一位。

在贸易和投资市场规模方面，中国的优势非常明显。自 2010 年经济规模超过日本以来，中国连续多年保持世界第二大进口国位置，同时也是引进外资第二多的国家。只要维持目前的经济增长速度，相信不用太久，中国在贸易和投资市场规模上再上一个台阶将是毋庸置疑的。经济的持续增长必然对能源和其他矿产资源提出更大的需求，特别是在石油、天然气、铁矿砂和其他多种矿产资源上，中国并不能自给自足，对外有较大的依赖性，而在这些方面，巴西、俄罗斯和南非正好与中国形成互补。此外，巴西还可以为中国提供市场所需要的大豆、玉米和柑橘等农产品。总体上，金砖国家相互之间的贸易和投资水平还不高，中国不断扩大中的贸易和投资市场不只是在理论上对其他四国具有巨大的吸引力，实际中也会提升它们在中国市场中的份额。

表10—2 金砖国家经济数据比较

比较项目		巴西	俄罗斯	印度	中国	南非
人口		2.04亿	1.42亿	12.5亿	13.6亿	0.53亿
国土面积		851万平方公里	1709万平方公里	328万平方公里	960万平方公里	122万平方公里
GDP		2.353万亿美元	1.857万亿美元	2.05万亿美元	10.38万亿美元	0.35万亿美元
产业	产业结构	农5.8%，工23.8%，服务70.4%	农4%，工36.3%，服务59.7%	农17.9%，工24.2%，服务57.9%	农9.2%，工42.6%，服务43.2%	农2.4%，工28.5%，服务69.1%
	农业产品	咖啡、大豆、小麦、大米、玉米、蔗糖、橙子、牛肉	谷物、甜菜、蔬菜、水果、牛肉、牛奶	大米、小麦、油菜籽、棉花、茶、土豆、奶制品、羊、家禽	大米、小麦、大麦、土豆、玉米、花生、茶、小米、棉花、油菜籽	玉米、小麦、蔗糖、水果、蔬菜、牛肉、家禽、羊毛、奶制品
	工业产品	纺织品、鞋类、化工、水泥、木材、铁矿石、锡、钢、飞机、汽车及零配件、电子机械设备	煤炭、石油、天然气、化工、金属、机械制造、航天和航空器、军工、造船、运输设备、通信设备、耐用消费品、纺织品、食品、手工制品	纺织、化工、食品加工、钢、运输设备、水泥、矿产、石油、机械、软件	采矿和矿石加工、铁、钢、铝及其他金属、煤炭、机械制造、军工、纺织服装、石油、水泥、化工、化肥、消费品、食品加工、运输和通信设备	矿产、汽车装配、金属加工、机械制造、纺织品、钢铁、化工、化肥、食品加工、商船维修
劳动力人口		1.1亿	0.75亿	5亿	8亿	0.2亿

续表

比较项目		巴西	俄罗斯	印度	中国	南非
对外贸易出口	出口总额	2427 亿美元	5203 亿美元	3425 亿美元	23430 亿美元	927 亿美元
	出口产品	运输设备、铁矿石、大豆、服装、咖啡、汽车	石油及石油制品、天然气、金属、木材及木制品、化工、民军用制品	石油产品、宝石、交通工具、钢铁、化工、医药品、食品、服装	电子及其他机械产品、纺织服装、家居、集成电路	黄金、钻石、铂、其他金属与矿产品、机械与设备
	主要伙伴	中国 19%，美国 10.3%，阿根廷 8.1%，荷兰 7.2%	荷兰 10.7%，德国 8.2%，中国 6.8%，意大利 5.5%，乌克兰 5%	美国 12.4%，阿联酋 10.2%，中国 4.7%，新加坡 4.3%，中国香港 4.2%	美国 16.9%，中国香港 15.5%，日本 6.4%，韩国 4.3%	中国 32%，美国 6.5%，日本 5%，印度 4.7%
进口	进口总额	2419 亿美元	3239 亿美元	5081 亿美元	19630 亿美元	1222 亿美元
	进口产品	机械、电子和运输设备、化工、石油、汽车配件、电子产品	机械、车辆、医药品、塑料、肉类、光学和医疗仪器、水果、铁、钢	原油、宝石、机械、化工品、化肥、塑料制品、钢铁	电子及机械产品、石油及其他化石能源、金属矿石、汽车、大豆	机械设备、化工品、石油产品、科学仪器、食品
	主要伙伴	中国 15.6%，美国 15.1%，阿根廷 6.9%	中国 16.5%，德国 12.5%，意大利 14.4%，美国 4.3%	中国 11%，沙特 7.8%，阿联酋 7.1%，瑞士 5.5%，美国 4.8%	韩国 9.7%，日本 8.3%，美国 8.1%，德国 5.4%，澳大利亚 5%	中国 16.2%，德国 9.5%，沙特 8%，美国 7%，印度 4.8%
外国直接投资外资输入存量		7285 亿美元	6060 亿美元	2617 亿美元	12870 亿美元	1775 亿美元

续表

对外投资存量		1776 亿美元	5335 亿美元	1298 亿美元	6463 亿美元	1229 亿美元
能源原油	生产量	264 万桶/每日	1005 万桶/每日	75.9 万桶/每日	420 万桶/每日	16.8 万桶/每日
	出口量	62 万桶/每日	462 万桶/每日	—	1.2 万桶/每日	—
	进口量	34 万桶/每日	1.7 万桶/每日	381 万桶/每日	616 万桶/每日	41.4 万桶/每日
	探明储量	133 亿桶	800 亿桶	55.9 亿桶	181 亿桶	15000 万桶
天然气	生产量	213 亿立方米	6680 亿立方米	360 亿立方米	1302 亿立方米	11.8 亿立方米
	消费量	376 亿立方米	4135 亿立方米	539 亿立方米	1818 亿立方米	46.3 亿立方米
	出口量	4.6 亿立方米	1960 亿立方米	—	26 亿立方米	—
	进口量	138.5 亿立方米	80 亿立方米	179 亿立方米	580 亿立方米	34.5 亿立方米
	探明储量	3887 亿立方米	478000 亿立方米	14270 亿立方米	33000 亿立方米	150 亿立方米

资料来源：由笔者根据 CIA 世界概况等资料制作。

（二）各创始成员国在国际事务中趋同的立场

除了俄罗斯之外，其他四个金砖国家在历史上都曾经是殖民地或半殖民地，共同的经历让它们在维护国家的经济主权和根本利益上有着相同或相似的立场。早在 WTO 成立之前的乌拉圭回合谈判中，代表发展中国家的巴西和印度就与西方发达国家在诸多贸易议题上据理力争。在中国加入 WTO 之后，发展中国家的声音更大，金砖国家在国际事务上的合作越来越默契。作为一种事实，在诸如 WTO、世界气候大会和 G20 等国际舞台上，金砖国家协调一致，发挥集体的力量，不再被视为可有可无的角色。关于这一点，美国前国务卿希拉里在其传记《艰难抉择》中对2009年哥本哈根气候大会期间一个插曲的评论很能说明问题。据希拉里描述，她与匆忙赶来赴会的美国总统奥巴马突然发现与会的中国、巴西、印度和南非的领导人不见踪影，后来得知他们在酒店一角的一个房间里正在开会，于是情急之下闯了进去。希拉里就此感叹道："我看着对面的温家宝，再看看印度、巴西与南非的领袖，他们代表全球四成人口，今天他们围坐在这张桌子四周，象征着全球影响力的重大转移。曾几何时它们还只是国际事务中的一些边缘国家，现在却成了我们必须认真看待的举足轻重的关键角色。"

在如何对待国际法和联合国的问题上，金砖国家也表现出高度的一致，它们都希望增强国际法的作用，特别强调联合国在应对国际事务中的首要地位。

（三）各创始成员国都是发展中的大国并且有强国的抱负

在发展中国家中，金砖五国因其在经济规模和发展速度上的卓越表现而赢得领导者的声誉，这早已是不争的事实。在亚洲，在这个曾经以"四小龙"和"四小虎"为标志创造了经济奇迹的地方，中国和印度正取而代之成为发展的典范。在亚欧大陆，俄罗斯在经过苏联解体的一段停滞后再度走上快速复苏的道路，普京力图通过"欧亚联盟"计划的实施重振俄罗斯雄风。巴西是南美经济实力最强大的国家，而南非也是非洲大陆上经济最发达的国家。种种迹象显示，已经没有任何力量能够阻挡这五个国家作为区域政治和经济的强国而存在，它们在经济上所表现出来的实力和发展潜力，让整个世界都不再怀疑其强国的抱负远在区域范围之外。

21世纪第二个十年以来，金砖国家中的中国、巴西、俄罗斯和印度一并跻身全球十大经济体。2008年，作为全球最有影响力经济集团的20国集团举行首次首脑峰会，2015年11月第10次会议于土耳其召开。在如此重要的国际经济舞台上，金砖五国一个都没有落下。另外，在联合国安理会中，中国和俄罗斯占有两个席位，在争取成为新的常任理事国的"入常"竞争中，巴西、印度和南非获取最后成功的希望最大。从策略上讲，金砖各国实现各自强国梦想的最好途径无非就是借助金砖国家这个集体的力量。所幸的是，金砖五国在大体上都意识到了这一点。

表 10—3 世界最大经济体

2010 年			2050 年		
序号	国家	GDP（单位：万亿美元，PPP）	序号	国家	GDP（单位：万亿美元，PPP）
1	美国	14.12	**1**	**印度**	**85.97**
2	**中国**	**9.98**	**2**	**中国**	**80.02**
3	日本	4.33	3	美国	39.07
4	**印度**	**3.92**	**4**	**印度尼西亚**	**13.93**
5	德国	2.91	**5**	**巴西**	**11.58**
6	**俄罗斯**	**2.20**	**6**	**尼日尼亚**	**9.51**
7	**巴西**	**2.16**	**7**	**俄罗斯**	**7.77**
8	英国	2.16	**8**	**墨西哥**	**6.57**
9	法国	2.12	9	日本	6.48
10	意大利	1.75	**10**	**埃及**	**6.02**

资料来源：《2012 年世界财富报告》（英文版）。

注：I 新兴世界国家；**I 西方发达国家**。

（四）各创始成员国都不满现有国际货币金融体制

当代国际金融体系是 1944 年以美国为首的同盟国在布雷顿森林会议上确立的，由一系列调整国际货币关系的规则、原则、机制和组织机构构成。经过半个多世纪的实践，作为其重要组成部分的世界银行、国际货币基金组织以及亚洲开发银行越来越暴露出其局限性，以至于引起国际上普遍的不满和改革的呼声。在所有发出不满和改革呼声的国家中，金砖国家处在显赫的位置。它们的特别处境主要来自两个方面：第一，在接受世界银行等资金支持的时候，它们必须承诺满足诸多政治、经济和其他条件的制约。比如，1998 年巴西从国际货币基金组织主导的国际援助项目获得 415 亿美元的贷款，前提是巴西要调整财政政策和经济结构。第二，金砖国家是全球经济增长最快的国家，对全球经济增长的贡献也最多，其经济总量占全球的 20%，这一事实没有在世界银行等国际金融机构话语权中得到应有体现。在世界银行和国际货币基金组织中，美国均拥有一票否决权；而在亚开行的投票权分配中，美日是占有最大权重的两个国家。尽管金砖国家在欧债危机后有增强其在这些国际金融机构中影响力的趋势，但是有关改革的努力常常受到阻扰。时至今日，任何实质性的改变都没有出现。比如在国际货币基金组织中，金砖五国仅握有 11% 的表决权，而美国的表决权则达到 16.75%，其一国就能够否决任何需要 85% 绝对多数赞同票的重要决定。短期看，这方面的积极改变难以从既有利益获得者角度得到实现，金砖国家只能采取行动从外部加以触动或推进。

（五）各创始成员国都面临大规模而持续的基础设施建设任务

据世界银行估计，目前全球每年的基础设施投资高达 1 万亿美元，而新兴经济体和其他发展中国家到 2020 年之前还需要每年再增加基础设施投资 1 万亿—1.5 万亿美元。这项资金的估计有两层潜在含义：一是未来五年甚至更长时间，新兴经济体和其他发展中国家将展开大规模基础设施建设；二是它们都面临巨大的资金缺口。在这两个方面，金砖国家有过之而无不及。

首先是中国。“一带一路”战略倡议的施行，让中国在国内和国外都成为基础设施建设项目的最大承担者。作为史无前例的系统工程，“一带一路”建设仅凭一国之力无法独立完成。中国在积极倡导由陆海丝路沿边国家共同出资出力并分享成果的同时，不可避免要主导或参与为数众多的基础设施项目的建设，因为中国在这些项目中的大多数上不仅有技术和人力资源的优势，而且有丰富的经验，这是其他任何国家都无法比拟的。这些项目至少包括公路、铁路、空海航线、油气管道和通信网络，也包括桥梁、空港、海港和工业园区的建设。

其次看巴西。2012 年，卢塞夫担任新总统后不久便公布了巴西的经济刺激计划。这项新计划一改过去重视刺激消费的做法而转为重视投资，并引入私有和其他资金以促进基础设施建设。2013 年 5 月，巴西国会和联邦参议院正式通过法案，推动港口现代化进程。同年 9 月，巴西与玻利维亚和秘鲁达成协议，计划合作修建一条横跨大西洋和太平洋的铁路，该铁路总长达 1.2 万公里，用以促进出口贸易。巴西基础设施项目的规模和对外来资金的需求还可以从下面的信息中得到印证。据国际媒体报道，2015 年 5 月中国总理李克强访问巴西，宣布涉及金额达 500 亿美元的基础设施建设投资计划，涉及汽车零配件、交通、能源、港口、水力发电和铁路等不同领域。

再来看俄罗斯。相对于其他国家，俄罗斯疆域十分辽阔。由于经济复兴过程中资金的限制，该国基础设施普遍较为陈旧，亟需升级改造。为此，俄罗斯政府痛下决心，在包括公路、高速铁路、油气管道和通信等诸多基础设施领域施以大手笔。根据 2013 年出台的《2030 年俄罗斯交通运输发展战略规划》，俄罗斯准备投资 3.22 万亿美元改善其显然落后的公路、铁路和航空等基础设施状况。

另外是印度。在其“十一五”（2007—2012 年）规划期间，包括公路、铁路、港口、机场、电力、通信、油气管道和灌溉系统在内的基础设施投资从占 GDP 的 5.7% 增长到 8%，但总的基础设施投资仍然明显不足。“十二五”期间，印度计划在基础设施领域增加投资 1 万亿美元。

最后来看南非。南非虽然是非洲经济发展最好的国家，但经济总量远不及其他四个金砖国家，这决定了该国基础设施建设的规模有一定局限性。不过，鉴于南非在非洲经济发展中的中心位置，它的相关动向同样值得关注。2010 年，南非政府提出“新增长路线”发展战略，计划在未来 10 年优先在基础设施建设等六个重点领域挖掘潜力以创造就业机会。2011 年，该政府又公布了《2030 年国家发展规划》，将加大在公路、铁路、港口和电力等领域投资，以期实现经济快速发展。2013 年，非盟制订了“南北交通走廊”计划，由南非牵头具体规划和实施。南非以及南非与非盟的基础设施项目都是该国对外经济合作的重点领域。

三、横亘在金砖银行前行路上的主要障碍有哪些

据 NN Investment 整理的官方数据，在截至 2015 年 7 月底的 13 个月里，19 个最大新兴经济体的资本净流出总量达到 9402 亿美元，几乎是 2008—2009 年金融危机时三个季度的 4800 亿美元净流出总量的两倍。也几乎是在同一时期，这些新兴经济体中的大多数放缓经济发展速度。无论如何，这样的经济形势对正在起步阶段的金砖银行而言都不是好消息。在很大程度上，以资本为基础的金砖银行的前景取决于各创始成员国经济发展速度以及对外来资金吸引力的大小。仅就此而言，金砖银行或许“生不逢时”。

除了大背景外，金砖银行在前行的路上还面临来自内部或更加具体的技术层面的障碍。

（一）金砖国家之间彼此的关系并不十分稳靠

金砖银行管理层职位的分配非常特别，五个创始成员国都各有所获。按照协议，银行总部设在中国上海，首任行长由印度人担任，首任董事会主席是来自巴西的代表，俄罗斯推举管理委员会（理事会）主席，而第一个区域性总部则放在南非。表面上看，这样的安排充分体现了银行治理的民主性质，但实际上却极有可能是经过反复讨价还价而相互妥协的结果，印度也曾经力争银行的总部设在自己的国家。如果是这样的话，不难看出金砖国家在维护各自利益的情况下还是存在不小矛盾的。

由于历史和现实的原因，中印以及中俄之间的关系发展并不十分顺畅。在中印之间，领土争端始终是一个死结，只要这个问题得不到切实解决，两国关系在其他层面的发展就会受到影响。另外，中国经济的持续快速发展也让印度这个追求大国和强国梦的邻居倍感压力，后者对前者的陆海丝路战略保持着高度警觉，甚至怀疑其战略目的是在印度洋及其周边扩大中国的“势力范围”。与印度相比，俄罗斯追求大国和强国梦的动力和基础似乎更强大一些。这个有着“辉煌”过去的国家不甘平

庸，即使在疆域大大缩小、人口大大减少的今天仍然执着于复兴过去的“辉煌”。中俄之间虽然不再纠结于历史，但是两国在对外战略的一些方面难免发生“撞车”。在中国倡导的“一带一路”战略中，中亚五国以及东欧的乌克兰和白俄罗斯等国是重要的环节，而这些国家曾经都是俄罗斯前身苏联的加盟共和国，是俄罗斯现今眼中的“势力范围”，俄罗斯的“欧亚联盟”战略也是以这些国家作为基础的。此外，中国与巴西以及中国与南非的关系也不能说完全没有问题。巴西虽然可算作地大物博的资源型国家，但是在包括石油和天然气在内的能源资源方面还是一个净进口国，与中国在非洲存在一定程度的竞争态势。所以，总体上来讲，金砖国家内部的关系应该是一种既有合作又有竞争的“竞合关系”，不可过分低估，也不可过高指望，如此而已。

（二）金砖国家各自经济发展水平存在巨大差异

金砖国家内部各国在经济发展水平上的差异，是另一个阻碍金砖银行顺利发展的因素。中国和印度的人口规模是南非的20多倍。中国的经济规模遥遥领先于其他四个国家，而且在对外贸易、对外援助、对外投资和外汇储备等方面实力都更加强大。在如此格局之下，金砖五国之间要做到完全的平等和充分的信任不是没有困难的。中国已经在金砖银行的管理层安排上做出了尽可能的让步，但在其他金砖国家看来，这只是问题的一个方面。事实上，在应急储备基金的出资比例上，中国的份额最大，相应地，其话语权也最大。

（三）金砖银行成员国数量太少

一般而言，一个多边国际机构或组织的活力和生命力是由其组成部分的数量和质量决定的。作为一个多边的国际金融机构，金砖银行的情况更是如此。缺乏足够多的经济发展较好的成员国，金砖银行后续资金的来源就是一个问题。所幸的是，《关于建立金砖新开发银行的协定》承诺，该银行面向联合国成员国开放而不论它们是借贷或非借贷方，其前提条件只有一项，那就是遵守《协定》各项条款的规定。然而，即便如此，金砖银行的成员国身份对发达国家是没有吸引力的，这是因为该银行的资金主要是用来支持金砖国家以及新兴经济体和其他发展中国家的基础设施项目的。

（四）投融资存在一定压力或风险

在阻碍金砖银行发展的各项因素中，如果说上面提到的三项还算相对确定的话，那么有另外一项因素是不确定的，那就是该银行在投融资过程中可能会面对的压力或风险。毫无疑问，金砖银行资金支持的投资项目都将在金砖国家以及新兴经济体和其他发展中国家，而这正可能是金砖银行作为一个本应该注重投资效益的多边国际金融机构的最大的软肋。与发达国家比较起来，发展中国家在管理、技术和人力资源素质方面相对落后，其中不少国家内部政局不稳，或者地处区域冲突的焦点之中，政治、法律和经济风险明显较大，很难想象这样环境下的投资效益会有多高。如果没有普遍理想的项目投资效益，后续融资将成为问题，而这样的情形将制约金砖银行可能扩大的资金规模。其结果，正如经济学专家阿玛尔·巴塔查里亚等人在提交给气候变化经济学和政策中心的文章中所说的，金砖银行现有的1000亿美元资金在缓解发展中国家基础设施困境中的意义是不大的。

四、中国如何借金砖银行提升全球影响力

金砖银行是“一带一路”背景下的另一个融资平台。原本它与“一带一路”没有直接关系，主要是金砖国家用来减少对美元和欧元的依赖，抵御国际货币波动的影响，并在需要时施以救济的金融性质的安排。然而，由于金砖国家中大多数位于“一带一路”沿线，而且金砖银行面向所有发展中国家，它的创建自然而然就构成了“一带一路”融资机制的一个不可或缺的环节。在某种意义上，金砖银行比亚投行还要重要。在资金规模上，它超过亚投行的1000亿美元，有1000亿美元银行投资资金和1000亿美元应急储备基金；在功能上，它相当于扮演了世界银行和国际货币基金组织这两个不同性质的多边金融机构的角色，一方面通

过市场机制长期投资金砖国家和其他发展中国家的基础设施建设项目，另一方面则着眼于未来以帮助解决金砖国家可能面临的短期金融危机。该银行正式投入运营意味着金砖国家不再仅仅是一个领导人会晤机制，更成为中国、印度、俄罗斯、巴西和南非等国之间开展实质性经济合作并具备资金调节能力或条件的多边性质的国际组织。金砖银行自身的地位，正如英国《金融时报》在2012年金砖银行概念提出时所做的评价那样，将成为1991年欧洲复兴开发银行成立以来设立的第一个重要多边贷款机构。

如何运用好金砖银行并使其在实现中国的“一带一路”战略中发挥最大的作用，同时扩大中国在全球的影响力，需要认真加以对待。以下提出几点建议，谨供参考。

（一）降低投资风险以确保金砖银行的吸引力

目前，国际上对金砖银行持谨慎态度的人多不相信该行能够有效降低投资风险，而能否降低这样的风险又是这个新的银行可持续发展的关键。

金砖银行资金的使用主要着眼于支持包括金砖五国在内的新兴经济体和其他发展中国家的基础设施项目。这些项目的基本特征无外乎规模大、资金投入多和周期长。它们的可能风险不完全等同于国与国之间直接投资的情形。在后一种情形下，风险的控制伴随投资项目进行的全过程，最坏情况下投资方可以通过国际仲裁法庭依据双边协定寻求损害赔偿。而金砖银行与投资项目方之间只是一种借贷关系，风险的控制主要由国家一方进行，银行可做的就是在这样的关系成立之前进行预防。虽然金砖银行不像世界银行等其他国际金融机构那样附加诸多政治或其他条件，但这绝不意味着放弃对投资项目本身进行严格审查以避免政治、经济和其他与项目有关的风险发生。在政治方面，必须考虑的因素包括借贷国内部政治体制与法律制度的性质和活力、影响财产与人员安全的冲突和社会稳定状况以及重要的气候或环境政策等；在经济方面，包括不稳定或通胀的经济环境、汇率突发性波动以及利率上升对基于浮动汇率的债务或必要的再融资的影响等；而在项目相关方面，需要考虑的因素更多，包括项目完成的拖延、低劣的建设质量、成本（物价）可能的膨胀或超出、承购商履行其义务的能力、具备必要经验和适当的劳动力的便捷性、可能的气候影响、项目所在地的污染或其他环境恶化问题、地质上的风险、既选技术的可靠性和效用以及投资效益方面结余的确定和量化等。

金砖银行对投资项目必要的技术性审查是保障其资金经济效益的前提。没有一定的经济效益，金砖银行的后续融资就将成为大问题，而这关系着该银行未来对潜在借贷国或非借贷国的吸引力以及其更大影响力的发挥。

（二）增加成员国数量以促进其地域上的广泛而均衡分布

著名经济学家、哥伦比亚大学教授斯蒂芬妮·格里菲斯—琼斯在提交给联合国贸发会议的报告中认为，金砖银行必须要有足够的资金规模才可以发挥足够大的影响力，而解决资金问题的最佳方案就是扩大其成员国范围，让更多新兴经济体和其他发展中国家加入其中，从而增加这个新银行的资金规模。

改革开放30多年来，中国与世界上几乎所有国家发展了贸易和投资关系，已经是近100个国家最重要的贸易伙伴。但是，与美国、德国和日本等国比较，中国与拉美和非洲的贸易关系还有较大的发展空间，中国在包括拉美和非洲在内的全球范围的投资或直接投资还处在初期阶段，无论是流量还是存量都有大幅提升的余地。金砖银行对中国扩展其全球经济影响力是一个很好的平台和途径。如果金砖银行未来新成员国数量能够在亚洲、非洲、拉美地区快速增长，那么将不仅符合该银行的利益，也有助于中国发展与这些地区国家更加紧密的贸易和投资关系。

据国际媒体消息，亚洲的印度尼西亚、巴基斯坦和土耳其，非洲的尼日利亚和埃及，以及拉美的阿根廷都表示出加入新开发银行的兴趣；还有不少国家正在观望之中。这无疑是金砖银行的福音。中国可做出努力，一方面推动更多新兴经济体和其他发展中国家加入金砖银行，另一方面有意识地促进未来新成员在全球地域上的广泛而均衡的分布。

（三）加快金砖国家贸易投资中使用本币的进程

本币互换指的是在一定期限内，有关国家之间根据约定的汇率将本国货币与另一种货币进行互换的做法。中国与其他金砖国家之间开展本币互换，是人民币国际化道路上的一个重要阶段或步骤。

2012 年 3 月 29 日，中国国家开发银行、俄罗斯对外经济银行、印度进出口银行、巴西国家社会经济发展银行和南非开发银行在印度首都新德里签署《金砖国家银行合作机制多边本币授信总协议》和《多边信用证保兑服务协议》。这些协议规定，在金砖国家成员国授信银行之间建立本币结算和项目投资的基本机制。也就是说，金砖国家各国之间将通过授信银行，利用各自本币相互投资以及进行共同项目投资。

目前，金砖国家在相互贸易和投资中使用本币的比例还不高，逐步过渡到完全的使用还有一个漫长的过程。上述两项协议的签署只是框架性质的，各成员国之间还需要设计出一个在确定时间期限内实施的具体机制。无论如何，这项努力堪称一举两得，既可以为金砖国家之间的贸易投资提供计价和结算的便利，并增加各自外汇储备，又可以推动人民币国际化进程，而人民币国际化是中国在经济上或在金融方面发挥全球影响力的一个重要层面。

（四）在全球事务上凝聚共识，在多边国际机制中增强话语权

自金砖国家领导人会晤机制建立以来，这五个国家不断磨合，初步在国际舞台上展现出一定的力量或影响力。比如，在 WTO、G20、世界气候大会、世界银行和国际货币基金组织等各场合，金砖国家作为一个事实上的国家集团的声音远较单个国家所发出来的声音更大。实际上，已经没有国家或国家集团可以再忽略它们的存在了。然而，金砖国家并未在所有重大国际事务中都保持完全的一致，也并没有在所有重要的多边国际机制中具备足够强大的话语权。在联合国这个全球最重要的综合性多边国际组织里，金砖国家的影响力还十分有限。这一切还需要金砖各国更进一步地顾大局存小异，协调立场，充分发挥集体的力量。不仅如此，中国有条件和能力通过扩大金砖银行成员国的数量或范围，凝聚

更广泛的新兴经济体和其他发展中国家的共识。

总而言之，金砖银行与美洲开发银行、非洲开发银行、亚开行以及欧洲重建与发展银行等不同，它是世界性的。它的创始成员国和未来新成员来自各大洲，这决定了它的活动空间不会局限在某一特定区域，影响所及也必然是全球性的。它也是自1944年布雷顿森林会议创建世界银行和国际货币基金组织以来第一次不由美国主导或发挥影响力的多边国际金融机构。它独特的历史意义还在于它是现代历史上第一次由中国积极参与建立的多边国际机制。无论在它未来发展的道路上还有多少障碍有待清除，它的使命和影响力注定是长远的。这正像诺贝尔奖获得者约瑟夫·斯蒂格利茨所预言的，“金砖时代已经来临”，“金砖银行在重新平衡世界经济中将扮演强势角色”。

ECONOMIC CARDS

New Perspectives on China's Foreign Relations

下篇 评论

中俄经济合作的潜力有多大

一、走在帝国复兴路上的俄罗斯

1991 年苏联解体后，俄罗斯继承了苏联在国际法上的地位。与苏联比较，俄罗斯在人口和地域面积上大幅缩水。根据 1991 年 7 月的统计资料，苏联解体前夕的人口总数为 2.93 亿，国土面积是 2240 万平方公里。而 2012 年的统计数据显示是 1.43 亿，略低于苏联人口 50%；其国土面积为 1707 万平方公里，大约相当于苏联国土面积的 76%。

从苏联到俄罗斯，最大的变化或许不是人口和地理面积的减少和变化，而是苏联下辖的 15 个加盟共和国的分崩离析。各加盟共和国独立在经济上的一个结果就是俄罗斯不再像苏联那样拥有如此丰富和广泛的经济资源，这可能也是普京发出“苏联解体是 20 世纪最大地缘政治灾难”之感叹的一个方面的原因。

2011 年 10 月 3 日，俄罗斯总理普京在《消息报》发表文章，正式提出在俄罗斯、白俄罗斯和哈萨克斯坦关税同盟基础上创建欧亚联盟的设想。同年 11 月 8 日，俄白哈三国总统签署协议，确定欧亚联盟将在 2015 年建成。这个正在建设中的经济一体化组织希望将原苏联各加盟共和国都纳入进来，甚至在可能的情况下扩展到更大范围。曾经表示有兴趣加入的国家有四个：吉尔吉斯斯坦、塔吉克斯坦、亚美尼亚和乌克兰。其中，俄罗斯最看重的是乌克兰。该国在国土面积、人口数量、经济发展水平和地理位置等方面都具有举足轻重地位。乌克兰最终是否加入欧亚联盟，直接关系到普京的这个战略设想能否变成现实，或者说关系到这个战略联盟是否具有实际价值。另外还有乌兹别克斯坦、土库曼斯坦、阿塞拜疆和格鲁吉亚等四个国家正处在候选者行列。不过，短期内格鲁吉亚入伙的可能性很小，因为在2008年俄格军事冲突的阴影并没有散去。

欧亚联盟的首要目的是经济性质的。这正像普京在《消息报》那篇文章中所说的，“如同欧盟，欧亚联盟是建立在四个支柱基础之上的。在联盟里，不仅商品、资本和劳动力自由流动，而且成员国的经济和货币政策将彼此协调。各成员国主权的若干部分势必让渡于一个超国家机构，而这将最终伸延到政治领域”。与经济利益密切相关，普京的欧亚联盟还有一个重要目的，那就是在能源领域整合前苏联势力范围的力量，在一定程度上主导世界能源特别是石油和天然气的供给。

通过经济一体化努力，俄罗斯计划重建或巩固其在中亚、高加索和东欧的影响力，实现一石三鸟之效果，即以此抗衡欧盟和北约势力的东移，同时挤兑美国在阿富汗撤军后在中亚的军事存在，并且延缓和阻碍中国与中亚各共和国更加紧密的经济联系。

当然，俄罗斯在2015年完成欧亚联盟的建构也面临巨大的失败风险。

首先，乌克兰和格鲁吉亚是变数。特别是乌克兰。它地处俄罗斯和欧盟的中间，是双方争取的对象。虽然乌克兰与俄罗斯在很多方面具有联系并且一度有靠近俄罗斯的举动，但它入欧的倾向是众所周知的。目前乌克兰不断恶化的局势已经让其几乎没有可能加入这个联盟。除乌克兰之外，格鲁吉亚也有入欧的可能。从历史和现实情况看，在欧盟和俄罗斯之间，格鲁吉亚最终会更加倾向于前者。

其次，美国将竭尽全力阻扰俄罗斯欧亚联盟计划的实现。当普京的欧亚联盟设想一提出，美国即刻表示出高度警觉，视其为复活苏俄帝国的一个企图。2012年12月6日，即将离任的美国前国务卿希拉里在柏林新闻发布会上告诉记者，欧亚联盟的目的是很明了的，她发誓美国会采取有效方法延缓和阻止这个联盟的形成。

另外，中国在中亚不断增长的影响力或许也会被视为对欧亚联盟的一项不利因素。虽然中俄在战略上都无意视对方为敌人，而且中国在多个场合表示无意在中亚经营自己的势力范围，但是中国经济实力日益强大以及中国和中亚各国紧密经济联系的事实，这些都可能在客观上让一些潜在的候选国在加入欧亚联盟问题上没有太大紧迫感。

表 11—1 欧亚（经济）联盟时间轴

1994 年 5 月	作为一个概念，首次由哈萨克斯坦总统纳扎尔巴耶夫在莫斯科大学演讲期间提出
1999 年	白俄罗斯、哈萨克斯坦、俄罗斯、吉尔吉斯斯坦和塔吉克斯坦签署关税同盟和单一经济空间条约
2007 年 10 月 6 日	俄罗斯、白俄罗斯和哈萨克斯坦签署欧亚关税同盟条约
2010 年 1 月 1 日	共同关税实施；欧亚关税同盟委员会开始运作
2010 年 7 月 1 日	共同关税区生效，欧亚联盟关税法进入实施阶段
2011 年 7 月 1 日	取消内部实际边界控制
2012 年 1 月 1 日	启动单一经济空间；欧亚经济委员会法院建立
2012 年 7 月 1 日	欧亚经济委员会（取代欧亚关税同盟委员会）生效
2015 年 1 月 1 日	欧亚经济联盟计划开始

资料来源：英国皇家国际事务研究所等。

欧亚联盟遭遇的挫折或可能的失败多少会影响俄罗斯经济发展，但这并不是致命的。俄罗斯经济发展的前景在很大程度上取决于这个国家辽阔的幅员、丰富的资源以及包括军事在内的综合实力。

首先，俄罗斯最宝贵的财富是其辽阔的国土。苏联解体后，作为继承者的俄罗斯在领土和人口方面都减少了 1/3。不过，它仍然有着世界第一的领土面积，其重要性正如美国现实主义大师摩根索所言：“领土辽阔是巨大力量的永久源泉。”正是凭借这一独特优势，俄罗斯人民“挫败了外国势力进行军事征服的所有努力”。

其次，俄罗斯辽阔的国土蕴藏着极其丰富的自然资源。俄罗斯是世界上天然气储量最多的国家，也是世界上石油储量最多的国家之一，目前其油气出口占整个国家出口总额的近 2/3。除此之外，俄罗斯还拥有世界级的铁、铝、铀、黄金、磷灰石、镍、锡和铜等金属矿产，以及石棉、宝石和金刚石等非金属矿产。森林覆盖面积达到8.67亿公顷，占国土面积的51%；木材蓄积量为820亿立方米，居世界第一位。

第三，俄罗斯的科技基础扎实，军事工业强大。俄罗斯一直以来都重视教育，有着完备的教育体系，在很多学科领域达到世界级水平，比如数学、物理、化学、医学、教育学、航空、航天、航海、核能利用、军工和光学精密机械等。与此相关，俄罗斯的基础研究、军工和航天技术处于世界前列。由于国家集中有限资源发展军事力量，俄罗斯的军事工业即使在经济遭遇困难时仍然得到充分发展。它是世界上为数不多的有能力生产海、陆、空、天各种高水准武器装备的国家，从设计、研发到生产，体系齐全。

二、中俄经济关系的现状和发展潜力

中国曾经与俄罗斯前身苏联有过数十年不愉快的历史。自1989年恢复正常关系以来，特别是在普京首次担任俄罗斯总统之后，中俄关系开始升温，并于2001年缔结《中俄睦邻友好合作条约》。2013年习近平主席访俄期间，中俄双方元首共同签署了《关于合作共赢、深化全面战略协作伙伴关系的联合声明》，并见证了两国政府和企业间多项合作文件签字仪式，涉及能源、生态环保、人文、地方合作、金融投资、基础设施建设等领域。2014年，乌克兰危机不断恶化，中俄两国在经济领域的合作进一步加强。2014年5月21日，中石油与俄罗斯天然气公司签署总额约4000亿美元、为期30年的天然气供应协议。

近年来，两国经济关系，除了在能源领域合作外，在贸易和投资的各个方面都快速发展。目前，中国是俄罗斯最大的贸易伙伴国，双方贸易额接近1000亿美元，并且两国政府已经决定在2020年突破2000亿美元。

然而，中俄双边投资关系的发展明显滞后于两国的贸易。据中国商务部统计，截至2013年底，中国对俄直接投资存量为75.82亿美元，当年直接投资额是 10 亿美元。而在同期，在俄罗斯的外国直接投资存量达到 5528 亿美元（CIA 数据），中国占比只有 1.3%。无论是存量还是年度额，中国在俄直接投资远远落后于荷兰和德国等国。相比之下，俄罗斯在华直接投资比中国在俄直接投资还要落后更多。

鉴于中俄两国贸易和投资多集中在能源产品或与其他资源开发相关领域，以及中国与其他多个欧洲国家在对俄投资上还存在巨大差异，中俄经济合作的空间仍将很大。

三、中企在俄投资的机会和困难

自 2000 年以来，俄罗斯经济的总体趋势向上发展。1999 年俄罗斯 GDP 大约为 1570 亿美元，到 2013 年超过 2 万亿美元，人均 GDP 接近 1.8 万美元。国家经济实力大为增强，人民生活水平和消费能力大幅提高，为俄罗斯国内商品和投资市场的扩大奠定了基础，同时也为中资企业在该国跨越式发展创造了条件。2014 年美欧对俄罗斯实施经济制裁，实际已经产生效果。据路透社 2015 年 2 月 27 日报道，俄罗斯副总理杜沃克维奇称，俄罗斯可能考虑允许中国投资者控股该国具备战略意义的油气田。俄罗斯态度的 180 度转弯，凸显其亟需外国帮助以开发能源储备资源。相信在未来，俄罗斯会更加放宽对包括中资企业在内的各国投资的政策。

展望未来，中资企业将在俄罗斯的众多产业领域有更大的发展机会。俄罗斯政府优先鼓励外商投资的领域有：

第一，能源资源开发。俄罗斯地大物博，能源资源丰富，特别是石油天然气储量巨大。在国家控股前提下，外资可以 50% 以下股份参与共同开发其海洋大陆架天然气。上述俄罗斯可能考虑允许中国投资者控股该国具备战略意义的油气田的消息，表明这方面的政策和法律还会有更积极的变化。第二，林业和木材加工。俄罗斯森林覆盖率高，但木材加工业因该国资金紧缺和人口稀少而停留在并不高的水平上。如果外资参与，其产业发展前景将十分可观。第三，汽车零部件生产。俄罗斯当地汽车零部件生产和装配业对现代化生产设备和先进技术需求较大，外国企业可利用自身优势在该领域进行投资，中资企业已经具备一定的技术能力。第四，基础设施建设和运营。俄罗斯近些年经济的持续发展暴露出其基础设施难以适应需要的一面，这为外资企业投资提供了难得的机遇。第五，旅游业。这是俄罗斯发展较快的新兴经济部门，俄罗斯独特的自然和人文风光正吸引越来越多的中国游客，中资企业增大在该领域投资是必然的需要。

除了上述产业领域，中资企业还可以在金融服务、商品批发零售、农业、建筑业、不动产以及公路、铁路和油气管道等方面大有可为。

与在其他国家一样，中资企业在俄罗斯投资同样会面临诸多风险和挑战。其中，俄罗斯突出的一些风险和挑战值得中资企业在投资前和投资过程中注意和防范。

第一，在政治方面，虽然中俄两国关系十分密切，但是拟进行投资的中资企业仍然要有宏观意识。俄罗斯政府在油气管道的建设以及能源和其他矿产资源开发方面倾向于采取多元化策略，民间对其远东地区中国商人和居民的增加也多抱疑惑态度。中资企业实施大规模投资计划之前宜有战略眼光。

第二，在经济方面，由于美欧对俄罗斯的制裁还会持续较长时间，俄罗斯国内经济将相应呈现不稳定的局面，中资企业任何大的投资计划必须考虑俄罗斯国内通胀和汇率变化的影响，不可贸然签订易受这些因素负面影响的长期合约。

第三，在法律方面，俄罗斯有庞大的规范外资的法律体系和行政管理机构，税收制度也很复杂。比如在法律上，《外资法》、《海关法》、《劳动法》、《税务法》、《民事法》、《建筑法》、《经济特区法》、《证券市场法》、《环境保护法》、《租赁法》、《矿产资源法》和《产品分成协议法》等都是需要特别重视的。如果轻视这些法律和制度，投资企业不仅容易遭受经济损失，有时还会面临法律纠纷。

中资企业投资尼加拉瓜运河的胆力及可能的风险

从邻接加勒比海的蓬塔戈尔达河向西，横跨中美洲国家尼加拉瓜，直到太平洋东岸的布里托河口，又一条连接太平洋和大西洋的大运河于2014年12月22日正式开工建设。这条长约276公里、宽为230—520米、水深27.6米、有着9100艘/年通航能力的新运河计划在5年内建成，它的最新发展在国际上引起巨大反响。这不仅是因为该项工程耗资500亿美元，是当今世界上最大的工程之一，还因为它将可能给尼加拉瓜和其他拉美国家带来特别的经济利益，或许更主要的是这个曾几何时让包括美国在内的多个国家“垂涎”已久的世纪工程终于在一个神秘的中资企业手中梦想成真。

一、谁是寻梦者

2013年6月14日，香港—尼加拉瓜运河开发投资有限公司（HKND）董事长王靖与尼加拉瓜总统奥尔特加共同签署尼加拉瓜运河发展项目独家商业协议，协议授予HKND以排他的承建和长达100年的运营特权。7月30日，据英国《每日电讯报》报道，王靖表示他“百分之一百”确信工程将于2014年12月开工，并将于5年之内，也就是2019年底之前完工。

对于HKND和它的掌门人，国际媒体一度多有质疑，有评论者甚至讥讽该公司承接如此大的项目以及王靖的承诺是在开一个大大的“玩笑”。不过，工程如期开工后，王靖和他领导的公司的能力已经不是问题，人们关注的焦点转到了 HKND 和王靖本人。尤其是联系到王靖和他个人控股的另一家公司大手笔投资克里米亚深水港项目，国际上更是猜测这位神秘商人的特殊背景。

从公开信息来看王靖的背景就像他自己对媒体说的一样“极其简单”，1972 年出身于普通家庭，目前是旗下有 30 多家企业的信威集团的董事长。虽然他没有完成非常系统的高等教育，但却在金融、矿业和通信等领域摸爬滚打了 20 多年。这样的经历或许为他行事果断、视野开阔和出手不凡的个人特质奠定了基础。

2012 年 8 月下旬，王靖在香港注册成立 HKND，以准备在大洋彼岸施展拳脚。在不到两年半的时间里，该公司完成了考察研究、物色投资伙伴、项目签约和开工等运河工程的全部前期工作。相对于这项工程的规模而言，其速度之快实在令人咂舌。美国曾经在 19 世纪初期就有了开凿尼加拉瓜运河的计划，在其后近 200 年的时间里因为种种原因一直没有付诸具体的行动。俄罗斯在前几年也对这项工程表现出极大兴趣，甚至显露出志在必得的信心。然而，因缘际会，笑到最后的却是王靖和他的 HKND。如果非要说王靖和他的 HKND 有什么特殊背景的话，那就是实力，即经济的实力和可能运用的技术的能力。在这个意义上，快速崛起的中国为王靖和他的 HKND 提供了这种可能，而王靖和他的公司正顺应了国家“走出去”战略的大趋势。换句话说，他们赶上了好时机。

二、世纪运河的经济价值和战略意义

在经济上，尼加拉瓜运河的建成和运营首先将极大地改进国际海洋运输水平。1914 年，被誉为“世界桥梁”的巴拿马运河开通运营。100 多年里，它在连接大西洋西岸国家特别是美国东部地区与太平洋沿岸国家的海运交往中扮演了无可替代的角色。在其承载的全世界 5% 的贸易货运量中，美国与亚洲之间贸易货运量的 23% 都需要通过这条运河。美国东部经济的繁荣以及中美洲部分国家生活水平的改善在很大程度上得益于这条运河的存在。然而，100 多年过去，巴拿马运河已经不能满足现代海运贸易的需要了。一方面，它长期处在饱和状态，无法增加新的运力；另一方面，它的技术设计不能适应当今超 10 万吨的特大油货轮的标准。尼加拉瓜运河正是在这样的情况下应运而生，不但在运力上作为巴拿马运河的一种补充，而且在技术上更上了一个大的台阶，为 21 世纪超大油货轮的畅通无阻提供可能。

其次，新运河的开通将直接惠及尼加拉瓜和更多拉美国家的经济发展。在全球范围，拉美国家在经济发展能力和人民生活水平方面都处于相对落后状态。虽然巴拿马运河给巴拿马这个国家带来了直接利益，但是由于其长时间处在美国的控制之下，因此获益并不明显。尼加拉瓜是目前世界上较不发达的国家，人均收入不到 2000 美元，排在世界第 134 位。可以预期，该国仅因运河的运营收益就可以较快地富裕起来，而其他大多数大西洋西岸的拉美国家也会随着对亚洲贸易的增加而提升自身经济发展水平。

另外，从中国的角度讲，新运河将大大增强中国与美国东部以及多个大西洋东西岸拉美国家的贸易往来。一直以来，作为整体的大西洋西岸拉美国家与中国的贸易并不活跃，其主要原因之一是货物运输成本较高。新运河在帮助这些拉美国家将自己的产品便捷地运送到中国市场的同时，也将把中国丰富的价廉物美的产品推向大西洋西岸。

在战略上，新运河对于中国的意义至少体现在三个方面：第一，在一定程度上改变世界海洋贸易格局，并完善中国对外贸易投资布局。在全球海洋贸易中，除开美国，大西洋西岸各国基本上因为地理的不利因素而没有占据应有份额。随着新运河的使用，这种状况会有所改变，中国也会相应地增强在这个地区贸易和投资的存在。就投资而言，中资企业承建和运营新运河本身就是中国在海外投资上的大的突破，并有可能带来其他新的发展。

第二，中国可以进口更多包括石油在内的战略资源，改变过度依赖其他地区的状态。在大西洋西岸拉美国家中，不少国家是资源大国，比如巴西和委内瑞拉。据报道，后者的石油资源可以与中东和非洲国家相匹敌。而巴西的矿产、石油和木材资源极为丰富，其储藏量居世界前列。

第三，改善中国与中美洲国家的关系。中国已经与世界上绝大多数国家建立了外交关系，但是仍然有12个拉美国家除外，它们主要分布在加勒比海地区，其中包括尼加拉瓜。中企承建新运河以及新运河的开通运营，一定会促进中国与这些国家间相互关系的改善。早在2006年中国外交部发言人就曾表示，中国愿意与尼加拉瓜建立发展外交关系。想必新运河的开工和建设将提供两国进一步接触乃至建立正式外交关系的契机，也不排除中国在条件成熟时更进一步发展与尚未建立外交关系国家之间包括经贸联系在内的关系。

三、还要面对的几个问题

尼加拉瓜运河的开工是中资企业在国家“走出去”战略下迈出的里程碑式的一步，但是这并不意味着大功告成。新运河工程的规模之大、投入的资金之多以及运营周期之长都是中资企业前所未遇的，很多意想不到的困难或问题或许都还在后面等待着。俗话说，一叶知秋，从现在看到的一些迹象判断，王靖和他的HKND可能会在下面几个方面遭遇难题。

第一，如何缓解或消除尼加拉瓜国内民众和国际环保人士的反对之声。计划中的新运河穿过尼加拉瓜心脏地带，特别是经过著名的尼加拉瓜湖，目前已经有不少尼国民众通过不同方式表示对这项世纪工程的质疑和反对。针对这一情况，王靖承诺将把环保作为工程项目的一个核心任务看待。他甚至这样说道：“我们清楚尼加拉瓜湖是尼加拉瓜人的母亲湖，就像中国人看待黄河一样。因此保护大湖环境一直是我们工程可行性报告的焦点之一。”“我将对出现的任何环境损害负责任。我已经告诉手下员工，如果我们在这方面犯错误，就会永远在尼加拉瓜教科书中留下骂名。”其实，如果出现环保的问题，其后果应该比王靖说的还要严重，那就是中资企业的名声和中国国家的形象都会受到影响。

第二，如何确保在100年时间里有效而稳定地行使运营权。与其他地区一些国家比较起来，不少拉美国家在为外商提供的投资环境上通常存在一些相对突出的问题。这些问题主要由内外两个方面原因带来：一是外部强权势力干预其内政；二是内部政局不稳定，甚至发生内战。在历史上，尼加拉瓜都经历过了，而且不止一次。无论是外强入侵，还是内政变化，中资企业的投资都会或多或少受到影响，有时甚至是致命的影响。在这一点上，中资企业在中东、非洲已经有过教训。

第三，如何解决建设工程进行中以及项目运营阶段出现的经济争端。中国目前与尼加拉瓜之间不存在正式的外交关系，两国更没有可能签订任何双边投资协定之类的经济协议。新运河工程是在中资企业和尼加拉瓜政府之间谈判达成协议的，这么大的项目不可能不出现经济方面的争端。如果有了争端，中资企业的经济利益面临损失，如何解决？目前，国际上通行的做法是由投资者将争端诉诸国际仲裁法庭，但前提是投资者母国与东道国之间缔结有双边投资协定或共同参与了某一区域或多边经济协议，在没有这样的协定或协议的情况下，国际法庭不会受理争端，即使受理了也没有可适用的法律作为断案的依据。此外，现有的投资担保机制也不足以挽回企业在海外投资过程中可能遭遇的全部损失。为保障 HKND 及参与投资的各方经济利益免于风险，不能不未雨绸缪，寻找一套应对问题的万全之计。

港口城项目是21世纪海上丝绸之路的试金石

斯里兰卡，这个曾经以持久内战而在一些年长的中国人心中留下些许记忆的南亚小国，最近因中资企业在该国的一个名为港口城的投资项目纠纷而再度引起关注。

2015 年 3 月 5 日，在稍前竞选中获胜而新组建的政府宣布暂停由中国交通建设集团投资 15 亿美元的港口城项目。此消息一经报道，在国际上掀起不小波澜，有观点认为中斯关系正在面临骤变。中国国内也有很多媒体参与讨论，不少专业人士甚至建议中国方面诉诸法律手段维护中资企业的经济利益。

中斯关系果真如此脆弱吗？港口城项目是否会成为中斯关系的转折点？如何较为全面地看待中斯关系的未来走向？在此，我们不妨谈谈这些问题。

一、镶嵌在印度洋上的钻石——斯里兰卡

作为一个岛国，斯里兰卡被誉为印度洋上的钻石的确是名至实归。论外表，它的大小、形态和内高外低的地势就像一颗钻石。斯里兰卡的国土面积大约为 6.6 万平方公里，相当于中国台湾的两倍；人口约为 2200 万，略少于台湾的 2340 万。

在经济上，斯里兰卡盛产宝石，其宝石种类和品质在世界上名列前茅，宝石的出口占据该国出口产品的很大比重。除此之外，斯里兰卡生

产的优质石墨在世界上也十分闻名，其他出口产品还包括纺织服装、红茶、香料和橡胶制品等。从目前的数据看，斯里兰卡在世界上只能算是中等发展水平国家，其经济总量排在全球60多位，不过该国的经济发展前景不可限量。在结束了数十年的内战以后，它一方面依仗得天独厚的自然环境吸引越来越多的外国游客，使旅游业成为发展最快的产业之一；另一方面大兴土木，全面铺开包括港口、公路和国际空港在内的基础设施建设。上一届政府甚至确立了雄心勃勃的五大枢纽发展战略，计划利用独特的地理位置将斯里兰卡建设成为航运、航空、商业、能源和知识的中心。

在地缘战略位置上，斯里兰卡如同钻石般重要。印度洋虽然是世界上排行第三的大洋，但是它却拥有世界上最多的海洋石油资源，也是世界上最繁忙的海洋航线之一，并且将亚洲东部与非洲、中东和地中海其他地区各国连接起来。斯里兰卡处在印度洋的中心位置，该国的科伦坡港、汉班托塔港、加勒港和亭可马里港在国际海洋航运中扮演着不可替代的突出角色，其中一些港口也时常作为外国军用船只歇息之地。

二、港口城项目问题无需诉诸国际法庭

港口城项目位于斯里兰卡首都科伦坡，是中国交通建设集团投资的融金融、旅游、物流、商业和IT等为一体的高端城市综合项目，投资额约15亿美元。2015年1月斯里兰卡总统大选后，新政府曾表示支持中资企业在该国直接投资，然而3月上旬，斯里兰卡政府以审批程序不符以及环保问题为由暂停该项目的执行，要求等待最终评估报告出台。国内有专业人士撰文，中方可依法律渠道寻求中资企业经济损失赔偿，说得明白一些，就是将斯里兰卡政府告到国际仲裁法庭。那么，港口城项目的问题究竟是否适合通过国际仲裁的形式进行解决呢？

必须承认，国际仲裁是解决国家间经济争端的有效途径，但是具体到港口城项目，时机和条件并不完全成熟。换句话说，在相当长时间内，中斯在港口城项目上存在的问题还不适合诉诸国际仲裁解决。其原因有

二：第一，事态尚未演变成法律意义上的投资争端，还存在转机。港口城项目问题主要是由斯方政权更迭引起，无论是斯新政府所指称的审批程序不符还是环境问题都不完全与投资该项目的中资企业相关。正如2015年3月26日斯新任总统西里塞纳在北京会见习近平主席时所言，“斯方对中国政府支持汉班托塔港等斯大项目建设表示感谢，愿与中方一道落实好两国业已达成的各项协议。目前科伦坡港口城出现的情况是暂时的、短期的，问题不在中方”。这也就是说，中斯双方通过政治方法即外交谈判解决问题的窗口并没有关闭。而这样的方法在很多时候证明是更加有效的，尤其是在事态并没有陷入不可逆转僵局的前提下，情况更是如此。

第二，即使争端成为事实，根据1986年签署的中斯双边投资协定，这样的争端也得在提交国际仲裁之前6个月内进行协商。在协商未果的情况下，中方可寻求国际仲裁解决。但是，即便如此，也还有法律上的障碍。中斯投资协定没有具体规定东道国政府的哪些措施构成必须予以补偿的征收，也没有采纳补偿必须是充分及时有效的这项发达国家惯常主张的原则。在可适用的法律缺乏明确规定的情况下，仲裁法庭无所适从。不仅如此，在国际仲裁法庭的实践中，有关违反投资企业与东道国政府之间的合同是否必然构成违反国际条约的问题仍然存在争议，而国际仲裁法庭只受理违反国际条约的投资争端。

至于科伦坡港口城项目被叫停一事下一步如何发展，我们还是应当持乐观看法。首先，该项目目前只是“暂停”以等待评估而非完全取消。其次，斯新政府2015年1月上台后也曾表示会允许与中资企业合作的港口城项目继续进行，斯外长在2月底访华时表示鼓励中国投资者来斯投资。斯里兰卡国内和政府内部在该项目问题上并非自始至终坚持异议。据媒体报道，3月10日，上千名参与港口城项目建设的斯里兰卡工人举行集会，抗议政府叫停的决定，要求政府保障5000多工人的生计。况且，这个项目建成之后，港口城可容纳约27万人居住生活，并可创造至少8万个就业机会，带来更多外国直接投资资金。

另外，或许是更重要的，斯新任总统上任不久即访华，中斯双方领导人就这个问题举行了会谈或谈判，这次会谈或谈判取得了积极结果。在地缘位置上，斯里兰卡夹在中国和印度这两个大国之间。印度一直对该国具有较大影响力，印斯首脑2015年初已经实现互访；而中斯两国也长期保持较友好的关系，经济联系越来越密切。斯新政府在港口城项目上的姿态一是做给印度看的，二是做给中国看的。可以理解的是，新政府执政总要做一些与前任有所区别的事情，特别是在其新总统访华前夕“制造”某些摩擦，不排除也是为了争取中方在经济上的更多支持。难以想象，经济正面临振兴的斯里兰卡会为了某种所谓地缘战略因素或他国的压力而放弃与中国的经济合作。

不过，这次港口城问题的出现，对于倡导并致力于“一带一路”建设的中国，多少有一些积极的意义。2014年，中国已经成为直接投资净流出国。随着“一带一路”发展战略的进一步推进，中资企业海外投资势将跨越式发展，中企与东道国之间的投资争端相应会呈现暴增趋势。过去，作为吸引外国直接投资的大国，中国习惯性注重维护东道国权益，从现在开始，中国的角色要转换一下了。一大批中资企业将以投资者身份到外国投资，中国面临着如何有效保护中资企业在海外免受政治、经济和法律风险带来的可能的损害问题。在这方面，中国政府可以做的事情是，积极推动和参与区域和多边国际投资条约或协定的制定，将中资企业与东道国的投资关系纳入到国际法的调整范围。同时，完善和更新现有双边投资协定，充实实体规则，逐步在争端解决程序规定中接受投资者诉国家机制。而中资企业则应当适应现代跨国企业全球化经营新趋势，配备足够必要的国际法律人才以提供及时有效的专业支持，而不是临时抱佛脚。

三、决定中斯关系积极走向的基本面尚未动摇

尽管港口城项目是斯里兰卡到目前为止最大的一个外国直接投资项目，但是它毕竟只是中斯两国政治关系和经济合作关系中的一个具体层面。无论该项目问题最终如何了结，它都动摇不了两国关系发展的基本面。不仅中国需要与斯里兰卡这个南亚国家发展正常甚至更加密切的关系，而且斯里兰卡在其经济社会发展的新阶段也离不开中国这个东亚大

国的支持。

就中国方面而言，建设21世纪海上丝绸之路是国家重大发展战略，与具有重要地缘战略位置的斯里兰卡发展紧密的经贸关系无疑构成其不可或缺的组成部分。事实上，最近几年中国与斯里兰卡在贸易和投资等领域已经有了非常密切的合作。中国迅速超过美国和印度等国成为斯里兰卡最大的外国直接投资来源国，也是仅次于印度的斯里兰卡第二大贸易伙伴和第二大进口产品来源国。在中方提出海上丝路倡议后，斯里兰卡迅速做出积极回应，是2014年10月正式签署《筹建亚投行备忘录》的21个国家之一。从历史上看，斯里兰卡一直都是中国与西印度洋地区文化交流和商贸沟通的海上必经之路，今天斯里兰卡的这种地位依然没有改变。有人形容该国是东亚国家在海上通往中东、非洲乃至部分欧洲国家的门户或者中转站，这种说法实在是恰如其分。中国若要成为一个真正的海洋大国，需要得到斯里兰卡的支持。

就斯里兰卡方面来说，它也需要得到来自中国的多方面的帮助。2009年斯里兰卡内战结束，国家经济亟待复苏，而比较落后的基础设施成为该国经济发展的软肋，这个曾经被马可·波罗称誉的“世界上最美丽的岛屿”失去了作为旅游观光目的地的昔日光辉。随着大批中国游客的到来，斯里兰卡旅游业得到恢复，中国也成为该国最大的旅游观光客来源国之一。中国具有优势的基础设施建设能力更是在改善其投资环境中越发显得重要。除了港口城项目外，诸多中资企业还在斯里兰卡的高速公路、国际机场、集装箱码头、燃料储库、炼油厂和其他基础设施项目中积极参与，为该国经济水平的提高和人民生活条件的改善做出了贡献。中国出口的产品和制造业上的优势正好与斯里兰卡自身的经济状况形成有机互补。在政治上，斯里兰卡十分看重中国的支持，中国在联合国和其他很多场合表达理解和赞成斯里兰卡走自己选择的发展道路。

中斯两国之间虽然在很多方面没有可比性，但是彼此具有很多共同的利益：都在致力于发展和振兴本国经济，都在致力于创建海洋强国或海洋航运中心地位，也都在致力于走自己特色的国家发展道路。在这个大局下，中斯关系更加积极的发展趋势断不会因双方一时在具体事务上的磕磕碰碰而受到阻碍。

日本正在颠覆中国在非洲的影响力

2013 年 6 月 1—3 日，一场有 54 个非洲国家参加的规模巨大的非洲发展国际峰会在日本横滨举行。日本首相安倍马不停蹄地会见了与会的 40 位非洲国家元首，并代表日本政府承诺，将斥资 300 亿美元（约合人民币 1838 亿元）帮助非洲发展经济，放弃对坦桑尼亚及莫桑比克等非洲 5 个国家总额达 580 亿日元的债权，并将向非洲提供 100 亿日元援助用于培养人才。全球媒体在报道该次会议消息和日本援助非洲计划时，几乎都提到日本此举旨在遏制中国正在非洲增长的影响力。日本《产经新闻》也直言不讳："日本希望通过此举，牵制为了获得资源而加强非洲援助的中国。"更有媒体称：日本欲"殊死"与中国逐鹿非洲。

毫无疑问，中日之间争夺非洲影响力的较量已经拉开帷幕。遗憾的是，国内不少人对日本的挑战表现出轻视的态度。其实，我们只需要注意到一个事实，就会为这场不见硝烟的战斗结果捏一把汗，那就是日本与美国一样都是极擅长"援助外交"的国家，日本在非洲大陆不是单兵与中国作战，它的左边是美国，右边是欧盟。如果再考虑到日本自身经济实力和技术优势以及目前由其国家发展计划激发出来的强大动力，那它在不远的未来将颠覆中国在非洲的影响力的说法就绝非危言耸听。

一、舆论战早已开打，中国人在非洲的形象遭丑化

在中国，大多数人都知道我们与非洲各国之间有着非常好的关系。

我们曾经在自己经济十分困难的情况下给过非洲国家无私援助，而非洲兄弟也在中国最关切的问题上予以了回馈——帮助我们恢复联合国席位。然而，这只是半个多世纪中非关系的一个部分。改革开放以来，特别是最近10多年，中国在对非洲的援助方面改变了一些方式。目前中国援助非洲的形式非常丰富，比如大的方面就包括投资、贸易和政府发展援助项目等，这些方式的变化极大地促进了中非经济关系的发展。2000年，中国对非洲直接投资规模大约是2亿美元，2014年中国在非洲的各类投资达到450亿美元，其中直接投资存量超过150亿美元，中国在非企业数量已经突破2000家；同一时期，中非贸易由100亿美元增长到2000亿美元；中国在非洲的官方发展援助和其他官方融资规模高达750亿美元，接近美国对非援助总额900亿美元。中国在经济上对非洲的援助给几乎所有非洲国家带来了实惠，改善了非洲经济发展水平和人民生活质量，同时也增进了中非双方感情，并大大地提升了中国在非洲大陆的影响力。

就是在这样的背景下，国际上舆论开始聚焦“中国人在非洲的巨大存在”这一问题。他们把中国在非洲的贸易投资发展贴上专为掠夺非洲资源的“新殖民主义者”标签。国内也有人质疑：“值不值得援助非洲?”必须承认，中国援助非洲有不少经验教训，在援助的方式上还有很多需要改进的地方，但是对外援助并不等于无偿援助。除了免息、免债和部分无偿援建项目以外，广义的援助还包括有偿援建项目、贷款和直接投资等，这后面的部分变得越来越重要。况且，如果无偿援助部分使用得当，会大大地帮助中国企业在受援国投资项目的开展，也会扩大贸易规模。中国在2000—2011年对非洲直接投资规模增长近30倍、双边贸易规模增加20倍的事实正说明了这点。增加对受援国投资和贸易规模是世界上包括美国、欧盟和日本在内所有经济强国在考虑对外援助时最重要的经济因素。另外，即使是按照广义的对非援助来界定，美国华盛顿全球发展研究中心报告所指称的中国10年间对非援助总额750亿美元也不是一个大的数字。这个数字不仅改善了整个非洲国家的经济发展水平，而且增进了中国在非洲的投资和双边贸易，争取到非洲国家对中国的支持，孰重孰轻，不言而喻。在人际关系中我们常说“助人者助己”，国家间关系又何尝不是如此。

二、日本在非洲的“三争”目标

出乎很多人的意料，日本在非洲的介入有很长历史，而且其介入的程度也很深。战后日本的对外援助计划始于1954年，在此之后的20年，其重点放在东南亚，目标是扩大海外商品市场。1974年第一次石油危机爆发，日本经济发展也进入快车道，保证能源安全成为日本重要国策，外援重点转向非洲。1989年日本超过美国，成为世界上对非援助最多的国家，这一地位一直保持到2000年。从1993年起，日本对非援助更加制度化，并主办第一届非洲发展会议，2013年在横滨举办第五届峰会。进入21世纪后，日本经济的停滞不前制约了它对非洲的援助水平，日本放缓或减少了援助金额。而恰恰是在2000年后的10余年，中国对非援助发展迅速。目前，日本度过经济最困难时期，缓过气来决定加大马力继续前缘时，发现中国已经走在了前头。这一次，日本对非援助的动力不仅是能源安全考量，与中国竞争在非洲的影响力以及争取非洲对其“入常”支持都成为重要因素。

（一）争影响力

在国际关系中，所谓一国对于另一国或地区的影响力，说白了就是后者对于前者的依赖。由于每一个国家都把自身利益放在首位，而经济利益往往是第一位的，因而这种依赖关系的形成往往主要通过扩大双边贸易和投资规模来促进。狭义的无偿的经济援助当然也是一种促进手段，但在很多时候它更是扩大双边贸易和投资规模的工具。在这个意义上，日本与中国争夺对非洲大陆的影响力，实际上是在比拼对非贸易和投资的规模。

那么，目前日本与中国在对非贸易和投资上究竟是怎样的一个格局呢？

在贸易方面，尽管全球金融危机一度严重削弱了日本对非贸易，但是到2010年局面发生转变，日非贸易额在这一年达到240亿美元，2011年超过280亿美元。以2000年为起点，11年间日本对非贸易平均每年增长接近30%。而在2000年，中国对非贸易规模与日本相差无几，前者是91亿美元，后者为89亿美元。2011年中国对非贸易额为1421亿美元，2012年大约2000亿美元。同一时期，中国对非贸易年均增长率远远大于日本，中国已经成为非洲第一大贸易伙伴。

在投资方面，2011年日本在非洲的直接投资存量是80亿美元，相比10年前2002年的12亿美元增长6.5倍。而在10年前，中国对非洲直接投资数额几乎可以忽略不计，但是今天中国在非洲的直接投资额远超日本。据媒体报道，2011年中国在非直接投资存量是日本的两倍，年投资额更是日本7倍。

日本要想在对非影响力上追赶甚至超过中国，就贸易和投资而言需要创造又一个经济奇迹方有可能。但是，日本官方和企业界已经发出誓言要扭转这种被动局面，显然，他们的目标是盯着颠覆中国在非洲的影响力而来的。

（二）争能源等资源

在世界地图上，非洲的形状就像一颗倒立的钻石。如果仅就资源而论，非洲在地球上正如钻石一样是一块宝地。大凡当今人类生存和发展的资源，这里都有，而且储量丰富。据说，世界上最重要的50多种矿产中非洲至少有17种储藏量居世界之首。除矿产之外，非洲的农业、林业、畜牧业、渔业和旅游业资源也很丰富，特别是煤炭、石油和天然气等，吸引着全球其他地区国家的兴趣。日本是经济高度发达的国家，但也是资源极其贫乏的国家，它对非洲的兴趣应该首先是资源。为了保障能源和其他资源的稳定供应，日本十分注重发展与非洲若干资源富有国的关系。比如在2013年，日本与津巴布韦草签合同，将每年从津方进口1500万吨煤炭。另外，日本有100多家公司在南非经营，开发南非丰富的矿产资源并将其进口回国。

中国不像日本太过缺乏资源，但是快速的经济发展也迫使我们走出去寻找资源的补充。在石油方面，非洲的安哥拉、苏丹、刚果、赤道几内亚和利比亚等是中国重要的石油来源国。中国不仅直接进口非洲石油资源，也开始与非洲一些国家合作开发石油资源。

中国在非洲所谓西方指称的“资源导向”的投资开发，让日本感到巨大压力。日本在这次非洲峰会上提出的300亿美元发展援助资金，其主要用途之一就是为开发石油、天然气和矿产的日本企业提供支持，帮助这些企业培养一大批资源类技术专业人才。日本的这项宏伟计划的矛头，直指中国企业特别是石油资源类企业在非洲的存在。

（三）争“入常”支持票

日本在这次非洲峰会扩大对非援助规模的背后有一个政治目标，那就是争取足够多的非洲国家支持其成为安理会常任理事国。

近些年，日本“入常”努力屡屡受挫，于是它提出一个过渡性方案，让联合国同意在安理会常任理事国和非常任理事国之间设置一个准常任理事国的角色。它希望自己能够在这个“准常”位置上过渡一段时间，最终成为常任理事国。无论是传统的“入常”模式，还是它所期望的这个新模式，日本“入常”都是重大问题，需要联合国195个成员的2/3多数票支持。这样对日本来讲，争取非洲绝大多数国家的支持票是必须的。

与中国相比，日本不仅在对非贸易和投资两个方面不敌中国，而且在非洲的外交存在方面也落后于中国。中国在非洲54个国家中的50个设立了大使馆，而日本的驻非使馆数只有32个。

三、中国的优势和日本的本钱

中日之间在非洲大陆的较量刚刚开始。结果如何不完全取决于目前各自所处的位置，而要看双方将怎样把自己的优势发挥到极致。

中国的竞争优势体现在三个方面。第一，中国与非洲的关系源远流长，近代以来都遭到殖民主义侵略，最近半个多世纪相互依存，和平友好相处。这一点非常重要。中非双方同属发展中国家阵营，在很多重要的问题上有相同或相近立场。而日本无论怎样说都是发达国家一员，与非洲国家的共同语言不多。第二，中国对非洲的援助以及发展与非洲国家的经贸关系是全方位的。一些发达国家对中国掠夺非洲资源的指责完全是捕风捉影。就像上述全球发展研究中心的报告指出的，中国除了在石油等资源领域进行投资之外，还在几乎所有关系到非洲人民经济发展和生活的层面提供支持、援建和贷款，这些方面包括公路、铁路、港口、桥梁、文化体育场馆、卫生医疗、教育培训、农业和水利开发等。第三，中国经济的持续高速发展是中国加强与非洲国家更紧密经贸关系的条件和保障。

日本的经济强国地位也让它在与中国的竞争中有不少本钱。首先，它有一个“非洲发展会议”的平台，这个平台事实上已经成为日本名正言顺展开对非“援助外交”攻势的前沿阵地。其次，日本有技术和品牌的优势。据日本经济新闻网报道，日本经济产业省副大臣菅原一秀在接受采访时表示，日本在非洲与中国抗衡，可以“依靠地质勘察和资源勘探等领域日本独有的先进技术”。当然，日本经济上的优势还不限于此。它有数量众多的品牌企业，这些企业的产品质量也确实是举世公认的。从公开的信息可以看到，包括三菱、三井、双日、通商和丰田等在内的一大批日本著名企业早已经活跃在非洲大陆的四面八方。另外，日本有着在非洲大陆争夺自然资源和政治资源的强烈愿望，其任何项目进展不会像中国那样受到美国和欧盟国家的警惕与制约。

总而言之，中日在非洲大陆的较量已经开始。在起步阶段，中国领先于日本，能否继续保持优势而不被日本颠覆，一方面取决于日本的后劲，而另一方面则在于我们自己。

中资企业真的在“收购欧洲”吗

曾有传言说前中国首富宗庆后收购 AC 米兰球队，后来又有媒体披露，此事子虚乌有。这样的传言如果放在 10 年前肯定是没有任何人相信的天方夜谭，但是在今天，情况则完全不同了。2014 年中国成为资本净输出国，年度对外投资总额排在世界前三名，中资企业“走出去”的脚印已经遍及全球五大洲的各个角落，投资项目所涉及的领域包括了几乎所有重要的经济层面。

30 多年前，我们的近邻日本在实现了数十年经济持续发展的奇迹并保持对美国巨大贸易顺差之后，迈开步伐开始了对美国资产的大肆收购。从制造业到高科技产业，从地产到文化娱乐企业，日资企业所到之处所向披靡，当时的美国媒体惊呼“日本在收购美国”。

30 多年后，中资企业后来居上。与日企曾经面临的情况有所不同，中资企业登陆美国从一开始就遭遇阻碍，不少大型投资项目因为国家安全的理由胎死腹中，不然的话，今日美国媒体的头条就会换成“中国收购美国”了。不过，西方不亮东方亮，中资企业“走出去”的步伐似乎没有什么力量能够挡得住。短短十几年，中企海外投资项目从小到大、从少到多，其发展势头远较曾经的日资企业更加强劲。对此，国际媒体用了更加夸张的说法，比如“中国收购欧洲”、“中国收购世界”。

一、为什么是欧洲

10 多年前，中国在欧洲的直接投资几乎可以忽略不计，而就在最近几年，情况发生骤变。据国际媒体统计，在2008年到2014年间，中资企业收购了200多家欧洲企业，其中包括70多家德国企业，而且这个趋势还在朝积极的方向发展。

中资企业为什么对欧洲有这么大的兴趣呢？这大概与两个方面的因素有关。第一，欧洲在吸引外国直接投资上具有较大的区位优势。二战结束之后，作为世界最大经济体和最大资本输出国的美国一直将欧洲视为最重要的投资目标地。其中一个很关键的原因是欧洲作为一个整体有着比其他任何地区更高的经济发展水平，消费市场规模庞大。这个原因实际上也是包括中国在内的其他国家非常看重的。除此之外，欧洲有着普遍成熟的工业技术以及诸多知名品牌。2008年世界金融危机爆发后，欧洲经济遭受重创，多个国家和众多企业陷入“缺钱”困境。无论是在整体还是局部，其经济表现都明显缺乏活力，发展动力也明显不足。包括经济强国德国在内，越来越多的国家需要外资加入以增强经济的活力和发展的动力，因而逐步放宽对外资的政策限制，加上欧洲原本就具备较为良好的经济法制环境，以及欧洲一体化带来区内政治和安全的稳定，这些对外国投资者是有很大吸引力的。

第二，中资企业自身有强大的驱动力量。企业将拓展海外资源作为其总体发展战略的组成部分是有基本动因的，这些动因大体上包括：（1）寻求资源（自然资源或人力资源）；（2）扩大市场；（3）提升技术；（4）拥有品牌；（5）利用税收等优惠政策等。

鉴于自身条件不同，发达国家和发展中国家的企业在对外投资过程中是存在明显不同的驱动因素的。在前数十年中国引进外资的实践中，发达国家和地区的企业到中国内地投资主要看重中国政府的优惠政策、潜在和现实的市场规模以及廉价的资源；而包括中国在内的发展中国家企业对外投资，虽然也在乎东道国的市场前景，但更多则希望实现技术上的跨越式提升，以及通过收购东道国的成熟企业而拥有知名产品品牌，从而提高企业全球竞争力。

在市场、技术和品牌等方面，欧洲的优势是显而易见的，是中资企业不可多得的合适的选择。

二、为什么采用收购的方式

收购是并购的通俗说法，不过以收购替代并购的表达方式也没有太大的错误。因为在当今世界全部跨国并购中，合并只占一小部分，而收购则占据压倒优势，它是企业对外直接投资的一种形式，而且越来越重要。

20 世纪 90 年代中后期，以克莱斯勒与奔驰合并以及诸多银行企业的合并或收购为代表，企业跨国并购呈井喷态势，此后成为外国直接投资的一种主要形式。不过，直到 21 世纪最初几年，这仍然只是发达国家跨国企业玩的游戏。最近 10 来年，随着新兴国家的崛起，并购已不再是发达国家跨国企业的专利。中国企业特别是国有企业，从迈出国门的第一天起就非常热衷这种投资形式。之所以如此，是由并购这种投资形式的特点决定的。相对于绿地投资（又称新建投资），并购有很多优势，而这些优势对发展中国家的企业具有吸引力。

首先，投资见效快。并购投资不需要经历一个新企业从创建、营运到产出的全过程。在正常情况下，一个具备一定规模的跨国新建企业的成长是一个较为缓慢的过程，从申请注册到最后盈利，少则 5 年，多则 10 年，而并购企业往往跨越了新建企业前期几个最困难的阶段。

其次，并购投资很容易将并购目标企业的各项资源或优势转化成并购投资者自身的资源或优势。当然这需要区分合并与收购这两种情形。

在合并的情形下，原先两个或两个以上的企业合并成为一个新的企业，合并完成后多个法人变成一个法人，合并各方的优势得以集中并互为补充。这一点可以拿克莱斯勒与奔驰公司的合并为例加以说明。1998 年欧洲最大的工业公司戴姆勒—奔驰公司和美国第三大汽车制造商克莱斯勒进行合并，据说这是世界工业史上最具经典意义的并购案例之一。合并之前，克莱斯勒公司的强项是生产小货车、小面包车、跑车和吉普车，而奔驰公司则以优质豪华轿车闻名于世。两者的合并是强强联合，同时也是互为补充。合并后，新公司以戴姆勒—克莱斯勒公司命名，成为当时世界上规模近次于通用汽车公司和福特汽车公司的世界第三大汽车公司。更重要的是，这一合并立即改变了原先两家公司所生产的汽车在北美和欧洲的市场份额。之前，奔驰车在欧洲和亚洲占有较高市场份额，而在美国市场的占有率还不到1%；而克莱斯勒车尽管在美国有较好的市场，但在欧洲则一筹莫展。两者的合并，使彼此的车顺利进入对方原先各自的市场范围。

在收购的情形下，投资者付出的是资金，得到的是目标企业的全部，包括技术、人才、品牌和市场等。在这方面，中国三一公司收购德国普茨迈斯特公司也是一个经典案例。普茨迈斯特公司是一家成立于1958年的从事各类混凝土输送泵、工业泵及其辅助设备开发、生产和销售的集团公司，其总部设在德国的斯图加特附近。它拥有全球销售网络，在世界上10多个国家设有子公司。用三一重工总裁在2012年1月31日收购签约新闻发布会上的话讲，18年前三一重工进入这个行业时，普茨迈斯特公司就已经是世界第一了。至于三一重工收购普茨迈斯特公司的意义，收购方总裁的另一段话说得很到位，他说："这次收购不是可以以金钱来衡量的。普茨迈斯特的技术，品牌、网络体系，都不可以用金钱来衡量。这次并购能给我们带来金钱和时间不能换回来的东西，它有52年的历史，它花了52年建起网络体系，这种价值也是无法衡量的，我们的产品主要在中国，出口不到5%。我们的销售世界最大，但还不是世界品牌，我们这次收购获得了一个世界品牌，战略性并购是改变世界竞争格局的并购，谁有了'大象'，就有了世界性的体系。"

从大局上看，中资企业走出去的步伐才刚刚迈出，在欧洲展开的并购交易也尚未到开花结果的时候。无论成功还是失败，无论经验还是教训，都应当成为后来者引以为鉴的对象。

西方能否取代中国在伊朗市场上的地位

据国际媒体消息，在2015年4月2日伊朗与“六方”达成框架性解决方案之后，有关伊核计划的全面协议将在6月底签署。如果不出现变数，对伊朗持续多年的制裁会被取消，同时伊朗将向广大西方国家开放包括石油、天然气领域在内的国内市场。针对这一可能的发展，不少中资企业开始担心来自西方跨国企业的竞争。不过，伊朗—中国商会主席阿·阿斯科罗拉地在接受伊朗迈赫尔通讯社采访时表示，“西方不会取代中国在我们市场上的地位”。

一、西方跨国企业难以削弱中国在伊朗的地位

究竟西方跨国企业的到来是否会削弱中国与伊朗贸易和投资的关系呢?

2006年，联合国安理会通过决议对伊朗实施经济制裁。制裁令所涉及的范围非常广泛，在长达近10年时间里，伊朗与世界隔绝，经济受到极大影响。伊核问题的解决，意味着西方跨国公司又将重返伊朗，毫无疑问，这势必会导致它们在争取与伊朗的贸易和投资机会方面与中国的企业形成竞争态势。事实上，西方跨国企业对伊朗的资源产业垂涎已久，可谓来者不善。

然而，解除了制裁的伊朗与以前不可同日而语，它潜在的贸易投资市场规模无可限量，也就是蛋糕更大，分享者都有机会，况且中国还有

西方不具备的优势条件。所以，从这个意义上来讲，中国与伊朗的贸易和投资关系非但不会因西方跨国企业的进入而受到削弱，反而因伊朗所面临的大环境的改变以及中国自身独特的一些因素而得到增强。

二、中国发展与伊经贸关系的有利条件

具体说来，相对于西方国家，中国提升与伊朗更加紧密和全面的贸易投资水平至少有以下几个方面的有利因素。

首先，中国与伊朗一直存在历史悠久的传统商贸联系，在当今更有着稳定正常的政治关系和广泛的经济合作关系。伊朗是中国石油进口最大来源国之一，从该国进口的石油占中国全部进口石油总额的10%。2014年，中国与伊朗的贸易额达到了历史最高，约520亿美元。中国是伊朗最大的贸易伙伴，这样的基础一般是不容易轻易动摇的。

其次，伊朗是一个中东大国，无论是国土面积还是人口，抑或是自然资源和经济发展综合实力，都在该地区位居前茅，在未来经济重建中还要依仗中国在诸多产业领域的技术和制造能力。制裁解除之后，伊朗势将全面恢复和发展其停滞多年的经济，同时也将全方位向世界开放。中国不仅可以继续发展与其的石油和天然气贸易，还可以在能源资源产业、基础设置改造以及公路、铁路和船舶制造等诸多方面与其进行合作。早在2014年，国际媒体就有报道说，中国企业准备为伊朗建设一条高速铁路，连接库姆至德黑兰以及库姆至伊斯法罕之间。除此之外，中国已经或正在投资参与多个大型项目，包括石油和天然气开采以及油气管道铺设等。

另外，伊朗是中国倡导的丝绸之路经济带和21世纪海上丝绸之路的必经之地，是中国主导创建的上合组织观察员国，任何连接东亚至欧洲的公路、铁路、油气管道和通信网络都将使其受益。同时，与“一带一路”相辅相成的以“亚投行”为代表的多个国际性质的融资平台也将为伊朗的基础设置建设提供可能的资金支持。

正因为如此，中资企业不要担心有竞争，而应当提前做好准备，积极参与到未来伊朗经济的重建之中。

用好中韩自贸协定红利

2015年6月1日，中韩自贸协定经过三年谈判终于瓜熟蒂落，虽然最后生效还要等一段时间，但这已无碍大局。国内外媒体把关注的重点放在这项协定可能给两国消费者带来的变化以及两国产品更加便利进入对方市场的前景，因为自贸协定最主要的功能就是为了消除相关各方阻碍商品自由流通的关税和非关税障碍。不过，如果仅仅这样看待中韩自贸协定，那也实在太过狭隘了。中韩自贸协定不仅不同于传统的自贸协定，而且也有别于中国目前与其他国家之间已经达成或正在谈判的类似协定。

与传统自贸协定（比如GATT，甚至WTO的各项协议）相比，中韩自贸协定涉及的经济问题要多得多，包含贸易之外诸多新的议题，如投资、知识产权、电子商务和环境等。而与中国其他已经生效或正在谈判中的多个自贸协定（如中国—东盟自贸协定、中日韩自贸协定等）相比，中韩自贸协定则是一项一步到位的综合性协定，而非由几个单项协定所构成的框架协定。正因为如此，再加上中韩两国各自不可小觑的经济体量，该协定一旦生效，其影响将是全面而巨大的。它不只是简单地增进中韩两国间贸易商品的往来，而应该成为改善两国间事实上存在很久的极不平衡的贸易投资格局的契机，从而促进双方对外贸易和投资健康而快速地发展。同时，它也应该推动中国参与其中的东亚地区自贸区建设的困境的突破，帮助实现中国区域经济一体化战略。为此，中国方面似可从以下三个方面着手，用好中韩自贸协定带来的机会。

一、借助中韩自贸协定的示范效应和可能的竞争压力，尽快改变东亚自贸区建设停滞不前的局面

东亚地区自贸区建设的状态可以用三个字形容，即乱、慢和散。所谓“乱”，就是国际上广泛而常常提及的“意大利面碗”现象——错综复杂。据 WTO 官网公布的数据，东亚地区 21 个国家或经济体总共参与 72 项自贸协定的缔结，在 WTO 备案的全球 406 项已经生效的双边和区域自贸协定中占有 1/6。更糟糕的是，这种倾向似乎还在增强。

所谓“慢”，是指东亚地区的自贸区建设布局早而进展缓。东亚一体化的起步并不比北美自贸区（1994 年建成）晚太多，早在 20 世纪 90 年代初就已经付诸实施。1992 年，东盟领导人会议提出和通过“东盟自由贸易区”构想，并在第二年启动自贸区进程。1997 年亚洲金融危机为东亚区域更加紧密的经济合作提供了契机。中国在此次危机中负责任的表现不仅赢得了东盟各国对中国的信任，而且实质性地促使东盟与包括中国在内的东亚其他经济大国的接近。就在这一年，东盟与中国签署“通向 21 世纪东盟—中国的合作”联合声明；也是在这一年，东盟与中日韩三国在吉隆坡举行第一次首脑峰会，“东盟加三”即“ASEAN + 3”（APT）模式就此形成；还是在这一年，日本时任财相宫泽喜一提出建立亚洲货币基金（AMF），为东亚国家此后在金融货币领域合作提供启示。1999 年，东盟与中日韩发表“东亚合作联合声明”，正式启动“东盟加三”机制。进入 21 世纪后，东亚区域经济合作确定了中长期目标，前行的路径似乎越来越清晰。2012 年，东盟发起的“区域全面经济伙伴关系”（RCEP），正式取代“东盟加三”机制，东亚自贸区建设进入新阶段。不过，十多年过去了，东亚一体化实质性成果仍然没有呈现出来。

而所谓“散”，则体现在头绪多而缺乏一个中心的事实上。综观全球，但凡一个强大的自贸区或区域一体化机制的建成都有一个或两个牵头的国家，比如北美自贸区中的美国以及欧共体或欧盟里的德国和法国。而在东亚，因为历史、文化和政治等因素，这样的领导者难于自然而然

产生，即使是在综合实力较强的几个国家或区域集团之间，也因为相互竞逐异常激烈而彼此谁也不服谁。

冰冻三尺非一日之寒，中韩自贸协定的签署和生效在短时间内无法根本改变东亚自贸区建设停滞不前的局面。中国方面所能够做的，首先是汲取此次谈判的经验教训，放大该自贸协定的积极效应，给中日韩自贸协定和RCEP增加压力和动力；其次，以中韩自贸协定为范本，全面推进包括中日韩自贸协定和RCEP在内的中国正在进行和计划中的自贸协定谈判进程。

与跨太平洋伙伴关系协定（TPP）不同，中韩两国在自贸协定的谈判中体现出较大程度的灵活性。TPP从一开始就坚持高标准而不支持相关各方做出保留，以至于该协定谈判在很长时间里陷于僵局，而中韩自贸协定考虑到双方在某些重要经贸领域或具体贸易产品上的关切和顾虑，在各自做出一定让步的基础上在主要的方面满足相互利益需求。比如，其关税减让的周期以20年为限，而TPP则要求成员国90%的货物关税立刻免除，其余产品关税在12年内一步到位。又比如，中韩自贸协定考虑双方情况，排除汽车和部分重要农产品适用关税减让，中韩之间的贸易和投资关系在总体上势将得到增强，在这种情况下，包括东南亚国家在内的广义的东亚地区对华贸易和投资可能受到不利影响，尤其是日本。由于政治因素等影响，日本最近几年对华经贸关系出现明显下滑，而韩国在对华出口产品和投资方面多有与日本重叠。韩国在汽车、机械、电子、石化和文化产品等方面对华出口和相关投资的增加，意味着日本曾经的相对竞争优势相应削弱。这种情形也会发生在其他国家身上。中国理应善用由此产生的经济竞争压力，将其转化为推进中日韩自贸协定以及RCEP谈判的动力。

就文本而言，中韩自贸协定也有不少可取之处。它不同于美韩自贸协定，后者以美式自贸协定为模板而有高标准以及大而全的倾向；对比之下，中韩自贸协定只是尽力而为，以符合双方实际情况为前提。虽说这项协定在中国涉外自贸区建设史上是一次突破，但是并没有为了所谓的突破而刻意为之。它将农业、医药和医疗设备、纺织品和服装、劳工以及政府采购等排除在协定的章节之外，如此选择，特别适合亚洲地区包括中日韩自贸协定和 RCEP 在内的自贸协定谈判。在亚洲，甚至在东南亚或东亚地区，各个国家之间的经济、政治、宗教、文化、产业结构和平均关税水平存在巨大差异，如果不顾及其基本利益，任何旨在便利贸易投资自由流动的自贸协定都会适得其反。在这点上，中韩自贸协定是一个积极的范本。

表 16—1　中韩自贸协定与美韩自贸协定框架对比

中韩自贸协定		美韩自贸协定	
章目	内容	章目	内容
序言		序言	
第 01 章	初始条款和定义	第 01 章	初始条款和定义
第 02 章	国民待遇与商品市场准入	第 02 章	国民待遇与商品市场准入
第 03 章	原产地规则和实施程序	第 03 章	农业
第 04 章	关税程序和贸易便利化	第 04 章	纺织品和服装
第 05 章	卫生和植物检疫措施	第 05 章	药品和医疗器械
第 06 章	技术贸易壁垒	第 06 章	原产地规则和程序
第 07 章	贸易救济	第 07 章	关税管理和贸易便利化
第 08 章	服务贸易	第 08 章	卫生和植物检疫措施
第 09 章	金融服务	第 09 章	技术贸易壁垒
第 10 章	电信	第 10 章	贸易救济
第 11 章	自然人流动	第 11 章	投资
第 12 章	投资	第 12 章	跨界服务贸易
第 13 章	电子商务	第 13 章	金融服务
第 14 章	竞争	第 14 章	电信
第 15 章	知识产权	第 15 章	电子商务
第 16 章	环境与贸易	第 16 章	竞争相关事项
第 17 章	经济合作	第 17 章	政府采购
第 18 章	透明度	第 18 章	知识产权
第 19 章	制度规定	第 19 章	劳工

续表

中韩自贸协定		美韩自贸协定	
章目	内容	章目	内容
序言		序言	
第 20 章	争端解决	第 20 章	环境
第 21 章	例外	第 21 章	透明度
第 22 章	最后条款	第 22 章	制度规定与争端解决
		第 23 章	例外
		第 24 章	最后条款

资料来源：笔者根据两项协定英文版编制。

二、改变中韩贸易投资不平衡的局面

自 1993 年中韩建交以来，两国经贸关系发展极为迅速。目前，中国是韩国最大贸易伙伴、最大出口市场、最大进口来源国、最大海外投资对象国，而韩国是中国第三大贸易伙伴国、第五大外资来源国。然而，中韩两国贸易和投资关系存在着巨大的不平衡。

在贸易方面，韩国每年出口到中国的产品约占其出口总额的 1/4，2014 年达到 1453 亿美元；而中国在同期出口到韩国的产品总额则只有 900 亿美元。韩方顺差 553 亿美元。在外国直接投资方面，2014 年韩资企业对华投资额为 40 亿美元，比上年增长了 96%，韩国在中国投资存量达到 600 亿美元；而 2014 年中资企业在韩投资额是 4.9 亿美元，中国在韩投资存量仅为 24.5 亿美元。韩方对华投资存量是中方在韩投资存量的 22.5 倍之多。

我们承认，中韩在贸易和投资上的不平衡现象有其历史和市场规模等方面的原因，但是从长远看，这种局面不能长久维持，事实上它已经开始阻碍两国经贸关系的进一步健康发展。中国理应充分利用自贸协定的各项便利化规定，改善出口产品结构，拓展出口产品类别以扭转严重的贸易逆差局面。在直接投资上，中资企业可发挥资金、技术和人力资源优势，有重点、有针对性地进入韩国投资市场，实现投资项目质和量的突破。

三、以对韩服务贸易和金融通信服务业投资为突破口，全面提升中国全球服务贸易和服务业投资水平

服务贸易是近20年来在国际上因应现代科技和交通运输的突飞猛进而发展较快的一种贸易形式，涉及范围很广，比如旅游、娱乐、文化教育、邮政、建筑工程服务、法律服务、银行、证券和保险等。它也是衡量一国综合实力的一个重要方面。曾几何时，中国在服务贸易领域发展较缓，目前正快速追赶，不过仍差全球服务贸易第一大国美国有一半的距离。据世界贸易组织统计，2014年美国的服务贸易进出口总额达到11877亿美元，而中国在年度增速实现12.6%的情况下仍然只有6069亿美元，与排在全球第三、四、五位的德国、英国、法国势均力敌。

中韩自贸协定的一个重大亮点，就是两国在开放服务贸易市场方面实现“大尺度”突破。据中国商务部新闻发言人沈丹阳在2015年6月2日举行的新闻发布会上表示，中韩双方已在服务贸易市场准入方面做出诸多承诺。中国主要解决了韩国在法律、建筑和相关工程、环境、娱乐、体育和其他娱乐、证券六个部门的重要利益关注；而韩国则主要解决了中国在速递服务和建筑服务领域的重要利益关注，其所做出的承诺超过到目前为止所缔结的所有自贸协定的水平。

相较于亚洲其他国家，中国与韩国的服务贸易发展的潜力具有优势。两国完全可以凭借各自的相关能力和资源，提升相互间这项贸易的规模和水平，而且还可以促进和带动彼此对于其他亚洲国家乃至世界其他国家或地区的服务贸易规模和水平。

关于服务业投资，中韩自贸协定有三个专章涉及，分别是第八章（服务贸易）、第九章（金融服务）和第十二章（投资）。该协定虽然在总体上还有所保留，但是如同上面提到的，双方在很多重要的方面做出

了“大尺度”的开放承诺，这为两国在对方国家展开较大范围的服务业投资提供了法律保障。

与中国在韩直接投资状态相吻合，中资企业在韩服务业投资无论在规模还是在范围上都还处在非常低的水平。目前中国在韩服务业投资主要集中在餐饮、房地产和文化产业，投资项目的数量不多，资金规模也不大。不过，积雪正在融化，阳光就在前方。

2015 年 6 月 10 日，韩国金融委员会批准中国安邦保险公司收购东洋生命保险公司 63% 的股份，成为东洋生命的最大股东。中国安邦保险的这项收购计划开启了中资企业在韩金融服务业高水平投资之先河。相信闸门既开，更多中资企业将通过绿地投资或并购方式涉足韩国更多的服务领域，投资规模和质量也会相应提高。

中资企业投资韩国金融服务业，不仅具有存在于两国之间有限的经济价值，还应当具有示范效应。如果中国方面能够较好地利用中韩自贸协定带来的便利，扩展中资企业在韩国的服务业投资，那么以自贸协定为基础以及以法律作为保障的中式对外服务业投资极有可能在全球更大范围推广开来。

附录　TPP协定文本精要（中译文）*

一、综合评价

2015年10月4日，12个TPP缔约方（澳大利亚、文莱、加拿大、智利、日本、马来西亚、墨西哥、新西兰、秘鲁、新加坡、美国和越南）的部长们宣布完成谈判。其成果是一项高标准的、进取的、全面而平衡的协议。该协议促进经济成长，支持创造和保留就业岗位，提升创新、生产效率和竞争力，提高生活标准，削减这些国家的贫困，并且增进透明度、良好治理，以及改善劳动环境保护标准。我们预期这项适用于亚太地区贸易投资领域的最新和高标准的协议的缔结，将是迈向整个地区开放贸易和区域一体化终极目标的重要步骤。*

（一）主要特点

TPP的五个显著特征将使其成为一项21世纪具有里程碑意义的协议，为着手处理下一代问题提供一个新的全球贸易标准。这些特点包括：

第一，全面市场准入。TPP消除或削减实际上所有货物和服务贸易中的关税和非关税壁垒，涵盖贸易的各个层面，包括货物和服务贸易以

---

* 本部分内容包括两个部分：对跨太平洋伙伴关系协议（TPP）的综合介绍和TPP协定文本的30个章节概要。由美国贸易代表办公室于美国时间2015年10月5日在其官网公布。由廖森林、袁琪、包盈盈、黄陈婧、陈钰、陈慧、陈思熠、孟一景等翻译，叶兴平总校。

及投资，从而为我们的企业、工人和消费者创造新的机会和利益。

第二，区域性的承诺办法。TPP 为生产、供应链以及无缝贸易提供便利，以增进效益并帮助我们实现创造就业、提高生活水平以及促进跨界一体化和开放国内市场的目标。

第三，应对新的贸易挑战。TPP 通过解决新问题，包括数码经济的发展和全球经济中的国有企业的角色等，促进创新，提高生产率和竞争力。

第四，包容性贸易。TPP 纳入若干新的要素以求保障所有不同发展水平的经济体和不同规模的企业从贸易中获得利益。这包括承诺帮助中小企业了解协议和利用好其带来的机会，以及让 TPP 各缔约方政府关注这些企业所面临的独特挑战；也包括一些有关发展和贸易能力建设的特殊的承诺，以确保所有协议缔约方能够履行协议承诺并充分享受其利益。

第五，区域一体化平台。TPP 旨在作为一个区域一体化的平台，计划包括横跨亚太地区的其他经济体。

（二）范围

TPP 包括 30 个章节，涵盖贸易和贸易相关的问题，首先是货物贸易以及关税和贸易便利化，接下来是卫生与植物卫生措施、技术性贸易壁垒、贸易救济、投资、服务、电子商务、政府采购、知识产权、劳工和环境等；各“水平状”章节意在确保 TPP 在发展、竞争和包容性、争端解决、例外和制度规定等方面发挥其潜力。

除了更新在过往自贸协议所涵盖议题上的传统做法，TPP 还纳入了一些新的正在出现的贸易问题和交叉问题。这些问题涉及互联网和数码经济、国有企业参与国际贸易和投资、小微企业利用贸易协议的能力等。

TPP 由不同国家创建而成，它们在地理、语言、历史、幅员和发展水平上存在差异。所有 TPP 国家承认，多元化是一种独特资产，但同时也需要紧密合作，顾及 TPP 成员中次发达国家的能力建设，并且在某些情形下基于要求为若干 TPP 伙伴做出过渡期安排以发展其履行新义务的能力。

二、各章节精要

第一章　初始条款和一般定义

许多 TPP 缔约方之间都已经签订过其他贸易协定。本章承认缔约国之间相互签订的其他国际贸易协定与 TPP 并存，包括 WTO 协定、双边和区域间协定。本章解释了 TPP 文本中所涉及的术语和定义。

第二章　货物贸易

TPP 缔约方同意消除和削减工业产品的关税和非关税壁垒，以及农产品的关税和其他限制政策。TPP 提供的优先准入将增加这个由 12 个缔约方 8 亿人口组成的市场的贸易量以及提供高质量的就业岗位。大部分的工业产品关税在协定生效后即刻取消，另一部分商品关税将在缔约方同意的更长时间范围削减。由缔约方同意的特别关税减让体现在涵盖所有商品的“关税减让时间表”内。

TPP 缔约方将公布所有有关商品贸易的关税及其他相关信息，保证中小企业及大型企业均可以受惠。它们还同意不使用业绩要求这样一些由某些国家施加给企业的附加条件，诸如当地生产要求等，以获得关税优惠。

此外，它们还同意不施行与 WTO 协定不一致的进出口限制和关税，包括再制造商品关税政策，促进零部件在新产品中循环使用。如果 TPP 协定缔约方维持进出口许可证要求，它们将相互通知相关程序以增加透明度，促进贸易流动。

在农产品方面，缔约方将消除或削减关税和其他限制性措施，该举措将增加地区间的农产品贸易和食品安全。除了消除和削减关税，TPP 缔约方还同意推动政策改革，包括取消农产品出口补贴，与 WTO 合作推进出口国有贸易企业、出口信贷的准则，以及为经许可的食品出口限制设定时间上限，以增强区域间食品安全。

TPP 缔约方还同意增强各种农业生物技术相关活动的透明度和合作。

第三章 纺织品和服装

TPP 缔约方同意取消纺织品和服装的关税，这一行业对部分 TPP 缔约方市场经济增长举足轻重。大部分关税将立即取消，另一部分敏感商品的关税将由缔约方同意在更长时间框架内削减。

本章还涉及特定的原产地规则，要求使用的丝线和面料来源于 TPP 缔约方地区，以推动区域间供应链和投资，同时，“供应短缺清单”机制允许使用某些本区域内未广泛使用的丝线和面料。

本章还包括海关合作执行的承诺，以防止逃避关税、走私和欺诈。此外也提及有关纺织品的特殊保障措施，以应对进口的突然增加对国内产业造成的严重损害或严重损害威胁的情况。

第四章 原产地规则

为了实施原产地规则，促进地区供应链，并有助于确保 TPP 缔约方而不是非参与者为主要受益者，12 个缔约成员达成一套原产地规则。规则明确了特定产品是否“原产”，是否有资格获得 TPP 特惠关税待遇。特定产品原产地规则是附加的文本协议。TPP 协议采用“累积”机制，即在一般情况下，一 TPP 缔约方在生产任何缔约方产品中的原料投入，将被视作任何其他 TPP 缔约方的材料。

TPP 还制定了为确保商业活动在 TPP 区域快捷开展的规则，通过创建一个通用 TPP - wide 系统，显示和验证在 TPP 区域生产的产品是否符合原产地规则。进口商只要能够提供相关的文件便可以享受优惠关税待遇。此外，本章还规定了有关部门进行适当验证的程序。

第五章 海关管理和贸易便利化

作为 WTO 促进贸易努力的补充，TPP 缔约方就提高贸易便利化、提高海关程序的透明度以及确保海关管理的完整性达成一致。这些规则将通过简化海关和入境程序以及促进区域供应链，帮助 TPP 企业尤其是中小企业的发展。TPP 缔约方已达成透明的规则，包括公布相关海关法律法规，避免货物在通关时不必要的延迟和扣押以及由于海关尚未确定税费金额而造成的“抗议支付”。它们同意完善海关估价和其他事项，以此保障企业运行的可预测性。鉴于快递运输对于企业发展的重要性，TPP 缔约方还就开辟快递运输加急通道达成共识。为打击走私和逃税，TPP 缔约方同意在需要时为彼此提供信息帮助以实施各自海关法律。

第六章　卫生和植物检疫（SPS）措施

在 SPS 规则制定中，TPP 缔约方就如何确保透明、非歧视规则立足于科学达成共识，并重申它们对保护人类、动物以及植物的生命和健康的权利。TPP 的 SPS 规则建立在 WTO 的相关规则基础之上，以识别和管理风险，其目的是不再对贸易施加不必要的限制。TPP 缔约方同意公众对 SPS 措施发表评论以提醒政策制定者，并确保贸易商理解他们需要遵守的规则。它们同意进口措施是以进口相关风险为基础，进口检查不宜不当拖延。各缔约方还同意，为保护人类、动物或植物的生命和健康，若干紧急措施在必要时可以实施，但必须事先通知其他各缔约方。采取紧急措施的缔约方应该在 6 个月内将审核的科学依据公布给任何有需要的其他缔约方。此外，TPP 缔约方承诺改善与等价或区域化要求相关的信息交换，促进基于制度的有关评估出口方监管控制有效性的审计。为了迅速解决缔约方之间出现的 SPS 问题，它们同意建立一种政府间协商机制。

第七章　技术性贸易壁垒（TBT）

在制定 TBT 规则中，TPP 各缔约方同意基于透明、非歧视规则，发展技术规范、标准及合格评定程序，同时保留 TPP 缔约成员实现合法目标的能力。它们同意相互合作，确保技术规范和标准不会造成不必要的贸易壁垒。为降低 TPP 企业特别是小企业成本，TPP 缔约方同意尽快接受来自于其他缔约方合格评定机构的评定结果，使企业更容易进入 TPP 市场。在 TPP 规则下，必须允许公众对技术规范、标准和合格评定程序进行评论，并确保贸易商明白他们要遵守的规则。它们还将确保技术法规和合格评定程序的出台与实施之间有一个合理的时间间隔，以便于企业有足够的时间来满足新的要求。此外，TPP 相关附件还包含了特定行业监管的通用措施。这些行业包括化妆品、医疗设备、医药、信息和通信技术产品、葡萄酒和蒸馏酒、预包装食品和食品添加剂的专利配方以及有机农产品。

第八章 贸易救济

本章意在促进通过了解最佳惯例以提升贸易救济程序的透明度和正当程序，但不损各缔约方在 WTO 项下的权利和义务。本章规定过渡性保护机制，即如果一缔约方实施 TPP 进行关税削减导致其国内产业遭受严重损害，允许其在过渡期内使用过渡性保护措施。这些措施最长不得超过 2 年，但可以延期 1 年，若措施超过 1 年，必须逐步自由化。实施保护措施的缔约方必须满足通知和协商要求。本章制定若干规则，要求实施保护措施的缔约方提供相互可接受的补偿。缔约方不得在同一时期针对同一产品实施 TPP 项下的超过一种以上的过渡性保护措施。缔约方不得对根据 TPP 配额所进口的任何产品实施过渡性保护措施，但可以将 TPP 项下产品从 WTO 保护措施中排除，如果该项进口并没有导致损害或损害威胁。

第九章 投资

为确立投资规则，缔约方要求非歧视性投资政策与保护确保基本法治准则，但同时保障缔约方政府实现合法公共政策目标的能力。

TPP 规定了在其他与投资相关协议中出现的对投资的基本保护，包括国民待遇、最惠国待遇、符合习惯国际法原则的最低标准待遇、禁止不符合公共利益缺乏正当程序和无补偿的征收、禁止诸如当地成分或技术本土化要求之类的业绩要求、自由任命不受国籍限制的高层管理人员以及投资资金的自由转移。关于投资资金自由转移，相关规定得服从 TPP 例外规则，以确保各国政府在遭遇收支不平衡危机或威胁以及其他经济危机情形下拥有适当权限管理不稳定的资本流动，以维护金融系统的统一性和稳定性，其中包括实施非歧视性的临时保护措施（例如资本管制），以及限制高级管理人员的国籍。

TPP缔约方引入负面清单机制，即它们的市场向外国投资者全面开放，除非它们在两个附件中的一个中采取了例外行动（非相容性措施）：（1）缔约方接受某一义务所采取的在将来不会变得更加严厉和限制自由化的现时措施；（2）缔约方在将来享有绝对自由裁量权的措施和政策。

本章也规定了中立、透明的国际投资争端解决（安排），以确保预防滥用求偿程序，保障政府在公共利益方面的监管权力，这些公共利益包括健康、安全和环境保护。程序方面的保障包括：透明的裁决程序、法庭之友的意见、非争议方提交的意见、对不当求偿的快速审理以及适当的律师费补偿、对临时裁决的复核、限制缔约方联合解释、提出求偿的时间限制，以及预防申诉方在平行诉讼程序中提出相同诉求的规则。

第十章 跨境服务贸易

考虑到服务贸易对TPP缔约方不断增加的重要性，12个缔约方就该领域自由化达成共识。TPP包含了在WTO及其他贸易协定中的诸项核心义务：国民待遇、最惠国待遇、市场准入（规定TPP缔约方不能对服务提供实施数量限制或要求特定法律主体或合资企业）和当地存在（缔约方不得要求来自于其他缔约方的服务供应商在其境内为提供服务而设立办公室、分支机构或为当地者）。

缔约方接受负面清单义务，即他们的市场对TPP服务供应商完全开放，除非它们在两个附件中的一个中采取了例外行动（非相容性措施）：（1）缔约方接受某一义务所采取的在将来不会变得更加严厉和限制自由化的现时措施；（2）缔约方在将来享有绝对自由裁量权的措施和政策。

缔约方还同意以合理、客观和公正的方式管理其一般性适用程序，并接受新提出的服务规则符合透明度要求。本章中的各项利益不得给予空壳公司和某一TPP缔约方禁止与其交易的非TPP缔约方服务供应商。缔约方同意允许跨境服务贸易有关的资金自由转移。此外，本章包括一个旨在鼓励在资格认定和其他规范性问题方面合作的专业服务附件以及快递服务附件。

第十一章　金融服务

本章致力于提供重要的跨境和投资市场准入机会，同时将确保缔约方维持监管金融市场和金融机构的能力，以及在危机中采取紧急措施的能力。本章包含了出现在其他贸易协定中的诸项核心义务，即国民待遇、最惠国待遇、市场准入和本协定“投资”章节下的某些条款，包括最低待遇标准。本章规定，来自其他缔约方的供应商在直接向某一缔约方提供跨境金融服务的销售时，该缔约方不得要求供应商在该缔约方建立分支机构，供应商须在对方国家进行跨境金融服务供应商注册或取得授权，以便该缔约方保障必要监管和管理。

如缔约方允许其国内公司在其境内市场开办金融新业务，其他缔约方供应商也可在该缔约方的境内市场开办同类业务。缔约方可享受一些在 TPP 两个附件中所列出的个别例外，即：（1）缔约方接受某一义务所采取的在将来不会变得更加严厉和限制自由化的现时措施；（2）缔约方在将来享有绝对自由裁量权的措施和政策。

缔约方也制定规则正式承认那些旨在促进由持牌服务供应商提供保险服务的监管程序以及实现结果的程序的重要性。此外，TPP 还包括一些特殊承诺，涉及资产组合管理、电子支付卡服务以及与数据处理中的信息传输。

为解决就特定条款产生的争议，本章规定了中立和透明的投资仲裁机制。它包括有关最低待遇标准方面的某些投资争端规定和要求仲裁员具有金融服务专门知识的规定，也包括一项特别的国与国之间争端解决安排，以方便使用投资争端章节中的审慎例外及其他例外规定。最后，它还包括一些例外，保留了缔约方金融监管部门广泛的自由裁量权，以便于采取措施促进金融稳定和金融系统的统一，其中有审慎例外和在实施货币或其他政策时的非歧视性措施的例外。

第十二章　商务人士临时入境

本章鼓励 TPP 缔约方的主管部门提供有关临时入境申请的信息，保证申请费用是合理的，并对申请快速做出决定并尽快通知申请人。缔约方同意保证有关临时入境要求的信息已经向公众公开，包括及时通过网络发布信息，并尽可能提供释明性材料。缔约方同意继续在临时入境方面合作，例如签证程序。几乎所有缔约方都做出承诺，彼此给予对方商业人士入境便利，详情见国别附件。

第十三章　电信

缔约方在确保其境内有效和可信赖的电信网络方面达成共识。电信网络对于提供服务的企业至关重要，而无论其规模大小。TPP 有关支持竞争的网络准入规则涉及移动通信供应商。缔约方承诺保障其境内主要的电信服务供应商以合理的条件和及时的方式，提供网络互联、线路租赁、共同定位、电缆接口以及其他设备服务。缔约方还承诺，在发放牌照的情况下，确保其程序透明以及管理规则不会对特定电信技术构成一般性歧视，并且以客观、及时、透明和非歧视的方式管理其稀缺电信资源的分配和使用程序，包括频率、数字和波段。缔约方承认依靠市场力量和商业谈判在电信领域的重要性。它们同意采取措施以促进国际漫游服务的竞争性以及提升漫游的替代服务；还同意在一缔约方选择对国际漫游服务的批发费率做出规定的情况下，允许来自于其他未实施如此费率的缔约方运营商有机会从中获益。

第十四章　电子商务

在本章，TPP 缔约方承诺，在达成合法公众政策目标（诸如个人信息保护政策）的范围内，保证那些驱动互联网和数码经济发展的全球信息和数据的自由流动。12 个缔约方同意不强求 TPP 缔约方的企业建立数据中心作为在 TPP 市场内运营的条件，也不强求其移交或提供软件的来源码。本章禁止对电子传输附加关税，防止 TPP 缔约方以对外歧视性措施或直接禁止的方式对本国此类产品的生产商或供应商提供有利条件。为保护消费者，TPP 缔约方同意制定并维持有关在线欺诈或虚构商业行为的消费者保护法，确保隐私和其他消费者保护措施可以在 TPP 市场中得以贯彻实施。缔约方也被要求采取行动制止商业电子信息的单方面推送。为促进电子商务的发展，本章也制定了一些鼓励 TPP 缔约方推动企业与政府间无纸化交易的条款，比如电子海关表格，并就商业贸易的电子认证和签名做出规定。本章中大量的义务受制于单个 TPP 缔约方有关非相容的措施。12 个缔约方同意相互合作以帮助中小企业充分利用电子商务带来的红利，鼓励在个人信息保护、在线消费者保护、网络安全威胁和网络安全能力的政策方面开展合作。

第十五章　政府采购

通过公平、可预期以及非歧视的规则，TPP 缔约方共享彼此庞大的政府采购市场所带来的红利。在政府采购章节，TPP 缔约方就国民待遇和非歧视的核心原则做出了承诺。他们也同意及时公布相关信息，保证供应商有充足时间获取投标文件及应标，公平、不偏不倚地对待投标方，并为投标方的信息保密。另外，缔约方同意使用公平的、客观的技术规格，授标完全以通知和标书文件中列明的评价标准为条件，并对中标提出的抗议建立适当的质询或审查程序。各缔约方均同意，本章涉及的机构和采购活动以正面清单的方式列明在附录中。

第十六章　竞争政策

TPP 缔约方在依靠若干规则以确保区域内有一个公平竞争的框架上达成共识。这些规则要求 TPP 缔约方维护法律秩序，以禁止阻碍竞争的商业行为以及损害消费者的欺诈和欺骗性商业活动。

TPP 缔约方同意制定或维持全国性有关阻碍竞争的商业行为的竞争法律，并将这些法律适用于它们领土内的所有商业行为。为保证此等法律能有效实施，TPP 缔约方同意建立或维持对国家竞争法律实施负责的监管机构，并制定或维持涉及损害、可能损害消费者的商业欺诈和欺骗性行为的法律法规。缔约方也同意就相互受益的有关竞争活动适当开展国际合作。12 个缔约方就正当程序和程序公正的义务，以及针对违反某一缔约方国家竞争法所造成的损害进行诉讼的私有权利达成了一致意见。另外，TPP 缔约方同意在竞争政策和竞争法的实施领域开展合作，包括通知、咨询和信息交换。本章不受 TPP 争端解决条款限制，但是 TPP 缔约方可以就本章有关的议题进行咨询。

第十七章　国有企业及特定垄断领域

所有 TPP 缔约方均有国有企业，其通常作用于提供公共服务和其他活动，但是 TPP 缔约方认同就国有企业达成框架性规则所带来的益处。本章涉及从事商业活动的主要大型国有企业。缔约方同意确保其国有企业基于商业考量进行商业买卖，只有在这样做与有关授权国有企业运营并提供公共服务的任何强制性规定不符的情况下存在例外。它们也同意确保其国有企业或特定垄断领域非歧视地对待其他缔约方企业、货物和服务。缔约方同意在其领土范围内对外国国有企业的商业行为提供司法管辖，保证规范性行政机构公正对待国有企业和私人企业。TPP 缔约方同意避免通过对国有企业提供的非商业支持造成对其他 TPP 缔约方利益的不利影响，或者避免由于对在其他缔约方领土范围内生产和销售货物的国有企业提供非商业支持而损害该缔约方的国内产业。TPP 缔约方同意在 TPP 缔约方内部共享他们国有企业的清单，并基于请求提供政府的股权或控制的程度信息以及他们提供给国有企业的非商业支持。本章也规定了一些义务例外的情形，比如面临全国或全球性经济紧急情势，以及在附录中列举的一些国别例外规定。

第十八章　知识产权

本章涉及专利、商标、版权、工业设计、地理标识、商业秘密以及知识产权的其他形式，知识产权权利的行使以及缔约方愿意合作的相关领域。本章有助于企业在新市场中搜寻、登记以及保护知识产权权利，这对于小企业来说尤为重要。

本章根据 WTO 的 TRIPS 协议以及国际的最佳通行惯例制定了专利标准。关于商标，它对品牌名称以及企业或个人在市场中用以区分他们产品的其他标识提供了保护。在新的地理标识保护方面，本章也要求了一定的透明度和正当程序保障，包括地理标识的认定或通过国际协定的形式加以保护。这些包含了对商标和地理标识之间关系理解的确认，并保障了常用术语的使用。

另外，基于对各缔约方达到这些标准可能需要时间的考量，本章包含了制药相关的规定：一方面，促进创新的、拯救生命的药物的发展；另一方面，保障大众可以获得普通的药物。本章包含关于未披露测试的保护，以及对新药或者农业化学产品为获得市场准入而提交的其他信息的保护。本章也再次重申缔约方在TRIPS协议和公众健康方面于2001年对WTO做出的宣言，同时也特别确认了在诸如HIV、AIDS流行病的情形下，不禁止缔约方为保护公众健康而采取措施的权利。

关于版权，本章在保护作品、表演和录音制品方面（如歌曲、电影、书籍和软件）做出了承诺，并在技术保护措施和权利管理信息方面包含了有效的、平衡性的规定。作为对这些承诺的补充，本章还包含了要求缔约方通过基于合法目的在其他方面、例外情形以及限制（如数码环境下）持续地寻求版权制度的平衡。本章要求缔约方为互联网服务供应商建立或者维持一个版权安全港湾的框架。这些义务不允许缔约方在互联网服务供应商对侵权行为的监管系统中提供此种安全港湾。

最后，TPP缔约方同意提供强有力的实施体制，包括诸如民事诉讼、临时措施、边境措施以及大规模的商标混淆或者涉及版权和隐私权利的刑事诉讼和罚金。值得一提的是，TPP缔约方将提供法律手段防止商业秘密的滥用，并对包括网络盗窃手段在内的商业秘密盗窃设立刑事诉讼和罚金。

第十九章　劳工

TPP所有缔约方亦为国际劳工组织的缔约方，它们承认促进被国际广泛承认的劳工权利之保障的重要性。TPP缔约方同意以各方国内的法律和实践采纳并维持国际劳工组织于1998年声明中承认的基本劳工权利，即结社自由及集体协商的权利，消灭强迫劳动现象，消灭童工现象，禁止童工这种最恶劣的形式以及消灭雇佣中的歧视现象。

各方亦达成一致，在最低工资、工作时间、职业安全以及健康方面进行立法规范。这些承诺也适用于出口加工区。12个缔约方一致同意不得为吸引贸易及投资而从法律上放弃或减损保障基本劳工权利的实施义务，亦不得以持续或不断重复的方式放弃实施影响TPP各缔约方之间贸易和投资的有关劳工保护的法律。除了承诺在各自国家内消灭强迫劳动之外，各缔约方还承诺阻止由强迫劳工或童工生产的或者含有强迫劳工生产的原材料的商品进口，而无论商品来源国是否为 TPP 缔约方。12 个 TPP 缔约方承诺在出现违反各自劳工保障法的情况下，保证提供公平、平等以及透明的行政和司法程序以及有效的救济方式。各缔约方也一致同意在实施劳工保障这一章时，保证公众的参与，包括建立获得公众意见的机制。

各缔约方在本章的承诺受争端解决这一章规定的争端解决程序的约束。为促进 TPP 各缔约方的劳工事项的快速解决，本章同时建立了可供各缔约方选择的劳工对话机制，以解决他们之间在本章范围内发生的任何劳工争议。这一对话机制可供快速考虑问题，并允许成员双方为解决问题而达成行动方案。本章关于劳工事项建立了一个合作机制，包括在确定合作及参与范围方面给予利益方参与权，并在合适及一致同意的情况下采取合作行动。

第二十章　环境

作为占世界重要部分人口、野生生物、植物和海洋物种的家园，TPP 共同承担保护和维护环境的义务，包括一起合作以应对环境挑战，例如污染、非法捕猎野生动物、非法捕鱼以及保护海洋环境。12 个缔约方承诺将有效致力于执行各自的环境法律，不得为了鼓励贸易和投资而弱化环境法律。

缔约方还承诺完全履行其在濒危野生动植物种国际贸易公约项下的义务，并采取打击和合作措施以阻止非法获得的野生动植物贸易。此外，缔约方还同意促进可持续的森林管理措施以保护和保存在其领土内被认为濒危的野生动植物，包括通过采取措施以保护自然区域的生态完整性，例如湿地。在保护公共海域方面，TPP 缔约方同意采取可持续的渔业管理措施，以促进对重要海洋生物（例如鲨鱼）的保护，打击非法捕鱼，禁止对鱼类存量产生负面影响的有害渔业的补贴，禁止支持非法、隐蔽和不规则的捕鱼。缔约方承诺提高在补贴政策方面的透明度，采取有力措施限制引入对过度捕捞和过量捕捞的新补贴。

TPP 缔约方一致同意提高此类补贴项目的透明度，并且尽力避免引入新的补贴以致过度捕捞及产能过剩。TPP 各方亦一致同意保护海洋环境免受航船污染，保护臭氧层免受物质消耗。各缔约方重申实施多边环境协定中的承诺，承诺提高在环境决策、实施及执行方面的透明度。

此外，各方同意提供工作机会以参与本章在各方的实施，包括在为保证本章实施而建立的环境委员会中采取公众参与的机制。

本章受争端解决这一章规定的争端程序的约束。各缔约方进一步同意鼓励自愿的环保倡议，如企业的社会责任项目等。最后，各方承诺协作解决有关联合或共同利益的事项，包括在生物多样性的保护、可持续利用以及向低排放和循环经济过渡等方面。

第二十一章　合作与能力建设

12 个 TPP 缔约方经济各异。缔约方都意识到欠发达缔约方在实施本协定以及全面利用 TPP 创造的机会方面将面临特别的挑战。为明确该等挑战，本章设立合作与能力建设委员会以确定和检讨需要潜在合作和能力建设努力的领域。缔约方的行动将基于相互认可的基础并受其资源限制。该委员会将促进信息交流以应对有关合作和能力建设的要求。

第二十二章　竞争力和商业促进

本章意在帮助 TPP 实现其缔约方竞争力的潜力，以及亚太地区作为一个整体的竞争力。本章设立通过政府之间以及政府与企业、社会之间的对话以检讨 TPP 对缔约方竞争力影响的正式机制，重点关注日益深化的地区供应链，以评估进展、利用新的机会和提请注意 TPP 生效后可能出现的挑战。其中就包括竞争与商业促进委员会，该委员会将定期召开会议以检讨 TPP 对地区和国家竞争力以及区域经济一体化的影响。委员会将考虑利害关系方的建议和意见以便 TPP 更好地促进竞争力，包括提升小微、中小企业在区域供应链中的参与度。本章还为委员会评估协定项下供应链表现设立一个基本架构，包括促进中小企业参与供应链的方式以及检讨利害关系方和专家的投入。

第二十三章　发展

缔约方致力于确保TPP成为经济贸易一体化的高标准模板，特别是确保所有缔约方都能从TPP获益，有能力实现其全部承诺，通过强大的市场催生富有的社会。本章涵盖三个在TPP生效后缔约方应当合作努力的领域：（1）广泛的经济增长，包括可持续发展、减少贫穷、促进小企业发展；（2）女性经济发展，保障帮助女性发展能力和技术，增强女性进入职场的能力，获得技术和金融，建立女性领导网络，确立女性工作场所灵活性的最佳实践；（3）教育、科学、技术、研究和创新。本章设立TPP发展委员会，该委员会定期会面以促进在这些领域的自愿合作工作和他们提出的新机会。

第二十四章　中小企业

缔约方在促进中小企业参与贸易方面有着一致意见，并保障中小企业分享TPP带来的利益。通过TPP其他章节实现有关市场准入、纸面文件的减少、网联网准入、贸易便利、快递以及其他措施的承诺，本章包括各缔约方做出的承诺，即为中小企业创造便捷使用的网站和能够运用的方法，以方便其获取TPP信息。这些网站的信息应当包括TPP有关中小企业条款的描述，有关知识产权的规定和程序、外商投资管理、商事登记程序、雇佣管理和税务信息。除此之外，本章设立中小企业委员会，委员将定期开会以检讨TPP是否有效服务中小企业，探索提升中小企业利益的方式，检视合作或合作能力建设活动，即通过出口咨询、协助、培训计划、贸易融资以及其他方式为中小企业提供支持。

第二十五章　监管一致性

本章通过鼓励提高透明度、公正性以及缔约方政府之间的协作，以确保在TPP缔约方市场中运作的商业享有开放、公开、可预见的监管环境，以实现监管政策的一致性。本章意在通过增强有效的跨部门协商和合作机制以促进TPP缔约方监管的一致性。它鼓励各方采用广泛接受的合理的监管措施，如拟实施监管措施的影响评价，以及有关替代性监管措施选择基础和正在实施监管措施性质的沟通。

本章还包括保障监管条款表述的清晰性和连贯性，公众得以知晓有关新监管措施的信息。如果在线可能的话，应当定期评估即时监管是否是实现既定目标的最有效措施。此外，它还鼓励缔约方提供其年度计划实施的监管措施。基于这些目的，本章设立一个委员会，该委员会将为缔约方、企业、社会提供持续的机会以报告协定实施情况，分享最佳商业惯例以及探讨潜在合作的领域。本章在任何情况下都不会影响缔约方出于公共健康、安宁、安全和其他公共利益考虑而实施监管的权利。

第二十六章　透明度与反腐败

本章意在促进缔约方共同认可的目标，即促进良好治理和强调贪腐对缔约方经济的侵蚀作用。在本章，TPP 缔约方须保证其涉及到 TPP 有关事项的法律和可适用的行政法规对公众开放，并在可能的情况下保证那些会影响缔约方贸易和投资的规定让人知晓和反馈意见。

在行政程序方面，TPP 缔约方承诺保障给予 TPP 利益相关者以正当程序权利，包括通过公正的司法或行政法庭或程序及时复核的权利。缔约方同时也同意制定或维持有关法律以追究意图通过公职人员获得不正当利益的行为，以及其他影响国际贸易和投资的腐败行为。除此之外，它们同意尽力制定或维持公职人员行为准则或标准，采取措施识别和管理利益冲突，加强对公职人员的培训，限制送礼，提升报告腐败行为的便利，对涉及腐败的公职人员提出训诫或采取其他措施。TPP 缔约方也同意在有关农产品和医疗器械的清单和赔偿方面提高透明度和程序公平。在附件中的承诺不适用于争议解决程序。

第二十七章　行政及组织条款

本章列示组织架构，通过组织构架缔约方得以评估和引导 TPP 的实施和运行，特别是设立由部长和高级官员组成的跨太平洋伙伴关系委员会以监控本协议的实施和运行以及指导其将来的发展。委员会将定期检讨缔约方的经济关系和伙伴关系以保障本协定与缔约方面临的经济、投资方面的挑战有关。本章还要求缔约方指定联系点以为缔约方之间的交流提供便利，并提供一种履行义务过渡期的缔约方定期报告其有关履行义务的计划、进展的机制。这将提升成员履行义务的透明度。

第二十八章　争端解决

本章的目的在于保障缔约方之间因为实施 TPP 产生争议时得以快速提出争议。所有缔约方应当致力于通过合作和协商解决争议，并鼓励缔约方在合适的情况下采用替代性争议解决方式。如果该等措施均不可行，缔约方将通过公证、无偏见的专家小组解决争议。除了少数例外，争议解决机制适用几乎全部 TPP。缔约方的公众得以跟进程序，争议程序中提交的文件将予以公开，听证将向公众开放，除非争议的缔约方另有约定。专家小组做出的最终报告将向公众公开。专家小组将考虑争议方境内的非政府组织的要求，以便在争议解决程序中向专家提供有关争议的书面意见。

如果磋商未能解决争议，争议方可以要求成立专家组，该专家组在收到磋商请求后 60 天内或涉及易腐烂货物的请求 30 天内得以建立。专家组由 3 名独立于争议方的国际贸易和争议事项有关的专家组成。程序上还应当保障在一方没有及时指定专家的情况下专家组依然得以成立。专家应当遵循行为守则以保障争议解决机制的正当性。专家小组应当在专家指定后 150 天内做出初步报告，如果情况紧急（如涉及易腐烂货物）应当在 120 天做出初步报告。最终报告应当在初步报告出具后 30 天内做出，并在 15 日内向公众公开，但应当保护报告中的秘密信息。

为了最大限度保障各方遵守 TPP，如果缔约方被认为未能履行义务的话，争议解决机制允许使用贸易报复（如利益暂停）。在实施贸易报复前，被视为违反条约的一方可以协商或要求一个合理期限以弥补其违约行为。

第二十九章　例外

本章规定所有 TPP 缔约方享有一定灵活性以保障缔约方在公共利益方面有足够的监管权限，包括缔约方核心安全利益和其他公共福利的考虑。本章还包含了 GATT1994 第 20 条有关货物贸易的一般例外条款，规定 TPP 中的任何条款不得理解为阻止缔约方采取或实施必要措施以保护公共道德，保障人权、动植物生命和健康，保护知识产权，与囚犯劳力有关产品以及保护濒危自然物种。

本章还包含《服务贸易总协定》第 14 条有关于贸易有关的服务条款。

本章包括一项可适用于整个 TPP 的自我评断的例外，使缔约方明确可采取任何其认为适当的措施以保护其核心安全利益。本章也界定了缔约方得以采取临时保护措施（如资本管制）的条件和环境，以限制转移，例如增加资本、利润和红利的转移、本金和利息的支付、与覆盖投资有关的合同项下支付，以保障政府在国际收支不平衡以及面临其他经济危机和威胁时享有对异常资本流动的灵活权限。此外，本章规定 TPP 缔约方不得被迫提供违反其法律或公共利益，或损害特定企业合法商业利益的信息。如果申诉的争端涉及挑战该缔约方控烟措施，缔约方可拒绝投资者—国家争端解决机制项下利益。

第三十章 最后条款

本章定义了 TPP 生效的方式、修改的方式、其他国家或单独关税区加入 TPP 的规则、缔约方退出的方式以及 TPP 官方语言，还规定了协定的托管方式以便接收和分发文件。

本章确保 TPP 可以在各方同意以及各缔约方完成其可适用的法律程序并书面通知托管中心的情况下予以修订，规定 TPP 对亚太经合组织缔约方及缔约方同意的其他国家和单独关税区开放，但必须完成各方内部可适用的法律程序。本章还规定了缔约方退出 TPP 的程序。

后　记

本书的撰写是一个非常艰辛的过程，特别是在研究专题问题的时候，涉及大量中英文文献资料，其中包括专著、报告、年鉴、论文、统计数据和一般媒体报道文章。凡是直接引用或借鉴的，文中都已做标示。然而，还有很多文献资料在我了解、分析相关问题以及形成思路时帮助很大。因此，在本书出版之际，首先要感谢这些不计其数的文献的作者或出版单位。

其次，我要感谢历届《中国国际战略和对外关系》课程班的数以千计的同学。正是他们的支持和鼓励，让我对诸多重要国际问题的思考始终处在极其活跃的状态而不敢有丝毫懈怠。

再次，我要感谢王宇川编辑和《中华参考》编辑部的各位领导。他们的鞭策、敦促和在很多问题上的提示，一直是我朝着正确目标努力的一种特殊力量。

此外，我还要感谢家人和单位领导的支持。我能够集中精力分析和研究问题，离不开他们的理解和宽容。

最后，但并不是最不重要的，我应当特别感谢范亚云女士和董思雨编辑。我的这本书得以出版，很大程度上应归功于她们的帮助和辛勤工作。

尽管如此，书中存在的问题和不足，我当承担全部的责任。

叶兴平

2015 年 12 月 10 日

图书在版编目（CIP）数据

中国的经济牌：对外关系新视角/叶兴平著．—北京：时事出版社，2016.1

ISBN 978-7-80232-931-7

Ⅰ.①中…　Ⅱ.①叶…　Ⅲ.①对外经济关系—研究—中国
Ⅳ.①F125

中国版本图书馆 CIP 数据核字（2015）第 297659 号

出版发行：时事出版社
地　　址：北京市海淀区万寿寺甲 2 号
邮　　编：100081
发行热线：（010）88547590　88547591
读者服务部：（010）88547595
传　　真：（010）88547592
电子邮箱：shishichubanshe@sina.com
网　　址：www.shishishe.com
印　　刷：北京百善印刷厂

开本：787×1092　1/16　印张：16.5　字数：260 千字
2016 年 1 月第 1 版　2016 年 1 月第 1 次印刷
定价：68.00 元